权威·前沿·原创

皮书系列为
"十二五""十三五""十四五"时期国家重点出版物出版专项规划项目

BLUE BOOK

智 库 成 果 出 版 与 传 播 平 台

进博会蓝皮书
BLUE BOOK OF CHINA INTERNATIONAL IMPORT EXPO

中国国际进口博览会发展研究报告 *No.5*

DEVELOPMENT RESEARCH REPORT OF CHINA INTERNATIONAL IMPORT EXPO No.5

上海研究院项目组／研创

社会科学文献出版社
SOCIAL SCIENCES ACADEMIC PRESS（CHINA）

图书在版编目（CIP）数据

中国国际进口博览会发展研究报告 . No.5 / 上海研
究院项目组研创 . --北京：社会科学文献出版社，
2023.10
（进博会蓝皮书）
ISBN 978-7-5228-2580-9

Ⅰ.①中… Ⅱ.①上… Ⅲ.①国际贸易-进口贸易-
博览会-研究报告-中国 Ⅳ.①F752.61-282

中国国家版本馆 CIP 数据核字（2023）第 185973 号

进博会蓝皮书
中国国际进口博览会发展研究报告 No.5

研 　 创 ／ 上海研究院项目组

出 版 人 ／ 冀祥德
责任编辑 ／ 杨桂凤
文稿编辑 ／ 李惠惠 等
责任印制 ／ 王京美

出 　 　 版 ／ 社会科学文献出版社·群学出版分社（010）59367002
　 　 　 　 　 地址：北京市北三环中路甲 29 号院华龙大厦 邮编：100029
　 　 　 　 　 网址：www.ssap.com.cn
发 　 　 行 ／ 社会科学文献出版社（010）59367028
印 　 　 装 ／ 天津千鹤文化传播有限公司

规 　 　 格 ／ 开 本：787mm×1092mm 1/16
　 　 　 　 　 印 张：21.5 字 数：323 千字
版 　 　 次 ／ 2023 年 10 月第 1 版 2023 年 10 月第 1 次印刷
书 　 　 号 ／ ISBN 978-7-5228-2580-9
定 　 　 价 ／ 168.00 元

读者服务电话：4008918866

主要编撰者简介

李友梅　法国巴黎政治研究院社会学博士，中国社会学会原会长；现任上海大学"伟长学者"特级岗教授、中国社会科学院–上海市人民政府　上海研究院第一副院长、上海市重点智库基层治理创新研究中心首席研究员、费孝通学术思想研究中心主任、《社会》杂志主编、*Chinese Journal of Sociology*（CJS）编委会主任。担任上海市人民政府决策咨询专家（2008年至今）。曾获教育部"第二届高校青年教师奖"和"法兰西金棕榈文化教育骑士勋章"。主要研究领域为组织社会学、现代复杂社会的人类合作机制、当代中国社会转型与社会治理。2005年以来，先后主持国家社会科学基金重大招标项目"新时期社会协调机制建设问题研究""当代中国转型社会学理论范式创新研究""新时代社会心态研究"、教育部重大攻关课题"新时期加强社会组织建设研究"，获教育部高等学校科研优秀成果一等奖1项、上海市哲学社会科学优秀成果一等奖3项。在《中国社会科学》《社会学研究》等重要刊物发表学术论文10多篇。出版专著《组织社会学与决策分析》，合著《中国社会生活的变迁》《中国社会治理转型（1978~2018）》《解码社会建设的思想逻辑》等。

周国平　上海市人民政府发展研究中心原副主任，中国社会科学院–上海市人民政府　上海研究院原副院长，一级巡视员，研究员，《科学发展》杂志执行副主编。多次获得中国发展研究奖和上海市决策咨询研究一、二等奖。主要研究成果有《关于进一步搞活国有经济问题研究》《上海加强改革顶层设计的初步思考》《服务经济发展及其对制度环境的要求》《上海"十四五"发展若干重大问题研究》《未来30年乌鲁木齐经济发展战略研究》等。

赵克斌 中国社会科学院科研局原副局长、中国社会科学院-上海市人民政府 上海研究院原常务副院长。毕业于武汉大学图书情报学院,获文学学士学位。曾参与中国社会科学院"百县市经济社会调查""当代中国城市家庭""企业保障社会化""中俄社会变迁比较研究""中国与中东欧国家的社会变迁比较研究"等重点课题。兼任社会变迁研究会秘书长、北京市陆学艺社会学发展基金会常务理事、中国社会科学院国情调查与大数据研究中心秘书长等职务。

依绍华 经济学博士,研究员,博士生导师,中国社会科学院财经战略研究院市场流通与消费研究室主任,院创新工程首席研究员,享受国务院政府特殊津贴专家。兼任中国市场学会副秘书长、消费经济学会副会长、中国商业联合会专家委员会专家委员等。主要研究方向为流通理论与政策、消费问题、农产品流通。主持国家社科基金重大项目、中国社会科学院重点课题、商务部重大课题等多项。出版专著7部,发表论文80余篇,主编《中国流通理论前沿(8)》等。多部著作获商务发展研究成果二、三等奖,中国社会科学院优秀对策信息一、二、三等奖,中国物流学会优秀论文一等奖等多个奖项。

摘　要

　　中国国际进口博览会（以下简称进博会）由习近平总书记亲自谋划、亲自提出、亲自部署、亲自推动，是党中央着眼于推动新时代高水平对外开放的重大决策，是中国主动向世界开放市场的重大举措。主题为"新时代共享未来"的第六届进博会将全面恢复线下举办，使进博会迎来了扩大和传播自身影响力的新契机，也为本书提供了讲好进博会故事的新素材。

　　秉承"不仅要年年办下去，而且要办出水平、办出成效、越办越好"的理念，为配合第六届进博会的举办，本书立足于党的二十大报告提出的"加快构建新发展格局，着力推动高质量发展"，聚焦推进高水平对外开放，多角度、立体式全面深入剖析进博会产生的溢出效应，为推动进博会高质量发展和强化其国际采购、投资促进、人文交流、开放合作的重要平台作用建言献策。作为"进博会蓝皮书"中的一本，本书延续以往做法，由总报告、分报告和专题篇构成。

　　本书认为，进博会作为全球首个以进口为主题的国家级展会，是中国推进高水平对外开放的积极主动作为，展现了稳步推动规则、规制、管理、标准等制度型开放的信心和决心，不仅为世界各国共享新时代中国新发展机遇提供了一项重要的国际公共产品，也为中国依托超大规模市场优势，加快构建以国内大循环为主体、国内国际双循环相互促进的新发展格局注入了新动力新活力。

　　本书主题鲜明，内容丰富，涵盖了进博会溢出效应影响下的中国加快构建新发展格局、推进高水平对外开放、高质量建设"一带一路"、促进内外

贸一体化发展、引领贸易促进平台高质量发展、推动产业经济高质量发展、促进制造业投资升级、加快高技术产业发展、推动上海国际数据港建设以及扩大国际媒体传播影响力等多个领域。本书既是对进博会举办以来溢出效应的系统梳理总结和研究，也是对进博会发展前景的生动展望，对以高质量发展为主题，以进博会为抓手，助力高水平对外开放，不断推动经济运行持续好转和努力实现经济质的有效提升和量的合理增长，无疑具有重要理论价值和现实意义。

关键词： 进博会　四大功能　溢出效应　高质量发展

目 录 ⅃⅄

I 总报告

II 分报告

Ⅲ 专题篇

皮书数据库阅读 **使用指南**

总 报 告

General Report

B.1

进博会与世界"共创开放美好未来"

依绍华　宋玉茹*

摘　要： 作为中国对外开放的国际合作与交流平台，进博会已连续成功举办五届，在国际上的影响也越发广泛。一年一度的进博会，是中国发展为世界提供新机遇的盛会，也是中国主动与世界市场相联通、机遇互通、创新共享、产业相容、规则相联的全球性经贸交流大会。本文在对以往五届进博会进行总结的基础上，从"共创开放美好未来"的角度，对第五届进博会的总体情况展开分析，并从三个方面对进博会在"共创开放美好未来"中发挥的正向作用进行了分析，即进博会带来前所未有的大市场机遇、进博会推动各国各方共享制度型开放、进博会推动各国各方共享国际合作机遇，从而为进一步办好进博会、提升进博会的国际影响力与吸引力提供参考。

---

* 依绍华，经济学博士，中国社会科学院财经战略研究院市场流通与消费研究室主任、研究员，主要研究方向为流通理论与政策、消费问题、农产品流通；宋玉茹，中国社会科学院财经战略研究院博士，主要研究方向为宏观经济政策、金融制度。

关键词： 进博会 对外开放 世界经济 大市场

开放，是经济全球化亘古不变的主题。举办中国国际进口博览会（以下简称"进博会"）是我国立足世界、坚持经济全球化正确方向、推动建设开放型世界经济、"共创开放美好未来"而做出的一项重大决策。作为世界首个以进口为主题的国家级展会，我国举办进博会不仅可以更为主动地整合国内外两个市场、向世界分享中国市场红利和机遇，还可以在国际上进一步提高我国影响力，在世界层面上"共创开放美好未来"。自 2018 年起，我国已成功举办了五届进博会，吸引了全世界的目光。历届进博会不仅在规模上越来越大，还实现了"越办越好"的承诺，为全球共同发展探索出新的路径和新的方式。进博会的成功举办彰显了大国风范，也体现了中国构建人类命运共同体的责任与担当。

一 进博会带来前所未有的大市场机遇

（一）进博会联结国内国际双循环

第五届进博会于 2022 年 11 月 5～10 日在上海举办。作为开放型合作平台，进博会提供了国际采购、投资促进、人文交流以及开放合作四种主要的功能，其不仅仅是联结中国和世界的桥梁与纽带，也有效联结了国内国际双循环。2020 年 11 月，在第三届进博会上，习近平主席指出，"适应新形势新要求，我们提出构建以国内大循环为主体、国内国际双循环相互促进的新发展格局"①。由此赋予了进博会联结国内国际双循环纽带的定位。从首届

---

① 《习近平在第三届中国国际进口博览会开幕式上的主旨演讲（全文）》，http：//ie. mofcom. gov. cn/article/zhxx/202011/20201103013592. shtml，最后访问日期：2023 年 9 月 14 日。

进博会到第五届进博会，累计意向成交额从 578.3 亿美元增加到 735.2 亿美元①，体现了进博会功能从开放平台到国内国际双循环纽带定位的延伸。作为高水平的对外开放平台，进博会促进了国际上更新以及技术含量更高的产品与服务更为精准地对接国内消费需求，不仅以国际供给进一步促进国内供给结构的优化，同时来自全球的优质商品和服务也推动了国内国际消费需求的升级。整体来看，进博会逐步打通国内国际双循环，促使我国外贸发展从出口导向转向进出口平衡。进博会本身便是出口、进口、双向投资管理制度碰撞的焦点，其所推动的国内国际市场制度的衔接也进一步带来内外贸一体化以及双向投资一体化的大市场机遇。

（二）进博会展现了中国市场的巨大潜力

在"双循环"发展背景下，强大的国内市场是应对错综复杂的国际环境的"稳定器"，也是新发展格局下我国繁荣国内经济、带动世界经济复苏的重要长板所在。2022 年 11 月 4 日，习近平主席在第五届进博会开幕式致辞中指出："5 年前，我宣布举办进博会，就是要扩大开放，让中国大市场成为世界大机遇。"随着五届进博会的成功举办，中国大市场对世界的吸引力进一步彰显，中国供应链对全球的影响力也逐步提升。第五届进博会中，所有 RCEP（《区域全面经济伙伴关系协定》）成员国均有企业参与，进博会为其特别设立了 RCEP 绿色农产品区。② 在接受采访时，RCEP 成员国的受访企业都表达了对未来中国区业务规模持续增长的信心，这也是国际上对中国大市场的肯定与认可。第五届进博会共有 145 个国家、地区和国际组织参展，比上一届进博会规模更大、国别结构更好。284 家世界 500 强企业和行业龙头企业参展，回头率接近 90%。除了耐克、彪马、十大汽车集团等连续多次参与签约的企业外，一众"新面孔"企业也在进博会上首秀。首

---

① 田泓、罗珊珊：《第五届进博会按年计意向成交 735.2 亿美元，比上届增长 3.9%》，《人民日报》2022 年 11 月 11 日，第 2 版。

② 侯隽：《进博会这五年：中国大市场成为世界大机遇》，《中国经济周刊》2022 年第 21 期。

次参展的澳洲百年乳制品公司 Brownes 表示①，进博会对于其进入中国市场
具有重要意义。

（三）进博会推进高质量共建"一带一路"

从 2018 年首届进博会的举办到第五届进博会的成功落幕，中国始终致
力于构建人类命运共同体，坚持推动共建"一带一路"高质量发展，进一
步扩大"一带一路"朋友圈。② 进博会推进高质量共建"一带一路"体现
在其为沿线国家"多边贸易、多方共赢"搭建了广阔的舞台，与世界分享
中国大市场机遇，进一步优化了"一带一路"沿线的资源配置，有效促进
各国合作。进博会所秉持的"包容""普惠""开放合作"等理念与"丝路
精神"一脉相承，通过多维度、多样化的方式，进博会可以进一步有效整
合买卖双方的需求，使越来越多的国家获得经贸合作机会。不仅如此，进博
会还推动了中国与共建"一带一路"国家的外交活动，深化了交流与友好
合作。自 2018 年首届进博会举办以来，中国不断优化通关程序，提升共建
"一带一路"国家的贸易与投资便利化水平，进一步打造更具吸引力的中国
市场，借助大市场中的供需规模优势，促进共建"一带一路"国家营商环
境的优化与成果共享。自 2013 年起，中国从共建"一带一路"国家的进口
额逐年波动上升，尤其是自首届进博会举办以来，从共建"一带一路"国
家的进口增速进一步提升，即便是在面临疫情影响以及"百年未有之大变
局"的背景下，进口增速依旧保持较高水平。进博会对于推进高质量共建
"一带一路"具有持续的溢出效应，这同样也是中国大市场优势的体现。

（四）进博会助力跨境电商深层次发展

当前，作为经济增长最具活力的国家之一，中国拥有超大规模市场优

---

① 《澳洲百年乳企 Brownes 把奶酪工厂"搬到"进博会》，https：//cj.sina.com.cn/articles/
view/1644114654/61ff32de02001l8qf，最后访问日期：2023 年 9 月 14 日。
② 王文、刘英、郭方舟：《后疫情时代的"一带一路"建设与展望》，《扬州大学学报》（人
文社会科学版）2021 年第 25 卷第 6 期。

势，其巨大的消费体量正通过跨境电商的发展进一步为全球经济发展注入新动能。第五届进博会是在党的二十大之后，我国举办的首场重大国际展会。习近平主席在第五届进博会开幕式致辞《共创开放繁荣的美好未来》中明确提出创建"丝路电商"合作先行区。进博会不仅可以有效带动跨境电商发展，还可通过跨境电商，与共建"一带一路"国家建立链接。针对进博会所带来的巨大市场机遇，各大跨境电商公司纷纷制订计划和发展纲要，进一步挖掘市场潜能，精准匹配供需，激发贸易活力。同时，数字技术的不断发展也为跨境电商的数字化转型奠定了基础。在第五届进博会上，"数字进博"平台首次搭建并投入应用，吸引了368家技术装备企业线上参展，组织直播或转播活动64场，浏览量达60万次，① 开辟了以数字技术驱动为基础、线上线下融合发展的新模式。② 跨境电商不仅体现了电商全球化的发展趋势，为外贸带来新的增长点，也进一步与世界分享中国的大市场机遇，刺激全球经济复苏。

（五）进博会促进内外贸一体化发展

作为我国第一个以进口为主题的大型国家级展会，进博会不仅仅是联通国内国际两个市场、两种资源的商业交流窗口，同时也是推动内外贸一体化发展的重要平台。③ 近年来，随着国内外经济下行压力加大，国际贸易环境日渐复杂，单边主义盛行，贸易壁垒增多，贸易争端频发。我国是世界第一大货物贸易国以及第二大消费市场，多年来的对外贸易顺差使我国对国际市场的依赖程度逐渐加深，同时国内贸易的发展也因地区封锁等问题而备受阻碍。在当前内外部环境变化的背景下，进一步促进内外贸一体化发展也成为亟待解决的重要议题。进博会对于内外贸一体化发展具有明显的促进作用，这种

---

① 《第五届进博会有哪些成果？一组数字带你看》，https：//news. cctv. com/2022/11/10/ARTITxgIwWR0ZrVbrO6o0Rnu221110. shtml，最后访问日期：2023 年 9 月 15 日。
② 吕红星：《"进博会+跨境电商"共同培育全球发展新动能》，《中国经济时报》2022 年 11 月 10 日，第 1 版。
③ 吴力：《中国要做好内外贸一体化文章》，https：//m. gmw. cn/baijia/2021－01/06/1302005853. html，最后访问日期：2023 年 9 月 14 日。

促进作用主要体现在以下几个方面。首先，进博会促进国内消费升级。当前，随着国内消费需求持续释放，消费者对商品质量的要求逐渐提升。进博会为内外贸一体化发展搭建了有效平台。通过举办进博会，中国主动扩大进口，使国外优质的商品与服务进一步进入国内消费市场，不仅可以优化消费结构、提升消费品的质量，还有利于满足消费升级背景下民众日益多元化的消费需求以及日益增长的美好生活需要。① 进博会的举办可以有效缓解国内供需不平衡，搭建衔接国内优质的商品和服务与国内消费需求的桥梁，实现供需多层次有效对接。其次，进博会有助于推动外贸转型升级。一方面，通过主动扩大进口，举办进博会有助于提高出口产品附加值，提高出口产品在国际市场中的竞争力，同时倒逼国内企业不断提升自身创新发展水平；另一方面，举办进博会可以将采购商变贸易商、参展商变投资商，使内外部供应链的衔接更加紧密，从而在供给侧有效优化现代化产业体系。最后，进博会促进规则、管理以及标准等制度型开放，推动建设国际化、市场化、法治化的跨国营商环境，从而完善内外贸一体化制度规则体系。

（六）进博会推动中国制造业投资升级

实体经济是现代化经济体系的"底座"和"根基"，制造业是国家经济命脉所系。近年来，我国制造业投资增速呈现放缓趋势。国家统计局发布的数据显示，2015~2022 年我国制造业投资增速最快的年份是 2021 年，2022 年出现了小幅回落。在有完整数据的 29 个行业中，有 20 个行业的投资年均增速低于制造业均值。在这种背景下，进博会从供给侧及需求侧两端，切实促进制造业投资升级，扭转了国内投资需求低迷现状。进博会通过市场竞争、供应链结构升级、技术改进投资拉动、超大规模市场投资促进、营商环境改善五大路径，发挥正面溢出效应。进博会对制造业投资的溢出效应正不断显现，这对于建设国内市场而言具有重要意义。五年来，进博会的企业商业展签约面积不断扩大，意向成交额也保持逐年增长态势。进博会作为我国促进对外

---

① 梁威、依绍华：《发挥进博会溢出效应　持续促进消费升级》，《国际贸易》2022 年第 9 期。

贸易与投资的重要桥梁，在扩大规模、优化结构和引领发展趋势等方面为促进制造业高质量发展做出了贡献。具体来看，第一，在扩大规模方面，自2018年进博会成功举办后，制造业投资增速及其在全社会固定资产投资总额中的占比止跌回升，制造业投资占比从2017年的30.21%上升到2022年的46.44%，同时，中国实际利用外资规模也在不断扩大，2022年实际利用外资金额达46.7亿美元。[①] 第二，在优化结构方面，得益于进博会的推动作用，我国制造业吸收外资的质量进一步提升，更多外国资本投向高新技术领域。我国规模以上外商投资工业企业的研发投入从2012年的1763.6亿元增至2021年的3377.4亿元。[②] 第三，在引领发展趋势方面，进博会不断调整展区设置，为我国制造业投资提供了"数字化、智能化、服务化、绿色化"四大新增长点。进博会有助于进一步发挥我国超大规模市场优势，促进制造业投资升级。举办进博会可以有效整合各类生产要素、增强制造业产业链供应链韧性，推动国内市场与国外市场构建长期稳定的"链式"合作关系。

（七）进博会推动产业经济高质量发展

党的二十大报告指出，"高质量发展是全面建设社会主义现代化国家的首要任务"，"要坚持以推动高质量发展为主题"。[③] 持续举办的进博会吸引了来自世界各地的优秀企业，它们带来的优质商品和先进技术对于我国产业经济的高质量发展具有很强的促进作用。高质量发展是"体现新发展理念的发展，是创新成为第一动力、协调成为内生特点、绿色成为普遍形态、开

[①] 国家统计局：《中华人民共和国2021年国民经济和社会发展统计公报》，http：//www.stats.gov.cn/sj/zxfb/202302/t20230203_1901393.html，最后访问日期：2023年9月14日；国家统计局：《中华人民共和国2022年国民经济和社会发展统计公报》，http：//www.stats.gov.cn/sj/zxfb/202302/t20230228_1919011.html，最后访问日期：2023年9月14日。

[②] 李婧、李杨：《新时代制造业利用外资高质量发展的成就与路径》，《新视野》2023年第2期。

[③] 《习近平：高举中国特色社会主义伟大旗帜 为全面建设社会主义现代化国家而团结奋斗——在中国共产党第二十次全国代表大会上的报告》，https：//baijiahao.baidu.com/s?id=1747666968337407608&wfr=spider&for=pc，最后访问日期：2023年9月14日。

放成为必由之路、共享成为根本目的的发展"①。进博会能够从推动科技创新、提升质量水平、深化国际合作、助力低碳环保等方面推动产业经济领域实现以新发展理念为引领的高质量发展。从前五届进博会的情况看，进博会可以通过增强行业竞争力、形成知识溢出效应等途径增强产业创新发展能力。国内企业获得了更多接触高品质原材料、机器设备及其配套服务的机会，有助于提高产品与服务质量；同时，进博会为国际参展商与国内企业开展全方位交流合作搭建了桥梁，将国际产业合作推向深入。以进博会为平台加强绿色低碳领域的采购签约和技术合作，产生了助力产业低碳绿色发展的效果。未来，进博会可以依托其不断扩大的影响力，在推动中小企业创新发展与转型升级、助力服务业高质量发展、促进国内区域产业联动与协调发展，以及形成产业集聚载体等方面发挥更加积极的作用。此外，高质量发展离不开高技术产业的支持。在五届进博会中，汽车行业、智能行业、高端装备制造行业、医药器械及医药保健品行业等的高技术企业的数量不断增多，产品种类愈加丰富，技术水平逐渐提高。据统计，参与进博会的高技术企业基本是各大行业的领军企业。进博会的高技术企业参展商纷纷转向中国进行投资，客观上促进了进口替代效应扩散。目前，进博会推动产业经济高质量发展的体制机制已经形成，作用也愈加凸显。在贯彻落实新发展理念、构建新发展格局的新形势下，进博会需要不断适应国内外产业经济发展的新趋势、新要求，在推动产业经济高质量发展的过程中更好地发挥作用。

二　进博会推动各国各方共享制度型开放

（一）制度型开放政策不断优化

中国的发展离不开世界，世界的繁荣也需要中国。进博会是世界首个以

---

① 《"十四五"规划〈纲要〉名词解释之31 高质量发展》，国家发展和改革委员会网站，https://www.ndrc.gov.cn/fggz/fzzlgh/gjfzgh/202112/t20211224_ 1309252.html，最后访问日期：2023 年 9 月 15 日。

进口为主题的国家级展会，五届进博会所收获的全球关注度日益提升，第五届进博会也成为国际社会进一步了解中国市场的重要窗口。进博会的连续成功举办使其成为汇聚各类先进市场要素的平台，为确保市场稳定与增长提供了科学、完善的开放制度保障，实现了对外开放的体制性突破。[①] 结合五年来中国举办进博会的实践经验，其所做的政策性创新促进了制度型开放政策不断优化，主要表现在以下几个方面。

第一，举办进博会激励跨部门监管创新，这种创新集中体现在保税交易试点方面，实现了"展品变商品"，增强了进口活力。保税交易是一种与进口展会相互契合的创新型贸易通关管理模式，在功能上集保税展示、商品交易、物流仓储、通关服务于一体，不仅可以将"预付关税"优化为"售后完税"，促进盘活流动资金，减少资金占用，也可以简化流程，促进更为方便地将未售出展品退回保税仓另行处理，降低了再次出口报关的烦琐程度，从而在很大程度上提升了进口的便利化水平。第二，围绕进博会主题，海关总署及其他监管部门在制度与流程上积极寻求创新突破，逐步完成从先行试点到常态化运行的转变。其中，2019 年，为了全面提升通关便利化水平，同时更好地筹备第二届进博会，海关总署设立了上海会展中心海关。作为保障进博会的专门机构，上海会展中心海关不仅可以统筹国际会展监管资源，还可以进一步发挥便利化措施集聚的优势，在上海地区举办国际性展会时贡献"一揽子"保障方案以及"一站式"服务，大大缩短了国外商品进入中国市场的周期。例如，在"验放分离、边检边放"等贸易便利化的创新监管模式下，新西兰纽仕兰公司所生产的新鲜牛奶从南半球新西兰农场到中国消费者家庭的时间不超过 72 个小时；不仅如此，政策便利在医药领域的效果也很明显，2018 年，罗氏抗癌药安圣莎在首届进博会亮相，在美国获批仅仅 9 个月之后便在中国国内获批，短短 46 天后国内就开出了第一批处方。第三，对于首次在进博会亮相的新品，上海对其实行海外预检测、预归类制度，并为其推出了首发新品、首家旗舰店的明确规则标准，主动为在国际上知名度较高的品

---

① 吴力、孟妮、张日：《激发制度潜能　共享开放机遇》，《国际商报》2022 年 11 月 8 日，第 1 版。

牌进行宣传推广，在地点、时间段、销售方式上为其提供"绿色通道"，从而大大提高了上海对国际商家的吸引力，增强了上海作为全球新品首发地、高端品牌首选地、原创品牌集聚地的城市优势。第四，多年来，在进行创新试点探索的过程中，上海持续强化法律保障，以巩固制度创新的成果，并使制度创新进一步常态化、法制化。2022年9月，上海市十五届人大常委会第四十四次会议表决通过《上海市服务办好中国国际进口博览会条例》，从办展办会、服务与保障、综合效应等维度为办好进博会提供了法律规范和制度保障，完善了筹办进博会工作的制度依据。

（二）服务业高地崛起

随着进博会的召开，中国在服务业扩大开放平台建设方面取得了众多创新成果以及实践经验，一步步打造出服务业扩大开放的新标杆。2020年，进博会首次设置服务贸易展区，并在第五届进博会上得到了延续，对于促进服务业高地崛起具有重要意义。首先，进博会可以为服务贸易创造机会，搭建促进国际合作的桥梁。例如，2018年首届进博会上，亚欧地区服务贸易推介洽谈会落下帷幕，促成近30家代表性企业实现对接；2021年，第四届进博会进一步会聚全球优质服务商，并为其提供专业、精准、全面的交易咨询服务，加大对各类参展商将商品、技术和服务引入中国市场的支持力度；2022年第五届进博会进一步加大对各类参展商的支持力度，进一步缩减负面清单，将外语语种翻译服务增加到18种，为参展商打造更为便捷的平台。其次，进博会有效促进服务贸易的数字赋能。进入信息化时代后，数字产业化、产业数字化的发展大潮不可逆转，数据作为生产要素促进了数字贸易蓬勃兴起，并逐步成为全球贸易的新业态。在以往的多届进博会现场，智慧化的数字服务贸易模式经历了快速迭代升级。例如，第四届进博会推出全球数智供应链解决方案，将全球大数据、机器学习、人工智能技术有机结合，同时也帮助各类服务企业打造极富竞争力与稳定性的全球供应链生态系统。最后，进博会也是兼具商贸物流、融资咨询、文化旅游等功能性服务的贸易交流平台，促进服务企业跨界融合。当前，世界经济进入服务业时代，新一轮的技术创新驱动服务贸易高质量发展。通过举办进博会，服务领域对外开放持续深化，可以有效激励服务贸易创新发展，从而进一步增强各类服务企业的核心竞争力，更好地满足我国人民日益增长的美好生活需要。

（三）自由贸易试验区创新水平再度提升

"实施自由贸易试验区提升战略，加快建设海南自由贸易港，发挥好改革开放综合试验平台作用。"习近平主席在第五届进博会开幕式的致辞中为自由贸易试验区的未来发展指明了方向。党的二十大报告指出，要"实施自由贸易试验区提升战略"。自 2013 年设立中国（上海）自由贸易试验区（以下简称"上海自贸区"）以来，中国自由贸易试验区逐步形成"雁阵"格局，多地协同，在制度性创新上有所突破，自由贸易试验区的制度性创新发展成为我国推动各国各方共享制度型开放机遇的重要一环。① 2022 年 11 月 11 日，第五届进博会闭幕后的第二天，上海自贸区中，一家名为"全球汇"的贸易展馆迅速承接进博会的溢出效应，汇聚了如叙利亚古皂、西班牙火腿、意大利精美首饰等上万款进口商品，扩大了进博会的影响。其负责人透露，五届进博会他们均有参加，此次"叙利亚国家馆"永久入驻上海自贸区，拓展了与客户交流合作的机会。② 事实上，许多商家希望能够延续进博会热度，提供深入了解产品的机会，如此一来入驻上海自贸区便成为最优选择。不仅如此，依托上海自贸区政策优势以及进博会的溢出效应，商家大大节约了进口成本，最终也可以使本国消费者获益。进博会为上海自贸区带来的溢出效应也使自由贸易试验区进一步实现了制度性突破以及规则创新，促进贸易便利化措施进一步深层次发展。2023 年是上海自贸区揭牌运行十周年，国务院印发的《关于在有条件的自由贸易试验区和自由贸易港试点对接国际高标准推进制度型开放的若干措施》在上海自贸区率先施行，

---

① 刘晓宁：《双循环新发展格局下自贸试验区创新发展的思路与路径选择》，《理论学刊》
2021 年第 5 期。

② 《当进博会遇上自贸区，会带来什么不一样的故事？》，https://sghexport.shobserver.com/
html/baijiahao/2023/01/10/939376.html，最后访问日期：2023 年 9 月 15 日。

该文件涉及再制造产品出口、扩大金融服务业对外开放等领域，在创新性上走在全国自由贸易试验区前列。

（四）进博会推进高水平对外开放

作为一个全新的以进口为主题的高水平展会，进博会无疑是新时代我国全面推进高水平对外开放的重要着力点之一，可以畅通双循环、实现对外开放的制度性突破，通过溢出效应起到推动区域协同发展、加速国内技术引进以及产业结构升级、推动产业链本土化等重要作用。[①] 2022 年第五届进博会在展示内容上更为多样，新设立了"中国这十年——对外开放成就展"综合展示区，包括成就专区、省区市专区和展商变投资商专区。不仅如此，新开设的农作物种业专区、人工智能专区、优化能源低碳及环保技术专区等都高度贴合了"十四五"规划。同时新增的进博文化展示中心大大强化了进博会的品牌效应，使进博会从贸易交流平台进一步发展为展示我国对外开放成就的文化地标。另外，第五届进博会首次上线"数字进博"平台，为没有条件到场的个人和企业搭建远程参展交流平台。进博会以云展示、云发布、云直播、云洽谈等方式进一步为我国高水平对外开放提供了新思路。不仅如此，相比于往届进博会，第五届进博会的招商工作进一步市场化、专业化和绿色化，继续坚持"政府+市场"的发展方向，组建了 39 个交易团、近 600 个交易分团，积极践行"双碳"战略，打造"零碳进博"，践行了绿色低碳的发展理念，以"绿色展会"的形式进一步打造高水平、高质量的发展平台，助力高水平对外开放。同时，第五届进博会的周边活动更为丰富多彩，以"激发全球开放新动能，共享合作发展新机遇"为主题，分为"开放共担""开放共治""开放共享"三个板块，举办了"RCEP 与更高水平开放"高层论坛、《世界开放报告 2022》发布暨国际研讨会等分论坛，且从 14 场增加到 24 场，集中探讨全球开放发展热点议题，国际化水平进一步

---

① 《进博会 5 周年观察：展商争变投资商，龙头企业参展"回头率"达 90%》，https：//www.cqcb.com/zongheYW/2022-11-07/5077836_pc.html，最后访问日期：2023 年 9 月 14 日。

提高。除了发挥进博会商业交流窗口的功能之外,第五届进博会大力开展人文交流,设置"虹桥国际城市会客厅展示区"以及"中华老字号"、"非物质文化遗产"、"国家级步行街"和"中国旅游"四大展示专区,进一步深化经贸人文交流,不断提升我国对外开放水平。

三 进博会推动各国各方共享国际合作机遇

(一)进博会推动贸易和投资自由化便利化

为应对全球经济发展之困,让资金和技术自由流动,维护全球产业链供应链安全稳定,中国坚持经济全球化正确方向,推动贸易和投资自由化便利化,对外开放的广度和深度全面拓展,为促进世界经济增长发挥了重要作用。进博会在贸易往来、合作商议方面起到重要的纽带作用,也是展示创新商品的一个良机。[1] 据统计,自 2018 年首届进博会举办到第五届进博会结束,共展出约 2000 个首发首展项目,累计意向成交额近 3500 亿美元。五年来,无数展品变商品,越来越多的参展商变投资商,创新科技变创新市场,进博会为各国企业提供了共享中国发展红利的大舞台,成为重要的全球新品首发地、前沿技术首选地、创新服务首推地。越来越多的跨国企业和投资商以进博会为纽带,深耕中国市场,共享发展机遇。

第五届进博会在促进贸易和投资自由化便利化方面取得了很大进步,展中贸易投资对接会累计达成合作意向 293 项,意向签约总金额超 59 亿美元,其中还通过集中签约的方式促成合作意向 600 余项。[2] 除此之外,第五届进博会有很大创新,利用数字技术打造线上主题展厅,共有 69 个国家和国际组织在线上展厅参展,累计访问量达到 5900 万次;首次推出"数字进博"

---

① 张婷、刘洪愧:《以进博会创新发展促进高水平对外开放的对策思考》,《国际贸易》2020年第 5 期。

② 《细读传播影响力报告(八)丨交易团、配套活动热度排行榜》,https://finance.sina.com.cn/wm/2023-01-18/doc-imyarfye8844109.shtml,最后访问日期:2023 年 9 月 15 日。

展示平台,实现368家技术装备企业在线展示;利用云展示、云发布、云直播、云洽谈等方式,赋能精准撮合对接。为减轻疫情影响,提升开放性与包容性,第五届进博会还推出了一些有针对性的支持举措。比如,积极推动税收优惠、通关便利、市场准入等支持政策常态化,发布《关于第五届进博会企业商业展特别支持措施的公告》,增加最不发达国家企业免费摊位数量,将相关资源向中小企业倾斜,等等。海关总署为促进贸易和投资自由化便利化,发布《海关支持2022年第五届中国国际进口博览会便利措施》,支持跨境电商业务,推进线上线下融合;对允许列入跨境电商零售进口商品清单的进境展览品,在展览结束后进入区域中心的,若符合条件,可按照跨境电商网购保税零售进口商品模式销售。

作为党的二十大胜利闭幕后我国举办的首场重大国际展会,第五届进博会又一次让世界感受到新时代中国开放的大门只会越开越大,成为国际人士进一步了解中国式现代化发展理念、发展方向的重要窗口。第五届进博会在贯彻新发展理念、推进高质量发展的进程中给全球产业发展带来新机遇。

(二)进博会推动面向全球的高标准自由贸易区网络扩大

中国不仅仅是开放发展的受益者,更是开放型世界经济的推动者、建设者。实行更加积极主动的开放战略,构建面向全球的高标准自由贸易区网络,加快推进自由贸易试验区、海南自由贸易港建设,共建"一带一路"成为深受欢迎的国际公共产品和国际合作平台。如今,我国已经成为140多个国家和地区的主要贸易伙伴,货物贸易总额居世界第一,吸引外资和对外投资居世界前列。而稳健发展的进博会就是我国推动建设开放型世界经济的最好证明。

第五届进博会的"中国这十年——对外开放成就展"综合展示区向人们展示了中国积极推进对外开放取得的成就:全面落实外商投资准入前国民待遇加负面清单制度,利用外资规模不断扩大;积极构建面向全球的高标准自由贸易区网络,对外签署的自贸协定由10个增加到19个;部署了21个自贸试验区和海南自由贸易港,打造了一系列改革开放新高地、试验田;举办进博会、服贸会、消博会等高水平开放展会;推动共建"一带一路"高质量发展取得实打实、沉甸甸的成就;推动高质量实施《区域全面经济伙伴关系协定》(RCEP),《中华人民共和国政府和柬埔寨王国政府自由贸易协定》《中华人民共和国政府与新西兰政府自由贸易协定》正式生效,积极推进加入《全面与进步跨太平洋伙伴关系协定》(CPTPP)和《数字经济伙伴关系协定》(DEPA)等。

今后,中国将立足新发展阶段,坚持对外开放的基本国策,坚定奉行互利共赢的开放战略,推进高水平对外开放,扩大面向全球的高标准自由贸易区网络,维护多元稳定的国际经济格局和经贸关系,不断以中国新发展为世界提供新机遇,推动建设开放型世界经济。

(三)进博会打造开放、包容的上海城市品牌

进博会永久性地在中国上海落户,不仅打造出前所未有的国际商业交流平台,也将上海城市品牌建设推到了一个新高度。作为全球共享的重要国际公共产品之一,进博会不仅有助于国际商业交流和文化沟通,而且在助力世界经济复苏以及为我国对外开放注入新动能方面也具有重要意义。[①] 同时,进博会的主要功能以及不断提升的全球关注度与影响力同样在一定程度上持续强化着上海的国际经济、贸易、金融、航运、科技创新中心等地位,这与将上海市建设为令人向往的创新之城、人文之城、生态之城的发展愿景具有高度的契合性。上海是进博会的永久举办城市,随着进博会的成功举办,其自身城市品牌建设与进博会的关联度越来越高,举办进博会对于上海城市品牌的建设也具有明显的带动作用,具体体现在以下几个方面。首先,举办进博会可以促进国际文化交流,这种交流可以进一步丰富城市的文化内涵,扩大城市影响力,提升城市文化品牌。例如,第五届进博会的"非遗客厅"

---

① 臧志彭、张文娟:《重大活动背景下的公众感知、媒介效果与城市形象——基于中国国际进口博览会的实证研究》,《国际传播》2020 年第 6 期,第 13 页。

延续了以往的风格，进一步创新与参与者的互动模式，提高参展体验；增加了非遗传承人、手艺人在现场传授非遗技艺的环节，并推出"艺术书吧""音乐午茶"等，传播上海城市文化，进一步提高了上海城市品牌的辨识度。其次，举办进博会可以提升上海的旅游形象。一个城市在举办重大国际展会时，可以通过塑造良好的城市形象，达到提升旅游形象的目标。第五届进博会举办之时，上海在交通出行、住宿餐饮、文旅推广等各方面展现上海的旅游魅力，深度激发城市旅游经济活力。不仅如此，举办进博会还可以实现"展商互通"，推动"展品变商品、展商变投资商"，为企业提供产品集中展销平台，同时也借助数字技术拓展了交易边界、打破时间与空间交易壁垒。第五届进博会新推出了一系列政策措施，譬如免除非洲最不发达国家的参展费用、在主要口岸设置专门礼遇通道等，以优化投资环境、提升投资效率。举办进博会对于提升上海整体城市宜居水平以及扩大城市影响力都有明显促进作用。譬如在城市基础设施方面，进博会举办期间，上海开展了包括展示场馆修建完善以及环境整治、绿化提升等一系列行动，第五届进博会更是将"零碳进博"作为宣传理念，众多企业将展台的主色调选为绿色以突出低碳环保理念。通过举办进博会，众多企事业单位以及媒体积极投入进博会的宣传与运营中，构建了多语种、多维度的传播矩阵，大大推进了上海的城市品牌建设，逐渐打造出开放、包容的上海城市品牌。①

（四）进博会彰显中国大国担当，推动构建人类命运共同体

一年一度的进博会是开放之约、合作之约，也是共赢之约。② 连续五届进博会的成功举办，不仅向世界展现了中国坚定开放包容、合作共赢的决心和信念，还大大彰显了中国坚定践行多边主义、推动构建人类命运共同体的责任与担当。当前，世界经济面临一系列冲击，逆全球化思潮、恐怖主义、金融危机、疫情所带来的影响与冲击使我国发展面临重重考验。中国人民团

---

① 梅明丽、刘曦琳：《主流媒体进博会报道中的上海城市形象建构》，《新闻前哨》2022 年第 23 期。
② 黄桂钦：《"进博会"的新时代特征及世界意义》，《发展研究》2018 年第 12 期。

结一心,在中国共产党的领导下,充分发挥国家制度以及治理体系的优势,积极履行国际义务,承担大国责任,为世界的繁荣稳定贡献中国智慧,对全球经济复苏起到了积极的促进作用。中国从 2018 年开始连续成功举办五届进博会,是中国在世界舞台上推动构建人类命运共同体决心的体现。2022 年,第五届进博会进一步分享中国大市场机遇以及开放机遇,不仅搭建了广阔的商业交流平台,也使全球多种文明形态借助此次盛会持续交流合作,进博会的国际影响力持续扩大。进博会肩负着与世界各国共创美好未来的历史使命,今后也将越办越好。

四 政策建议与展望

过去五年,在进博会这个大舞台上,大量全球首发、亚洲首展、中国首秀的新品相继亮相,并有不少已实现"展品变商品"。在应对全球经济下行的背景下,世界各国只有将阻碍生产力发展的障碍拆除、促进资本流通,才能有效维护全球经济的稳定与发展,促进贸易和投资自由化便利化,让世界经济迸发新活力。以习近平同志为核心的党中央根据我国新发展阶段、新历史任务、新环境条件做出"加快构建新发展格局"重大战略决策,目标明确、任务艰巨。进博会顺应国家发展需要,搭建国内国际共享合作平台,通过展现中国广阔市场与开放决心、展示全球优质商品和服务,致力于"共创开放美好未来"。在今后的发展中,建议在以下三个方面继续巩固提升进博会的举办成效。

(一)强化进博会的节点链接功能,放大进博会溢出效应

首先,创新进博会的展览模式及通关政策。以进博会为平台,深化拓展全球伙伴关系,结合中华民族优秀传统文化,打造中国特色品牌,把进博会建设为多种产品的全球首发地。将进博会实行的海关通关政策、税收优惠政策常态化,促进投资落地并拓展相关产业链。其次,要顺应构建新发展格局的新形势新要求,放大进博会的溢出效应,不断提高资源配置效率,助力产

业转型升级。最后，发挥进博会的资源集聚效应，引导更多第三产业的企业参与进博会，提升我国第三产业的供给能力和供给水平。

（二）优化进博会举办方式，更好地实现"共赢"

进一步推动数字经济赋能进博会，进一步提升"签约效率"。目前，线上线下相结合是大势所趋，第五届进博会推出的"数字进博"取得了很大成功，为更多国家和地区的参展商提供了更多样、更便利的签约方式。在今后的展示中，应着眼于大局，围绕中国式现代化发展需要，通过"数字进博"全方位展示、宣传展区内容，以数字方式进一步提升交易成功率，推动"展品变商品、参展商变投资商"，实现共赢。

（三）以进博会为契机优化我国消费市场结构

作为联结国内市场与国际市场的重要纽带，以进博会为契机优化我国消费市场结构。第一，利用进博会平台深入推进自由贸易试验区建设，更好地服务国内大循环。自由贸易试验区作为我国经济发展的"试验田"，应积极利用进博会在"展转保""展转跨"方面的创新政策，不断满足国内消费市场的多样化需要，扩大国内市场规模，促进形成强大国内市场。第二，推动产品制造商和经销商以进博会为枢纽融入全球创新链，打造以上海为品牌的大市场。

综观五年发展历程，在习近平总书记亲自谋划、部署下，进博会作为世界首个以进口为主题的国家级展会，充分展现了中国主动向世界开放市场的决心。今后，持续扩大对外开放的中国、支持经济全球化的中国一定会携手各方坚定践行多边主义、凝聚开放共识、共同攻坚克难，为全球经济发展注入更多新动能。

分 报 告
Topical Reports

B.2

进博会与"一带一路"高质量发展

李晓静 邹 磊*

摘 要: 在进博会溢出效应持续放大、推动"一带一路"高质量发展的背景下,本文从优化资源配置、促进全球价值链发展、推动产业升级、优化营商环境四个方面阐述进博会对高质量共建"一带一路"的助力效应。然后,结合数据深刻剖析中国自"一带一路"沿线国家进口的规模、结构变化,以及当前扩大进口面临的问题。最后,从优化进博会举办方式、完善参展商制度、优化营商环境和强化数字赋能等方面提出切实可行的对策建议。

关键词: 进博会 "一带一路" 高质量发展

---

* 李晓静,经济学博士,中共上海市委党校上海发展研究院助理研究员,主要研究方向为数字经济、对外开放;邹磊,法学博士,中共上海市委党校上海发展研究院副研究员,主要研究方向为"一带一路"、中国外交与安全。

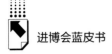

中国国际进口博览会（以下简称"进博会"）是习近平主席亲自谋划、亲自提出、亲自部署、亲自推动的国家级博览会，是推动新时代高水平对外开放和构建新发展格局的重要平台。从首届到第五届，进博会始终弘扬共建人类命运共同体的正能量，促进中国与世界的文化交流和经贸合作，巩固和扩大"一带一路"朋友圈，为高质量共建"一带一路"贡献重要力量。五年来，越来越多"一带一路"沿线国家企业参展，中国与"一带一路"沿线国家的投资和经贸合作不断深化，进博会的溢出效应持续显现。

一 进博会助力"一带一路"高质量发展

（一）优化资源配置，加速"一带一路"沿线国家经贸合作

进博会为多边贸易、多方共赢提供了舞台，既能让中国消费者"不出国门买遍全球"，又能让世界共享中国经济发展带来的消费升级效应。2022年，第五届进博会吸引了284家世界500强和行业龙头企业，累计意向成交额高达735.2亿美元，[①] 不仅带动了上下游产业链集聚，还推动了跨国、跨行业的企业交流和合作，促进了不同国家和地区之间的资源要素流动。

2021年起，"中欧班列—进博号"连续两年从德国汉堡出发，载着来自欧洲的展品横跨亚欧大陆来到中国上海。2021年9月，首列"中欧班列—上海号"开行，标志着中欧班列正式实现双向运行，为沿线国家参加进博会提供了新路径，也为"一带一路"沿线国家对接中国市场开辟了新渠道。开行以来，中欧班列开行数量从最初的一年80列飙升至2022年的1.6万列。[②] 2023年第一季度，累计开行数量超过4100列，同比增长达15%。此外，2021年12月，北起中国昆明、南至老挝万象的中老铁路正式通车，为

---

① 《第五届进博会按年计意向成交735.2亿美元比上届增长3.9%》，《人民日报》2022年11月11日，第2版。

② 《国铁集团：2022年开行中欧班列1.6万列、发送160万标箱》，https://www.chinanews.com.cn/cj/2023/01-03/9926745.shtml，最后访问日期：2023年3月25日。

中国与东盟搭建了一条物流通道，不仅将运输时间缩短了 2/3，还大大降低了运输成本。经过两年多时间，中老铁路货运列车日均超过 10 辆，跨境货物种类日益丰富，覆盖国家涵盖了老挝、缅甸等多个"一带一路"沿线国家，与中欧班列、西部陆海新通道等实现了无缝对接，为中老经济走廊建设贡献了重要力量。

中国数字经济蓬勃发展，数字技术的广泛应用改善了交易各方的信息不对称，降低了沟通成本、搜寻成本和交易成本等，有效促进了全球生产与协作。2022 年，中国跨境电商贸易总额（含 B2B）达 2.11 万亿元人民币，同比增长将近 10%，其中出口和进口增速分别为 11.7% 和 4.9%。[①] 跨境电商这一贸易新模式大大提升了贸易便利度，也为中国与"一带一路"沿线国家的经贸合作带来了新机遇。进博会通过多样化的方式使买卖双方实现有效对接，给越来越多的"一带一路"沿线国家提供了与中国洽谈经贸合作的机会。不仅如此，进博会所秉持的包容普惠理念与"一带一路"倡议一脉相承，为沿线国家的中小企业搭建了发展的舞台、提供了重要的发展机遇。在第五届进博会上，参展商涵盖了全球 145 个国家、地区和国际组织，既有发达国家，也有发展中国家，还专门为最不发达国家的中小企业提供参展机会，有助于各国企业在中国市场挖掘发展机会、汲取发展力量，为世界经济的复苏和增长注入活力。

（二）推动制度型开放，促进全球价值链发展

在第四届进博会上，习近平主席强调"中国将推动各国各方共享制度型开放机遇，稳步扩大规则、规制、管理、标准等制度型开放";[②] 党的二十大报告提出，"推进高水平对外开放"，"稳步扩大规则、规制、管理、标准等制度型开放"。[③] 扩大制度开放不仅符合高质量发展阶段的内在要求，

---

① 《海关总署：2022 年我国跨境电商进出口 2.11 万亿元》，https：//www.chinanews.com.cn/cj/2023/01-13/9934202.shtml，最后访问日期：2023 年 4 月 12 日。

② 习近平：《让开放的春风温暖世界——在第四届中国国际进口博览会开幕式上的主旨演讲》，2021 年 11 月 4 日，上海。

③ 习近平：《高举中国特色社会主义伟大旗帜 为全面建设社会主义现代化国家而团结奋斗——在中国共产党第二十次全国代表大会上的报告》，2022 年 10 月 16 日，北京。

提供了推动经济实现质的有效提升和量的合理增长的有效路径，更顺应了经济全球化发展大势，彰显了大国担当。以举办进博会为契机，中国不断放宽市场准入条件，缩减负面清单，切实解决进口环节面临的制度成本高企、通关流程烦琐等一系列问题，让越来越多的"一带一路"沿线国家企业和产品来到中国，继而连接世界，更深更优地参与全球分工体系。例如，巴西的松子、越南的水果、印度尼西亚的果蔬干等来自沿线国家的特色产品进入中国市场并逐渐被世界熟知。

进博会深化了中国与"一带一路"沿线国家的友好合作，推动了公共外交和民间外交，向世界展现了我国开放包容的大国形象，促进了以合作共赢为基础的包容性价值链分工与合作。20 世纪 90 年代以来，以西方发达国家跨国公司为主导的全球价值链分工体系日益成熟，我国和沿线国家多凭借资源、劳动等要素禀赋融入全球分工体系，是全球价值链的参与者和国际经贸规则的接受者。2008 年国际金融危机以来，经济全球化呈现新形势新特点，周期性和结构性因素引起价值链扩张动力发生变化，国际分工模式从商品主导质变为要素分工主导，不同国家或地区所承担生产环节的顺利对接面临挑战，加之互联网、大数据、人工智能等新一代信息技术与实体经济的广泛深度融合，国际贸易新模式新业态加速发展，对原先与之适应的国际经贸规则提出了更高要求。[①] 在全球经贸规则调整和重塑之际，中国致力于通过改革体制机制构建开放制度体系，在制度层面打造新的国际竞争优势，推动构建包容互惠、全球受益国际分工体系。中国和沿线国家企业多处于全球价值链中低端环节，制度型开放可通过加速制度改革来吸引和集聚全球优势要素，通过互惠合作助力国内及沿线国家企业顺利跨越价值链"低端锁定"陷阱并向更高端环节攀升。

（三）提升进口质量，助力产业升级

随着中国经济由高速增长阶段转向高质量发展阶段，进博会对参展商也

---

① 戴翔：《制度型开放：中国新一轮高水平开放的理论逻辑与实现路径》，《国际贸易》2019年第 3 期；常娱、钱学锋：《制度型开放的内涵、现状与路径》，《世界经济研究》2022 年第 5 期。

始终秉持高质量的要求。越来越多种类、越来越高质量的产品相继在进博会亮相并进入中国市场、被消费者熟悉。2023 年第一季度，中国与"一带一路"沿线国家的贸易互补性进一步增强，中国出口商品中，锂电池、汽车零部件的出口增速分别约为 50% 和 40%，同时，自沿线国家进口的能源产品和农产品也稳步增长。[①] 为了提升产品的国际影响力，沿线国家也日益注重产品的技术含量和品牌建设，致力于提升出口产品质量，形成品牌效应。

一方面，进口质量提升为中国带来贸易利得，促进技术进步。其一，进口是企业参与国际分工的重要途径，高技术中间品和资本品为企业带来先进技术，创新知识的非竞争性和扩散效应为企业提供了学习、模仿和二次创新机会。中间品体现国外企业的研发投入和高技术水平，往往代表更高的质量，进口企业可通过学习效应获取技术转移，产生技术外溢效应。[②] 其二，进口贸易扩大了本国企业产品选择范围，加剧行业内竞争，倒逼企业调整资源配置，促进生产能力和生产率提升，产生竞争效应。其三，进口品与国内品形成不完全替代，增强进口企业的国内市场议价能力，有利于扩大规模、节约成本，产生规模经济效应。[③]

另一方面，"一带一路"沿线国家提升出口质量有利于倒逼国内技术创新，促进产业升级。世界经济发展的实践表明，出口贸易是带动一国经济发展的重要路径。[④] 许多发展中国家实施出口导向战略，依托资源和人口比较优势嵌入国际分工体系，凭借出口贸易带动经济增长和产业进步。[⑤] 根据异

---

① 《国务院新闻办就 2023 年一季度进出口情况举行发布会》，http：//www.gov.cn/lianbo/2023-04/13/content_ 5751295.htm? dzb＝true，最后访问日期：2023 年 4 月 13 日。

② A. Antoniades, "Heterogeneous Firms, Quality, and Trade," *Journal of International Economics*, Vol. 95, No. 2, 2015.

③ 谷克鉴、李晓静、崔旭：《生产性投入进口与企业全要素生产率：水平影响与垂直溢出》，《国际贸易问题》2020 年第 10 期。

④ R. C. Feenstra, *Product Variety and the Gains from International Trade*, Cambridge, MA：MIT Press, 2010.

⑤ 刘妍、赵帮宏：《农产品出口质量对农业产业升级的影响》，《农业技术经济》2019 年第 8 期。

质性企业理论，高生产率企业才有机会进入国际市场，[1] 面对国际市场更高的准入门槛和更高标准的需求，企业不得不优化资源配置，并通过溢出效应在产业内以及上下游企业中形成技术转移，促进产业升级。进博会参展商数量庞大，各领域的新技术、新产品亮相中国，"一带一路"沿线国家企业在与国际企业开展竞争过程中，在间接获得技术溢出的同时，还可以通过竞争效应来促使自身增加研发投入、提升自主创新能力，从而增强国际竞争优势，带动产业升级转型。

（四）优化营商环境，促进"一带一路"沿线各国共同发展

营商环境是企业进入市场、日常经营和退出市场等全过程面临的市场环境、政务环境和文化环境等一系列环境的综合，是一个国家或地区软实力的象征。优化营商环境有利于激发市场主体活力，促进市场创新和国家治理能力提升。[2] 习近平主席在第二届进博会上强调，"中国将不断完善市场化、法治化、国际化的营商环境"。[3] 之后，中国做出了诸多努力和探索，包括《外商投资法》正式实施，在北京、上海等 6 个城市开展营商环境创新试点，"放管服"改革持续深化。打造公平竞争、监管透明的投资环境有利于吸引外资企业来华投资，通过技术扩散和技术转移效应带动国内技术进步。对接高标准的国际规则有利于强化国内国际市场联动，完善国内制度和法律体系，培育国际竞争新优势。

世界银行《2020 营商环境报告》显示，经过多年努力，中国的营商环境排名上升 15 位，从最初的第 46 位跃升至第 31 位，而在"一带一路"沿线国家中，大部分国家的营商环境排名不及中国，但一些国家如沙特阿拉

---

① M. J. Melitz, "The Impact of Trade on Intra-industry Reallocations and Aggregate Industry Productivity," *Econometrica*, Vol. 71, No. 6, 2003.

② 夏后学、谭清美、白俊红：《营商环境、企业寻租与市场创新——来自中国企业营商环境调查的经验证据》，《经济研究》2019 年第 4 期；王磊、景诗龙、邓芳芳：《营商环境优化对企业创新效率的影响研究》，《系统工程理论与实践》2022 年第 6 期。

③ 习近平：《开放合作 命运与共——在第二届中国国际进口博览会开幕式上的主旨演讲》，2019 年 11 月 5 日，上海。

伯、巴基斯坦等的营商环境排名大幅上升，上升幅度甚至超过中国，为高质量共建"一带一路"提供支撑。一方面，自举办进博会以来，中国不断提升通关的便利度，持续推广复制自贸试验区的经验和做法，对沿线各国形成辐射效应，国内及沿线国家的贸易便利化和投资便利化水平都得到显著提升，各国参与全球化的积极性持续提高。另一方面，"一带一路"沿线各国营商环境优化将为本国企业带来更多发展机遇，并将发展成果通过进博会平台与世界共享、实现互利共赢。

二 中国自"一带一路"沿线国家进口贸易现状

（一）贸易规模不断扩大

1. 货物贸易和服务贸易进口规模变化

（1）货物贸易进口规模变化

图 1 展示了 2013~2021 年中国与"一带一路"沿线国家的货物贸易额变化情况。2013 年以来，中国自"一带一路"沿线国家的进口额呈波动上升趋势，贸易总额亦呈现此特点，但中国一直保持贸易顺差。2014年，中国自"一带一路"沿线国家的进口规模上升至 4835.6 亿美元，但在之后两年出现连续下滑。受不确定因素影响，发达经济体复苏乏力，新兴经济体经济增速放缓，全球经济呈现低迷状态，加之中国开启了供给侧结构性改革，2016 年中国自"一带一路"沿线国家进口额仅为 3660.3 亿美元。从 2017 年开始，中国自"一带一路"沿线国家的进口规模开始反弹，2017 年的增幅高达 24.14%。2020 年，受新冠疫情和国际环境不确定影响，中国自"一带一路"沿线国家的进口规模又出现小幅下跌，降至5699.1 亿美元，但 2021 年又迅速增长至 7750.0 亿美元。与进口额变化趋势不同，中国对"一带一路"沿线国家的贸易顺差于 2015 年达到峰值，2018 年受进口额大幅增加的影响，贸易顺差下降至 1416.6 亿美元，2019~2021 年贸易顺差呈现反弹趋势，其中 2021 年的顺差达到 2453.9 亿

美元，也是样本期间的峰值。

由此，自举办进博会以来，中国自"一带一路"沿线国家的进口规模较2017年明显增长。2020年，即使受到百年变局加速演进和疫情冲击叠加影响，进口规模并未出现明显萎缩，依然保持较高水平。2021年，进博会的溢出效应持续显现，中国自"一带一路"沿线国家的进口规模创新高。

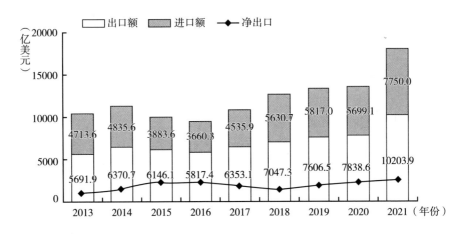

图1　2013~2021年中国与"一带一路"沿线国家货物贸易额

资料来源：海关总署；《中国"一带一路"贸易投资发展报告2021》，https：//www.doc88.com/p-11761731263963.html，最后访问日期：2023年9月8日。

（2）服务贸易进口规模变化

与货物贸易不同，中国与"一带一路"沿线国家的服务贸易规模较小，但一直保持贸易逆差状态。2015~2017年，中国对"一带一路"沿线国家的服务贸易出口额和进口额均呈现逐年上升趋势。其中，服务贸易出口额从265.4亿美元增至308.9亿美元，年平均增速约为7.88%；服务贸易进口额从483.0亿美元上升至668.9亿美元，年平均增速达到17.68%。2018~2019年，虽然服务贸易进口额连续两年保持增长，但增速并未明显提升，说明进博会对服务贸易的促进效应不明显。2020年，国际环境不稳定因素增加，新冠疫情冲击持续，中国自"一带一路"沿线国家的服务贸易进口额大幅下降至 467.4 亿美元，而出口额变化不明显，因此当年的服务贸易逆差额迅速下降至 90.1 亿美元，不及 2019 年规模的 1/4（见图 2）。

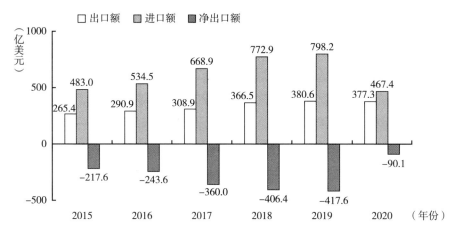

图 2 2015~2020 年中国与"一带一路"沿线国家服务贸易额

资料来源：商务部；《中国"一带一路"贸易投资发展报告 2021》，https://www.doc88.com/p-11761731263963.html，最后访问日期：2023 年 9 月 8 日。

2. 进口贸易占比变化

从自"一带一路"沿线国家进口额占中国进口贸易总额的比例来看，2000~2021 年，中国自"一带一路"沿线国家进口额占比从 2000 年的 18.29% 升至 2021 年的 23.87%，增长 5.58 个百分点。2000~2008 年，中国自"一带一路"沿线国家进口额占比处于快速上升阶段，2009 年及之后这一占比有所波动，2013 年"一带一路"倡议的提出显著提高了沿线国家对中国的出口规模，2014 年这一占比达到了 24.97%。总体来看，在中国成为进口大国的同时，自"一带一路"沿线国家的进口在中国进口贸易中占据越来越重要的地位。但与 2012 年、2013 年和 2014 年相比，2021 年中国自"一带一路"沿线国家进口额所占比例略有下降。

与此同时，中国的"一带一路"沿线进口来源国数量有所增加，2000 年进口来源国数为 54 个，2007 年及之后稳定在 57 个，说明中国与"一带一路"沿线国家一直保持着密切的贸易往来（见表 1）。2018 年首届进博会

以来，中国不断推动高水平对外开放，为越来越多的"一带一路"沿线国家及其企业提供了发展舞台和合作机遇。虽然中国的"一带一路"沿线进口来源国数未发生较大变化，但自这些国家的进口规模一直呈现升势，而且进口额占比也保持高位。

表1　2000～2021年中国自"一带一路"沿线国家进口额占比和进口来源国数量

年份	占比（%）	进口来源国数量（个）
2000	18.29	54
2001	16.91	55
2002	17.45	55
2003	19.11	55
2004	19.04	55
2005	20.93	55
2006	21.79	56
2007	21.46	57
2008	22.55	57
2009	21.14	57
2010	21.88	57
2011	23.65	57
2012	23.96	57
2013	23.99	57
2014	24.97	57
2015	22.59	57
2016	20.73	57
2017	22.25	57
2018	22.42	57
2019	23.56	57
2020	22.98	57
2021	23.87	57

资料来源：原始数据源自CEPII-BACI数据库①，笔者计算整理。

---

① CEPII-BACI数据库提供了中国自"一带一路"沿线国家分国别进口额情况。原始数据为HS6位码（HS1996版本）层面细分数据，由此可以计算中国在不同年份自"一带一路"沿线国家的进口规模、进口产品种类和进口来源国分布情况。

（二）贸易结构持续优化

1. 进口来源国结构变化

2000~2021 年，中国自"一带一路"沿线进口规模占比排名前 15 的国家如表 2 所示。其中，中国自新加坡进口规模占自"一带一路"沿线国家进口总规模的比例为 13.82%。其次是沙特阿拉伯、马来西亚、泰国和印度尼西亚，进口规模占比分别为 11.24%、10.32%、8.82% 和 7.78%，而排名第 15 的土库曼斯坦，占比仅为 1.50%。新加坡是"一带一路"沿线重要国家，属于发达经济体，中国自新加坡进口的中间品、零部件等产品蕴含着先进的技术，可以与中国的加工贸易形成互补，共同促进中国外贸企业更好更优地融入全球分工体系。总体来看，中国自排名前 5 的国家进口规模占比超过 50%，而自排名前 15 国家的进口规模占比接近 90%，说明中国的进口来源国数量虽然有所增加，但自"一带一路"沿线的进口高度集中在这 15 个国家。

表 2　2000~2021 年中国自"一带一路"沿线进口规模占比排名前 15 的国家

国家	进口规模占比（%）
新加坡	13.82
沙特阿拉伯	11.24
马来西亚	10.32
泰国	8.82
印度尼西亚	7.78
伊朗	5.29
印度	5.07
菲律宾	4.74
阿曼	4.73
伊拉克	3.72
阿联酋	3.60
哈萨克斯坦	3.04
科威特	2.64
卡塔尔	1.90
土库曼斯坦	1.50

资料来源：原始数据源自 CEPII-BACI 数据库，笔者计算整理。

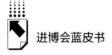

2000~2021 年，进口规模占比排名前 15 国家的变化趋势可大致分为两类：一类呈上升趋势，另一类呈下降趋势。一是进口份额上升国家。2000~2021 年，印度、科威特和沙特阿拉伯所占份额先上升后下降，整体呈波动上升趋势；伊拉克、卡塔尔和土库曼斯坦所占份额先下降后上升，整体呈上升趋势；阿联酋和印度尼西亚的占比波动较为剧烈，其中印度尼西亚进口份额在 2000 年为 11.15%，在 2015 年一度降至 6.05%，2018 年开始一直保持上升趋势，2021 年为 11.69%。二是进口份额下降国家。伊朗和马来西亚进口份额先波动上升后波动下降，2001 年菲律宾进口份额出现短暂下降，之后亦表现出类似变化趋势，阿曼的进口份额则先波动下降之后有所回升，但总体呈下降趋势；哈萨克斯坦、泰国和新加坡的进口份额整体呈波动趋势，未表现出特定规律，其中 2021 年新加坡的进口份额较 2000 年有明显差距，下降 5.75 个百分点（见表 3）。

表 3　2000~2021 年中国自"一带一路"沿线进口份额排名前 15 国家的份额变化趋势

单位：%

国家	2000 年	2003 年	2006 年	2009 年	2012 年	2015 年	2018 年	2019 年	2020 年	2021 年
印度	3.25	5.05	6.54	6.63	4.73	3.69	4.59	4.69	5.37	4.96
印度尼西亚	11.15	7.35	7.14	8.13	7.42	6.05	7.94	7.80	9.19	11.69
伊朗	5.27	4.74	6.59	7.30	6.77	6.30	3.76	3.30	1.66	1.27
伊拉克	1.91	0.00	0.46	1.80	3.43	4.19	5.61	5.79	4.81	5.00
哈萨克斯坦	2.75	2.81	2.88	3.66	5.12	2.04	1.84	2.15	2.66	2.29
科威特	0.90	0.77	1.38	2.37	2.86	2.58	3.80	3.29	2.77	3.43
马来西亚	11.65	20.36	9.57	12.74	9.27	10.52	10.16	9.90	10.96	10.27
阿曼	10.25	2.93	4.57	3.05	4.64	5.23	4.70	4.73	3.90	5.13
菲律宾	4.85	6.38	13.02	4.72	3.57	3.78	5.14	3.68	3.68	3.46
卡塔尔	1.31	0.49	0.34	0.72	1.92	1.54	2.19	2.81	2.00	2.53
沙特阿拉伯	5.20	7.67	10.73	12.36	14.57	9.58	10.53	12.49	9.70	10.46
新加坡	17.70	18.13	16.22	14.29	11.77	15.55	12.27	12.29	12.96	11.95
泰国	10.94	10.06	9.35	10.56	8.68	9.15	8.75	7.93	8.57	8.09
土库曼斯坦	0.03	0.01	0.01	0.02	2.34	2.57	1.59	2.31	2.10	1.03
阿联酋	1.25	1.17	1.99	1.44	3.14	4.18	4.81	4.28	5.52	4.98

资料来源：原始数据源自 CEPII-BACI 数据库，笔者计算整理。

进口商品的"地区集中度"是指一国进口商品集中于某地或者某些地区的程度，计算方法参考魏浩等①的做法，采用产业经济学上的市场集中度指标——赫芬达尔指数（Herfindahl-Hirschman Index，HHI）来测度，即用进口来源国进口额在中国自"一带一路"沿线国家进口总额中所占比重的平方和表示。② 根据本文测算结果，中国自"一带一路"沿线国家进口的"地区集中度指数"在 2000 年为 0.092，2004 年一度上升至 0.097，随后呈现逐年下降趋势，2014 年这一指数仅为 0.067。虽然"地区集中度指数"从 2015 年开始再度反弹并在 2017 年达到 0.079，但 2018 年得益于进博会的影响，"一带一路"沿线国家更多的企业、更丰富的产品有机会来开辟中国市场，使得这一指数迅速下滑至 0.068。结合前文中国的"一带一路"沿线进口来源国数量变化趋势，2000 年以来中国的"一带一路"沿线进口来源国数量从 54 个增加至 57 个，同期的"地区集中度指数"却呈现下降趋势，说明中国自"一带一路"沿线国家进口的地区结构在不断优化（见表 4）。

表 4　2000~2021 年中国自"一带一路"沿线国家进口的地区集中度指数

	2000 年	2001 年	2002 年	2003 年	2004 年	2005 年	2006 年	2007 年	2008 年	2009 年	2010 年
HHI	0.092	0.094	0.098	0.108	0.097	0.092	0.090	0.090	0.086	0.086	0.080
	2011 年	2012 年	2013 年	2014 年	2015 年	2016 年	2017 年	2018 年	2019 年	2020 年	2021 年
HHI	0.076	0.074	0.070	0.067	0.073	0.074	0.079	0.068	0.069	0.069	0.071

资料来源：原始数据源自 CEPII-BACI 数据库，笔者计算整理。

---

① 魏浩、叶子丹、赵春明：《中国进口地区结构及其变化趋势的测算研究》，《世界经济与政治论坛》2014 年第 5 期；魏浩、巫俊：《中国从"一带一路"沿线国家进口贸易发展的现状与对策》，《人民论坛·学术前沿》2017 年第 9 期。

② 在对一个进口主体的整体地区结构进行分析时，假设这个主体的进口中所占份额较大的国家或地区的个数一定。如果这些国家的 HHI 变小，说明这个进口主体的整体地区结构趋于优化，即这些既定的几个国家占该主体在该地区进口的份额不断下降，该地区的其他国家占该主体在该地区进口的份额不断上升。相反，HHI 变大，则说明该进口主体的整体地区结构趋向更加集中于既定的几个国家。

2. 进口商品结构变化

根据 CEPII-BACI 数据库提供的数据，可以在 HS6 位码层面计算中国各年自"一带一路"沿线国家进口产品种类，计算结果见表5。可以看出，2000~2021 年，除了个别年份小幅波动，中国自"一带一路"沿线国家进口产品种类几乎呈现稳步下降趋势，2000 年的进口种类为5051 种，而2021年的进口种类仅为4653 种，整体减少了398 种。

表5 2000~2021 年中国自"一带一路"沿线国家进口商品种类数量

单位：种

	2000 年	2001 年	2002 年	2003 年	2004 年	2005 年	2006 年	2007 年	2008 年	2009 年	2010 年
种类	5051	5051	5020	5010	4999	4996	5001	4943	4925	4811	4748
	2011 年	2012 年	2013 年	2014 年	2015 年	2016 年	2017 年	2018 年	2019 年	2020 年	2021 年
种类	4727	4740	4724	4716	4701	4699	4682	4679	4668	4655	4653

资料来源：原始数据源自 CEPII-BACI 数据库，笔者计算整理。

接着，将 HS6 位码与国际通用 BEC 分类编码相对应，以识别中间品、资本品和消费品，[①] 并计算中国当年自"一带一路"沿线国家进口的不同种类产品金额及相应占比，结果如表6 所示。可以看出，2000 年以来，中国自"一带一路"沿线国家进口的商品中，中间品占比一直高于85%，个别年份如2013 年和2014 年分别高达91.35% 和91.28%。资本品占比整体呈现波动下降趋势，2004 年达到峰值，占比为9.58%，2019~2021 年一直维持在6.5% 左右。相较于中间品和资本品，消费品占比较低，2015年之前，消费品占比除了2001 年和2009 年超过4%，其他年份均维持在3%~4%。2015~2021 年，虽然消费品占比依然出现波动，但各年均在5% 之上，2020 年和2021 年甚至超过7%，且连续3 年高于资本品占比。可见，作为面向全世界的综合平台，进博会充分发挥了中国的超大规模市场优势，参展商品种类丰富、品质优良，从牛奶、水果等生鲜产品到文

---

① 具体地讲，BEC 分类编码为"111""121""21""22""31""322""42""53"的8 类商品属于中间品，分类编码为"41""521"的商品是资本品，其余为消费品。

化、物流等服务，让消费者在国门之内就可以买遍全球，促进我国增加消费品进口和消费升级。

表6 2000~2021年中国自"一带一路"沿线国家进口的不同种类商品金额及占比

单位：亿美元，%

年份	中间品金额	消费品金额	资本品金额	中间品占比	消费品占比	资本品占比
2000	256.59	11.52	22.29	88.36	3.97	7.68
2001	256.58	12.50	24.51	87.39	4.26	8.35
2002	321.49	13.96	32.52	87.37	3.79	8.84
2003	507.95	19.63	53.46	87.42	3.38	9.20
2004	653.88	25.93	72.06	86.97	3.45	9.58
2005	854.25	33.48	88.35	87.52	3.43	9.05
2006	1068.60	46.89	102.71	87.72	3.85	8.43
2007	1293.70	58.27	125.96	87.53	3.94	8.52
2008	1583.88	63.77	145.74	88.32	3.56	8.13
2009	1356.07	63.39	144.12	86.73	4.05	9.22
2010	1967.82	79.56	167.83	88.83	3.59	7.58
2011	2710.97	108.15	176.53	90.50	3.61	5.89
2012	2820.13	114.10	187.99	90.32	3.65	6.02
2013	3047.56	119.36	169.22	91.35	3.58	5.07
2014	3185.22	134.13	170.34	91.28	3.84	4.88
2015	2321.41	142.30	159.26	88.50	5.43	6.07
2016	2008.16	152.46	177.16	85.90	6.52	7.58
2017	2648.00	172.13	196.19	87.79	5.71	6.50
2018	2993.48	186.87	218.41	88.08	5.50	6.43
2019	3077.59	239.23	233.25	86.69	6.74	6.57
2020	2930.82	268.70	241.39	85.18	7.81	7.02
2021	3888.76	338.91	297.75	85.93	7.49	6.58

资料来源：原始数据源自 CEPII-BACI 数据库，笔者计算整理。

在 BEC 分类下测算各细分产品的进口额占比，结果如表7所示。资本品中，运输设备（521）占比一直处于较低水平，2006年攀升至0.30%，但2018~2021年一直维持在0.05%~0.10%。中间品中，中国自"一带一路"沿线国家进口的多为加工的工业用品（22）以及燃料和润滑油的原材料（31），二者占比之和在多数年份都保持在50%以上。消费品中，大部分产

品的进口占比在 2000~2021 年有所上升。其中，家庭消费类产品（112 和 122）分别从 1.00% 和 1.17% 上升至 2.52% 和 1.74%，运输设备类的最终消费（522）占比整体变化不明显，其他产品最终消费占比亦增加显著。

表7 2000~2021 年中国自"一带一路"沿线国家进口的细分 BEC 产品占比

单位：%

产品种类		2000年	2003年	2006年	2009年	2012年	2015年	2018年	2019年	2020年	2021年
资本品	41	7.58	9.08	8.13	9.08	5.94	6.02	6.33	6.53	6.95	6.48
	521	0.09	0.12	0.30	0.14	0.08	0.05	0.10	0.05	0.06	0.10
中间品	111	0.14	0.08	0.04	0.07	0.12	0.18	0.25	0.36	0.47	0.38
	121	1.78	2.74	2.26	2.97	2.32	1.97	1.62	1.70	2.00	2.04
	21	6.65	6.03	10.37	11.28	10.92	7.73	6.64	6.87	7.60	7.66
	22	29.24	29.66	22.19	21.90	21.70	27.95	27.82	26.48	29.58	29.18
	31	28.91	18.91	24.75	29.60	39.67	29.65	30.84	33.40	27.32	30.05
	322	4.17	2.61	3.04	1.86	2.63	4.59	5.78	5.35	3.41	4.33
	42	16.74	26.59	24.05	17.67	12.03	14.91	13.55	11.03	13.26	11.16
	53	0.73	0.79	1.01	1.38	0.93	1.52	1.57	1.49	1.55	1.14
消费品	112	1.00	0.75	0.74	0.87	1.05	1.47	1.31	1.96	2.29	2.52
	122	1.17	0.73	0.76	0.87	0.81	1.27	1.40	1.67	1.91	1.74
	522	0.07	0.00	0.00	0.01	0.01	0.04	0.05	0.06	0.13	0.13
	61	0.63	0.69	0.73	0.79	0.40	0.58	0.58	0.62	0.56	0.49
	62	0.53	0.80	1.25	1.14	1.04	1.32	1.26	1.53	1.76	1.51
	63	0.58	0.40	0.38	0.39	0.36	0.74	0.89	0.90	1.16	1.10

资料来源：原始数据源自 CEPII-BACI 数据库，笔者计算整理。

（三）中国扩大自"一带一路"沿线国家进口面临的问题

通过数据分析可知，中国自"一带一路"沿线国家进口规模呈扩大趋势，进口结构不断优化，但自这些国家进口规模占中国进口总规模的比例不高，对中国出口额占这些国家出口额的比例刚超过 10%。可以看出，"一带一路"沿线国家对中国市场的贸易依赖度不高，中国与这些国家开展经贸合作有很大提升空间。

1. 部分进口来源国政治风险凸显,基础设施欠发达

"一带一路"沿线国家较多,不少国家拥有独特的政治、文化环境,地缘政治关系复杂多变,部分国家面临政治冲突,国内局势常年处于动荡之中。其一,部分国家市场环境差、政局不稳定,某些看似细微的事件可能引发动荡,带来的风险对周边国家形成外溢,影响中国在"一带一路"沿线国家的投资项目落地和贸易往来。其二,不少"一带一路"沿线国家拥有丰富的能源储备,是能源资源的主要贸易国,也是国际竞争的重点。

基础设施是国际贸易的支撑,也是高质量共建"一带一路"的关键。基础设施建设离不开资金支持,而"一带一路"沿线国家经济发展水平普遍不高,贫困人口占全球的一半,可以投入基础设施建设的资金严重不足。由于基础建设投资大、期限长、收益有限,沿线国家的企业尤其是民营资本的参与积极性不高,进一步加剧了基建项目的融资约束。在数字经济时代,"一带一路"的线网基础设施建设也较为落后。2021 年,世界互联网用户数量达 49 亿人,但依然有将近 30 亿人口无法上网,而其中 96% 的人口来自发展中国家。[①] 采购商需要通过互联网搜寻产品,并同供应商开展洽谈,若出口国的线网基础设施建设不足,将大大影响沟通成本和磋商效率,对出口贸易形成障碍。

因此,总体来看,部分"一带一路"沿线国家的基础设施建设水平较为落后、国内政治风险凸显,严重制约着中国扩大自这些国家的进口规模。

2. 国际贸易人才短缺,经贸不平衡现象依然存在

扩大进口离不开相关的国际贸易人才,但中国现有的人才供给无法满足需求。其一,"一带一路"贯穿亚、欧、非三大洲,涉及语言将近 60 种,但中国当前的国际商务专业仅提供 23 种语言,[②] 语言问题构成的障碍不容

---

① 《〈中国移动互联网发展报告(2022)〉正式发布》,http://finance.people.com.cn/n1/2022/0629/c1004-32460664.html,最后访问日期:2023 年 4 月 7 日。

② 王超男、魏浩:《中国从"一带一路"沿线国家积极扩大进口的作用、挑战与对策》,《国际贸易》2023 年第 2 期。

忽视。其二，较多国际贸易人才缺乏实践经验。在人才培养过程中，现有教育多注重对经济、管理等相关专业知识的培养，缺乏实践机会，在实际沟通中，难以将学校所学转化为解决实际问题的能力。随着跨境电商这一贸易新模式兴起，行业对人才的要求变得更高，人才既要掌握国际贸易理论，又要熟悉跨境电商规则、了解沿线国家风土人情和文化习俗等，而人才短缺会导致贸易的不确定性增加。

首届进博会上，58个"一带一路"沿线国家参会，中国与沿线国家意向成交额达到47亿美元，约占现场成交额的8%，此后参展国家数量和交易额均有所提升。虽然越来越多"一带一路"沿线国家的商品进入中国市场，却难减少中国对这些国家的贸易顺差。究其原因，"一带一路"沿线国家多处于工业化初期，经济发展所需要的资金、技术、人才短缺，因此从中国进口设备、引进技术，增加了自中国的进口。同时，在共建"一带一路"过程中，随着中国对"一带一路"沿线国家的对外直接投资增加，双方的投资合作带动了贸易合作，进一步增加沿线国家自中国的中间品和资本品进口。

3. 仅与部分"一带一路"沿线进口来源国签订自贸协定

根据WTO数据，世界各国签订的区域贸易协定数量超过300个，中国已与26个国家和地区签署了19个自贸协定，占全球贸易协定总数的5.6%左右。[①] 在全球区域贸易协定中，约40%的协定涉及"一带一路"沿线国家。自实施自由贸易区战略以来，中国已取得了突破性进展，但中国的区域贸易协定主要涉及东南亚国家，较少涉及中亚、中东欧以及中东国家。在"一带一路"沿线国家中，虽然中国已经签署的自贸协定涵盖了跨境电商、服务贸易、技术合作等多个领域，但当前仅与东盟、新加坡、巴基斯坦、格鲁吉亚、马尔代夫等组织和国家签署了自贸协定。

---

① 《商务部：我国已与26个国家和地区签署19个自贸协定 贸易额占比35%左右》，http://finance.people.com.cn/n1/2022/0217/c1004-32354223.html，最后访问日期：2023年5月1日。

三　以进博会促进高质量共建"一带一路"的建议

（一）优化进博会举办方式，强化虹桥论坛的引领效应

对于国家展，除了贸易投资推介之外，应更注重对中外优秀文化与发展成就的展示，更注重对开放型世界经济、人类命运共同体等理念的宣扬。例如，在"一带一路"倡议提出十周年之际，可以将"一带一路"建设成果进行重点展示，借助新媒体、新技术手段，生动呈现各国的建设经验与成效，以展现我国开放包容、推动构建人类命运共同体的大国担当。

对于企业展，应根据全球产业和消费最新趋势及时优化展区设置。其一，继续重视体现绿色低碳、可持续发展的生产和消费理念，广泛吸引全球顶尖的企业展示新技术和新产品，与中国建立更广更深技术合作关系和人才联系，引领全球绿色低碳的生活方式，彰显大国使命与担当。其二，应突出数字经济展示。利用我们在数字经济领域的先发优势和在抗击疫情中积累的中国经验，推动数字贸易、跨境电商、电子支付、智慧配送等领域的全球化进程，提升中国对国际数字经济与贸易规则的影响力。其三，应适应线上办展的特点，增加服务贸易展馆的占比和规模，并提供与网上洽谈交流、合同履约相配套的知识产权服务和技术保障。

对于虹桥论坛，应利用数字化手段提升论坛影响力。鉴于 5G 技术快速发展和视频会议技术的普及，可以通过互联网平台对虹桥论坛各场活动进行视频会议全球直播，提高虹桥论坛的参与度和影响力。而网上视频会议和直播所需的技术支持和互动方案，均需要提前策划和精心布局。另外，除了虹桥论坛，我国每年举办的中国发展高层论坛、博鳌亚洲论坛、夏季达沃斯论坛，每两年举办的"一带一路"国际合作高峰论坛，拓展了我国对外交往空间，提升了国际话语权，但也不可避免地面临如何实现优化资源配置、减少同质化竞争的问题。针对这一问题，需要建立虹桥论坛与其他国家级论坛的沟通协调机制，及时就每年（届）各大论坛年会的主题议题、嘉宾人选、

互动形式等进行沟通协调，推动彼此错位发展、优势互补，共同优化完善我国主场外交的总体布局。

（二）优化参展商制度，完善进口制度

扩大自"一带一路"沿线国家进口有利于沿线各国经济社会稳定，提升各国对共建"一带一路"的认可度和参与共建"一带一路"的积极性，促进各国经贸发展和人文交流。一方面，将参展商优惠制度向"一带一路"沿线国家倾斜。每届进博会都会设置"特殊展位"，免费让最不发达国家的参展商来中国市场推广当地商品、服务或者文化等。2022年，免费展位虽然增加至30个，但相较于庞大的参展商数量，依然供不应求。对于来自"一带一路"沿线国家的企业，应根据国家经济发展水平和企业特色酌情减免费用，免费展位多向沿线最不发达国家的企业倾斜，争取让所有沿线国家的企业都有机会在中国市场获得发展。另一方面，实行差异化进口税收优惠政策。从第三届开始，进博会提供的税收优惠政策开始成为常态化，优惠力度也进一步加大，对每个参展商能享受的优惠数量或者限额则以清单形式统一规定。为进一步发挥这一优惠政策对高质量共建"一带一路"的服务作用，可尝试对现有政策进行调整。例如，可以根据沿线国家对我国出口的主要产品以及我国重点自沿线国家进口的产品，重点降低进口关税，以促进国内采购商从"一带一路"沿线国家采购的积极性。

与此同时，面对带有曲解和偏见的国际舆论，中国应利用好进博会平台，向世界讲好中国故事、展示中国态度，用行动表明中国真诚推动高质量共建"一带一路"的决心。因此，以举办进博会为契机，我们可以通过将国内市场与沿线国家的需求有效整合，发挥超大规模市场优势，提升中国在国际市场需求端的地位。这不仅有利于扩大进博会的国际影响力，还能促进国际合作，提高中国在国际经贸中的话语权和主导权。

（三）扩大制度型开放，优化营商环境和人才培养机制

随着世界经济进入深度调整期，进博会不仅是经济盛会，也是中国宣示

对外开放决心、扩大制度型开放的重要平台。与"一带一路"沿线国家沟通合作过程中,中国应加强经济、文化等不同领域之间规则的对接与融合,促进区域内要素自由流动,同时注重贸易规则的公平性,反对保护主义、单边主义,充分发挥各国优势,促进互利互惠。此外,还应积极参与全球治理,提升制度供给质量,逐步降低并消除生产要素跨境流通的壁垒,同时注重提供中国智慧、中国方案,放大中国制度创新成果的溢出效应,推动构建人类命运共同体。

而且,应更大力度实施"负面清单"制度,营造市场化法治化国际化一流营商环境。"负面清单"制度有利于更好发挥市场在资源配置中的决定性作用,更快形成高标准的市场体系。通过了解参展商投资需求,有序放宽市场准入限制,降低外资进入壁垒,重点推动数字经济、科技金融、新型基础设施等领域的制度型开放,扩大投资自由化便利化程度。参照国际营商环境评价指标体系,逐级对标找差,优化立法、行政和竞争环境,吸引更多更优的跨国企业来中国参展,与国内企业开展投资合作。

此外,人才是第一创新资源,进博会应继续丰富人才流动、培养机制等相关议题的高峰对话。党的二十大报告将人才战略提到了新的高度,第五届进博会首次将"人才的流动与创新"作为主要议题,并发布《全球人才流动趋势与发展报告》。该报告不仅分析了全球人才跨区域流动的现状和趋势,还对 38 个主要国家构建了人才竞争力评价指数。建议进博会将人才议题进一步拓宽,在"一带一路"倡议提出十周年之际,把加强"一带一路"商务人才培养作为重要话题,邀请国内外学者就如何解决国际商务人才供需不匹配问题展开深入交流,以期为高校学科建设、扩大沿线国家学生来华留学等问题提供思路和方案。

(四)强化数字赋能效应,提升服务质量

第一,扩大"数字进博"(e-CIIE)平台的辐射效应。"数字进博"平台是第五届进博会的一大亮点,打通了线上线下壁垒,拉进了参展商与消费者之间的距离。但是第五届进博会上数字进博主要聚焦技术装备展区,展示

企业以世界 500 强为主。未来，可进一步扩大数字进博平台的覆盖范围，使各个展区的参展商均有机会通过"云端"展示新产品、结识新伙伴，充分展现我国数字经济发展成就，为我国与相关国家贸易高质量发展注入新动力。第二，将区块链技术应用于交易服务平台，以提升平台服务能力和服务质量。区块链技术具有"去中心化"特点，无需第三方即可实现点对点交易，且数据便于公开和追溯，能有效提升贸易过程中的数据透明度和安全性，便于贸易双方建立信任、降低成本、提高效率。通过区块链技术记录参展主体的交互轨迹，可以准确获悉参展商与消费者的互动效率和交流质量，为下一步提升服务质量、吸引优质企业提供方向。越来越多的跨国企业在我国独立或者合作设立创新创业平台、研发中心等，使全球优势要素逐渐集聚，不断发挥对我国及"一带一路"沿线国家的溢出效应。

参考文献

陈晓华、邓贺、杨高举：《出口技术复杂度"瘸腿"型深化与经济增长质量》，《国际贸易问题》2022 年第 8 期。

东艳、刘杜若：《"进博会"的溢出效应和辐射效应》，《人民论坛》2018 年第 31 期。

黄凤志：《对中蒙俄经济走廊建设的战略分析》，《人民论坛·学术前沿》2016 年第 13 期。

李磊、马欢：《"一带一路"倡议与高质量进口》，《南开学报》（哲学社会科学版）2022 年第 2 期。

裴长洪：《中国推动建设开放型世界经济的实践与理论》，《国外社会科学》2022 年第 5 期。

余壮雄、程嘉嘉、董洁妙：《"一带一路"倡议与沿线国家产品升级——区分不同进口竞争效应来源的分析》，《国际贸易问题》2022 年第 12 期。

张金翠：《印度"鹰派"学者的中国观——以布拉马·切拉尼教授为个案》，《国际论坛》2012 年第 4 期。

张婷、刘洪愧：《以进博会创新发展促进高水平对外开放的对策思考》，《国际贸易》2020 年第 5 期。

邹磊：《"一带一路"：合作共赢的中国方案》，上海人民出版社，2016。

邹磊:《中国国际进口博览会与全面开放新格局》,上海人民出版社,2018。

邹磊:《中国国际进口博览会:溢出效应与长效机制》,《太平洋学报》2021年第7期。

邹宗森、郭昌明、冯等田:《汇率变动、空间溢出与进口增长——中国自"一带一路"沿线国家进口的经验分析》,《国际商务》(对外经济贸易大学学报)2021年第5期。

M. Amiti and A. K. Khandelwal, "Import Competition and Quality Upgrading," *The Review of Economics and Statistics*, Vol. 95, No. 2, 2013.

M. Bas and V. Strauss-kahn, "Does Importing More Inputs Raise Exports? Firm-level Evidence from France," *Review of World Economics*, Vol. 150, No. 2, 2014.

N. Bloom, M. Draca, and J. Van Reenen "Trade Induced Technical Change? The Impact of Chinese Imports on Innovation, IT and Productivity," *The Review of Economic Studies*, Vol. 83, No. 1, 2016.

B.3
中国国际进口博览会与中国
高水平对外开放

张 宇*

摘　要： 进博会是全球首个以进口为主题的国家级展会，也是我国实现高
水平对外开放的一个有益的尝试。本报告在剖析前五届进博会的
发展历程，以及第五届进博会的最新成就与特点的基础上，从畅
通"双循环"体系、实现对外开放的体制性突破、促进区域协同
发展、加速技术引进与产业结构升级、推动产业链的本土化以及
打造全球利益共同体六个方面分析了进博会在促进高水平开放过
程中发挥的作用，并从深化制度创新、优化营商环境、促进国内
要素与国际要素融合、扩大区域溢出效应、与新技术革命深度融
合、实践互利共赢理念等方面提出了支持进博会发展的对策建议。

关键词： 进博会　高水平对外开放　制度创新　溢出效应

中国国际进口博览会（以下简称"进博会"）是全球首个以进口为主题的
国家级展会。自 2018 年以来，进博会已经连续成功举办 5 届。不断成长的进博
会不仅成为全球商品展示和交易的重要舞台，而且日渐成为中国推动高水平对
外开放的试验田，在深度发掘与整合全球要素、推动国内国际经济"双循环"、
探索互利共赢的全新开放与发展理念方面发挥着越来越重要的作用。

---

* 张宇，经济学博士，中国社会科学院财经战略研究院副研究员，国际经贸研究室主任，主要
研究领域为国际贸易与国际直接投资。

一 进博会的发展现状与特点

（一）进博会的发展现状

过去 5 年，进博会坚持每年如期举办，取得了来之不易的成果。据相关统计，自 2018 年 11 月第一届进博会成功举办以来，进博会的展览面积已经从最初的 30.0 万平方米拓展到 36.6 万平方米；意向成交额也从首届的 578.3 亿美元上升至第五届的 735.2 亿美元（见图 1），年均增速超过6%。在第一届和第二届进博会中，参展企业数量分别达到 3600 家和 3800家（见图 2），遍布全球 180 多个国家、地区和国际组织；尽管随后在疫情的冲击下国际交流中断，但第五届进博会的参展企业仍然达到 2800 家，涵盖 145 个国家、地区和国际组织（见图 3），特别是随着《区域全面经济伙伴关系协定》（RCEP）的启动和"一带一路"倡议的深入推进，进博会"朋友圈"的范围也在不断扩大，不仅 RCEP 成员国均有企业参展，而且共建"一带一路"国家、上合组织参展国数量也在逐年增加。与此

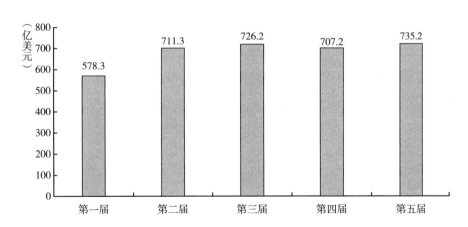

图 1　历届进博会意向成交额

资料来源：《舆情报告 | 第五届进博会专项分析》，https：//new. qq. com/rain/a/2022111A09W2W00，最后访问日期：2022 年 3 月 22 日。

同时，进博会参展企业的层次也在不断提升，世界500强企业参展数量从第一届的220家提升至第五届的284家，占全部参展企业的比重也从6.11%提升到10.14%（见图4）。

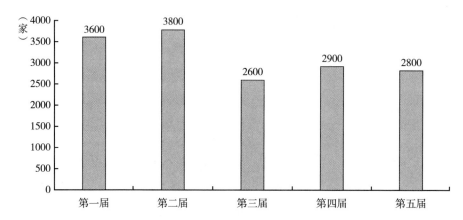

图2 历届进博会参展企业数量

资料来源：《舆情报告 | 第五届进博会专项分析》，https://new.qq.com/rain/a/20221111A09W2W00，最后访问日期：2022年3月22日。

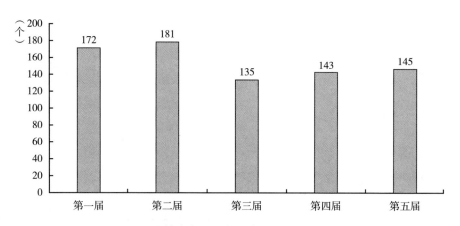

图3 历届进博会参展国家、地区和国际组织的数量

资料来源：《舆情报告 | 第五届进博会专项分析》，https://new.qq.com/rain/a/20221111A09W2W00，最后访问日期：2022年3月22日。

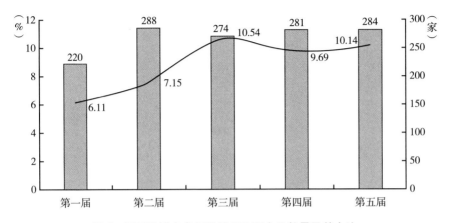

图 4 历届进博会参展世界 500 强企业数量及其占比

资料来源：《舆情报告丨第五届进博会专项分析》，https://new.qq.com/rain/a/20221
111A09W2W00，最后访问日期：2022 年 3 月 22 日。

（二）第五届进博会的主要特点

作为我国对外开放战略体系中的新生平台，进博会本身处于自我完善和发展的历程中。与此前历届进博会相比，2022 年第五届进博会呈现很多前所未有的新特点。

1. 展示内容更加丰富

相较于以往的进博会，第五届进博会的一个突出变化是新设"中国这十年——对外开放成就展"综合展示区，并下辖成就专区、省区市专区和展商变投资商专区 3 个部分。其中，"成就专区"通过 6 个单元的展示，全方位立体化地呈现了我国以高水平对外开放促进深层次改革，推动高质量发展，实现与世界合作共赢的时代画卷；"省区市专区"则通过对自贸试验区、国家级经济开发区、跨境电商综合试验区、进口贸易综合示范区以及加工贸易产业园等开放平台的集中展示，系统展现了 10 年来各地改革开放的重大成就，成为各省（区、市）展示地方形象、宣传开放政策和招商引资的重要舞台；而"展商变投资商专区"集中展示了一批工业智造、健康医疗等领域的案例，是进博会释放溢出效应的生动写照。

与此同时，围绕《中华人民共和国国民经济和社会发展第十四个五年规划和2035年远景目标纲要》，第五届进博会还专门新设农作物种业专区和人工智能专区、优化能源低碳及环保技术专区、拓展创新孵化专区等热点和前沿领域的专项展区，紧密契合全球技术发展前沿和国内消费热点。

此外，第五届进博会还进一步结合此前的办展成就，建成进博文化展示中心，常态化全景呈现进博会精彩时刻、筹办历程和办展成效，进一步释放了进博会的品牌效应，使进博会本身成为宣传中国对外开放成就的重要窗口。

2. 数字技术运用更加充分

新冠疫情使进博会的顺利举办面临严峻考验，同时促进了进博会在展示方式和展示技术方面的创新。在新兴数字和多媒体技术的加持下，第五届进博会开创了线上展示模式，首次上线"数字进博"（e-CIIE）平台，并设置了云展示、云发布、云直播、云洽谈四大板块，为无法现场参展或参观的企业和个人提供了远程展示交流的平台（见图5），成功实现300多家技术装备领域展商在线展示，减轻疫情带来的不利影响。同时在现场展示方面，第五届进博会大量运用先进的数字和媒体技术为传统展示活动赋能，一方面，在继续以线上方式举办国家展的基础上，运用增强现实、实时渲染等技术，展示各国科技创新、文化艺术、投资环境等内容，为观众带来沉浸式观展体验；另一方面，进博会在企业展示区域广泛运用先进数字技术，不断提高招展招商、展品展示、对接洽谈等方面的数字化水平，积极推动各方通过"云端"洽谈合作。

3. 招商工作更加市场化、专业化和绿色化

第五届进博会继续坚持"政府+市场"发展方向，组建39个交易团、近600个交易分团，积极开展精准招商，吸纳制造、批发、零售等行业重要采购商和广大民营企业，展会总体沿着市场化的方向稳步发展；同时，在参展群体中，具有决策权和采购权的专业观众比重进一步提升，采购商质量和专业化程度进一步提高。除此之外，第五届进博会还积极践行国家"双碳"发展战略，坚持"绿色、环保、可持续"办展方向，持续打造"零碳进

云展示	聚焦数字工业自动化、集成电路、能源低碳及环保技术等七大类34小类展品，通过VR拍摄等数字化技术呈现线下展台实况
云发布	发布官方信息，供参展商、采购商、合作伙伴和行业媒体等多方发布行业精彩内容
云直播	设立"论坛会议活动""参展商直播间"两大频道，以及官方自办"进博直播间"，邀请重量级嘉宾做客
云洽谈	可进入参展商专属"公开洽谈间"进行交流互动，也可从参展商处定向获取邀请密码或预约感兴趣的参展商，在约定时间进行线上洽谈

图5 "数字进博"平台的四大板块

博"，通过推进"碳中和"项目和引入碳普惠机制，实现绿色低碳价值传递，并增设绿色展台设计奖，提高参展企业的参与度和积极性，携手共建"绿色展会"。

4. 周边活动更加丰富多彩

进博会不仅是一个商业交流的窗口，也是思想和文化交流的平台。历届进博会除了本身的商品宣传展示和招商引资活动之外，与之相关的主题和周边活动也是进博会增强自身吸引力的重要方面。

在所有的主题活动中，各类论坛的举办为中外政、商、学界的思想交流提供了难得的契机。第五届进博会以"激发全球开放新动能，共享合作发展新机遇"为主题，分"开放共担""开放共治""开放共享"3个板块，举办了"RCEP与更高水平开放"高层论坛、《世界开放报告2022》发布暨国际研讨会等24场分论坛，场次较首届增加了10场，集中探讨全球开放发展热点议题。同时，论坛的专业化和国际化水平与以往相比有了明显的提升，不仅由9个中央部委、4个地方省市、3个专业智库参与主办专业领域分论坛，围绕开放领域发布了约20份专业化、权威性报告，而且新增联合国工发组织、联合国人口基金、联合国全球契约组织、联合国减灾办、国际贸易中心、世界知识产权组织等国际组织参与主办分论坛，其中，有5场次分论坛邀请了诺贝尔奖得主发表演讲。

除主题论坛活动之外，第五届进博会还举办了近百场各类内容丰富的专

业配套活动，包括政策解读、对接签约、投资促进类宣讲，同时新设"百强县、千强镇"对接专场，借助进博会大力开展人文交流，设置虹桥国际城市会客厅展示区，以及中华老字号、非物质文化遗产、国家级步行街、中国旅游四大展示专区，中央广场呈现了80余场公益演出和展演活动，经贸人文融合进一步加深。

二　进博会对中国高水平对外开放的重大意义

进博会不仅是我国对外经贸活动的新窗口，而且作为一个全新的以进口为主题的高水平展会，也是我国新时期全面推进高水平对外开放的一个重要支点。综合来看，进博会对中国高水平对外开放的重要意义主要体现在以下几个方面。

（一）畅通"双循环"体系

构建以国内大循环为主体、国内国际双循环相互促进的新发展格局是我国在复杂的国内国际经济形势下，对"十四五"和未来更长时期经济发展战略和路径做出的重大调整。进博会对于畅通国内国际"双循环"体系的重要意义在于以下几个方面。

首先，进博会的召开标志着我国正在从传统意义上的出口导向型发展模式转向进出口并重的新发展模式，在全球贸易保护主义泛滥的背景下树立起坚持开放与共同发展的旗帜，有助于实现国内经济循环与国际经济循环的更紧密连接。

其次，进博会为我国充分接触和利用全球范围的资源、产品和技术提供了一个重要的平台，有利于克服出口转型升级的技术瓶颈，通过充实国内经济循环提高外部经济循环的发展潜力和可持续性。

再次，在新冠疫情及国际地缘政治冲突等不利因素引发外部需求萎缩的背景下，以进博会为契机扩大进口规模有助于增加其他国家（地区）的收入，重启全球经济增长的引擎，客观上也可以对我国的出口乃至经济增长产生一定的拉动作用。

最后，从现代空间经济发展理论来看，需求规模是增强产业向心力和区位吸引力、实现产业集聚的基础。进博会有望成为吸引更多国际产业资本进入国内经济循环的一个重要途径。

此外，进博会不仅是一个贸易展会，而且涵盖了更广泛意义上的招商引资与经济合作，对利用国际资源实现国内产业链整合、产业结构升级以及技术进步，促进国内经济的健康、高效与可持续发展具有重要意义。

（二）实现对外开放的制度性突破

进博会作为我国高水平对外开放的新平台，除了直接带动贸易与投资之外，也承担了对外开放，特别是与进口相关的制度创新先行先试任务。结合近年来进博会的发展实践，其所实行的诸多制度和政策创新正逐渐引领对外开放的制度性突破。

首先，进博会促进了跨部门监管创新，并集中体现为保税交易试点。该项举措有助于推动展品变商品，为进口增活力。作为一种与进口展会相契合的新型贸易通关管理模式，保税交易集保税展示、商品交易、物流仓储、通关服务于一体，不仅能够变预付关税为售后完税，有利于盘活流动资金、减少占用的资本，而且便于未完成销售的展品直接退回保税仓另行转运，避免二次出口报关的烦琐，极大地提升了进口的便利化水平（专栏一）。

专栏一　基于保税展示的交易平台

为保证进博会的顺利进行，并充分发挥进博会的各项积极作用，截至 2022 年上海市已经搭建了 60 个"6+365 天"常年展示交易平台，促进展品变商品。

虹桥进口商品展示交易中心是承接和放大进博会溢出效应的主平台。该中心是集保税展示、商品交易、物流仓储、通关服务于一体的常年保税展示交易场所，并打造联动长三角、服务全国、辐射亚太的进口商品集散地。自开业以来，这里已吸引来自26个国家的400多个品牌、2500多种单品，并探索保税展示和保税延展交易模式。在2019年随着上海虹桥商务区B型保税物流中心落成运营，保税展示交易和跨境电商业务也随之落地，进口商品入境后直接由商家发货到保税延展平台，压缩了物流等环节的运营成本，不少进口商品甚至可以做到和海外同价。

紧邻进博会场馆的进博会常年交易平台——绿地全球商品贸易港，建有上海首个保税展示展销场所。开业不到1年，绿地全球商品贸易港累计接待游客超过35万人次，举办各类商贸对接活动50余场，接待国内外专业采购商700余组，帮助150家客商成功对接下游渠道。截至2022年10月，绿地全球商品贸易港引进全球商品90000余件，其中进博会同款商品20000多件，以保税方式展销奢侈品、高端家居千余种，与海外"同质同价"，平台累计交易规模超过百亿元。同时，绿地全球商品贸易港项目已在13省16市落地，开通保税展示展销及跨境电商业务，依托供应链服务帮助海外客商快速进入全国市场。

其次，海关与其他监管部门加大机制和流程创新力度，并逐步从试点转为常态化运行。其中，上海海关设立了保障进博会的专门机构——上海会展中心海关，基于其统筹国际会展监管资源。上海会展中心海关为上海地区国际展会提供常态化的"一揽子"保障和"一站式"服务，大幅缩短了商品进入中国市场的周期。在贸易便利化"验放分离"和"边检边放"的创新监管模式下，新西兰纽仕兰公司的新鲜牛奶仅用72小时就从新西兰农场摆上中国消费者餐桌；而得益于进博会在医药领域的政策便利，亮相于首届进博会的罗氏抗癌药安圣莎，仅在美国获批后的9个月，便迅速在中国获批，并在 47 天内开出了第一批处方。①

最后，上海对进博会首发新品实行海外预检测、预归类制度，并制定了首发新品、首家旗舰店的明确标准，在时段、地点、方式上提供"绿色通道"，助力国际知名品牌宣传推广，吸引商家选择上海作为全球新品首发地、高端品牌首选地、原创品牌集聚地。

此外，在进行创新试点探索的过程中，上海也在不断用立法巩固制度创新成果，让制度创新的成效法制化、常态化。2022 年 9 月，上海市出台《上海市服务办好中国国际进口博览会条例》，实现了制度创新的成果固化与突破提升相结合，从办展办会、服务与保障、综合效应各方面，为办好进博会提供了法治引领、法律规范和制度保障，使进博会的筹办工作有法可依、有章可循。

（三）通过溢出效应实现区域协同发展

进博会虽然落户上海，但其产生的辐射带动作用可延伸至整个长三角地区乃至全国，进而发挥溢出效应，助力各区域实现协同发展。

以江苏、浙江为代表的长三角地区是进博会区域辐射效应带动最为明显的地区，也是在对接进博会方面表现最为积极的地区。进博会主场馆所在地上海虹桥商务区，与长三角 17 个主要城市建立全面合作关系。一批功能性平台，如长三角电商中心等，已成为长三角地区各类贸易主体承接进博会溢出效应的"桥头堡"。在其带动之下，2022 年第五届进博会召开期间，江苏进一步推广多个配套活动，如江苏省政府主办的"2022 江苏开放创新发展国际咨询会议"、第五届中新合作服务贸易创新论坛等。其中，中新合作服务贸易创新论坛被第五届虹桥国际经济论坛升级为分论坛，成为虹桥论坛中首个以服务贸易为主题的分论坛，紧密围绕中新数字贸易合作、服务业对外开放等前沿热点话题展开，通过邀请服务贸易头部企业，打造国际服务贸易

---

① 《第五届进博会带来了什么？开放、机遇、速度、共生、未来》，https://baijiahao.baidu.com/s? id = 17492093623432963 03&wfr = spider&for = pc，最后访问日期：2023 年 3 月 20 日。

龙头企业盛会。浙江则首次承办了第五届虹桥国际经济论坛的数字经济开放与治理分论坛活动，同时借助进博会的契机举办"2022中国浙江国际数字经济和高新技术产业高峰对接会"，吸引西门子、亚马逊、特斯拉、微软等70家国际知名企业，与浙江省200家数字经济及高新技术企业参与，参会企业聚焦数字经济和高新技术产业领域，围绕数字经济技术合作、技术研发、人才交流等具体议题进行分组沟通洽谈，共谋合作。

进博会还相继推出多项走进地方活动，走进包括吉林、江西、四川等在内的全国多个省（区），并围绕相关地区的特色优势产业邀请相关行业领域的进博会参展企业参会，以经贸洽谈会和产业投资会为主题，配套安排实地考察、座谈交流等，贯彻了习近平总书记"让展商变投资商"的重要指示精神，充分发挥了进博会的投资与经贸合作潜力，使其成为带动全国各区域经济协同发展的重要引领力量。

（四）加速技术引进与产业结构升级

进博会的举办为我国企业近距离接触先进的技术、产品，并借助全球技术资源实现自身的技术进步与产业升级提供了一个重要的契机。经过5年发展，进博会已成为全球新品的首发地、前沿技术的首选地、创新服务的首推地。特别是近年来，随着智能科技产业发展和新模式、新产业、新技术、新思路的不断涌现，进博会汇聚了包括数字化、自动化、新能源、新材料以及生物医药等在内的前沿技术，为我国的企业和消费者"零距离"了解技术发展前沿提供了全面的展示平台，而这一特点在第五届进博会上也有了更为突出的展现。

首先，第五届进博会在展区布局方面集中展示了各类新技术，不仅在传统的消费品展区和服务贸易展区纳入数字技术、低碳环保技术以及生物医药技术等前沿技术的应用场景，而且在技术装备展区新设立人工智能专区、优化数字工业自动化专区、能源低碳及环保技术等专区，集中展示最为前沿的技术和高端装备。

其次，以往进博会在新技术、新产品展示发布方面所取得的热烈反响和市场效果，也进一步激发了高新技术企业携带最新技术参展的热情，大幅提升了第五届进博会参展商品的技术含量。在医疗展区，第五届进博会首次齐聚了全球十五大药品巨头，并带来诸多全球首发、亚洲首展以及中国首展的医药产品与医疗设备；在工业自动化展区，以日本天田株式会社、德国施耐德为代表的企业带来了自动化加工设备以及工业元宇宙方案；芯片巨头高通则全方位展示了其在 5G、AI、XR、车联网、物联网等领域取得的科技创新成果，在各个垂直领域的应用实践，以及在相关行业与中国伙伴一起合作的成果（见表1）。

表 1 第五届进博会参展的部分首发及前沿技术与产品

行业领域	参展商	新技术/新产品
医药	辉瑞	抗新冠病毒药物奈玛特韦片/利托那韦片、亚洲首款乳腺癌特效药 Talazoparib、首款获批用于治疗偏头痛的 CGRP 受体拮抗剂瑞美吉泮、在研斑秃治疗药物利特昔替尼胶囊等
	梯瓦	国内首款氘代亨廷顿舞蹈病治疗药物安泰坦，多发性硬化症药物 Copaxone
	赛诺菲	尚未在国内上市的新一代庞贝病治疗药物 Nexviazyme
	武田制药	全球首款且唯一可用于治疗移植手术后难治性巨细胞病毒干扰或疾病的药物马立巴韦
医疗	西门子	全球首款移动急危重症介入救治单元"远征"、全球首款光子计数 CT NAEOTOM Alpha、Cios Spin 呼吸介入解决方案、超高端 PET/CT Biograph Vision Quadra、元宇宙 VR 教研工作站等
	瓦里安	全球首发新一代 HyperArc 超弧刀
自动化生产	施耐德	工业元宇宙应用、EcoStruxure™ 开放自动化平台和全生命周期数字孪生解决方案
	罗克韦尔	智能运维 Rockii 联盟
	欧姆龙	i-Automation 理念下的机器人统合控制器与 i-BELT 现场数据活用服务
元宇宙与人工智能	HTC	Viverse 元宇宙开放平台
	高通	基于 5G 切片的端边协同分离渲染无界技术、以人工智能技术等前沿技术融合应用为支撑的"元宇宙"体验乐园
	Meta	旗下 Oculus 的产品 Quest2 在会议办公、户外游览、游戏健身以及太空站等不同场景的应用
低碳环保	霍尼韦尔	智慧能碳管理系统
	科思创	未来出行、清洁能源、绿色建筑和低碳生活最新材料技术成果

最后，除了大型龙头企业之外，当前技术开发专业化、技术路径多元化还催生了一批在专业技术领域处于前沿，但技术价值和发展潜力有待挖掘的

创新型中小企业，而进博会也为这些企业寻找合作伙伴、开拓市场以及拓展技术的应用场景提供了相应的平台。在传统的六大展区之外，第五届进博会还设立了创新孵化专区，集中展示汽车、技术装备、消费品、医疗器械及医药保健四大领域全球创新技术和产品，助力初创企业和创新成果驶向高速发展的"快车道"，吸引了来自德国、丹麦、新西兰等国约150家"专精特新"科创企业参展。

（五）推动产业链的本土化

秉承"展商变投资商"的理念构想，进博会在吸引全球范围内的优质商品汇聚的同时承担了招商引资的重要职能。依托国内的营商环境与产业吸引力，进博会的举办为参展企业在中国寻求进一步合作与发展、推动相关产业链与生产活动的本土化创造机遇。

进博会的举办首先为参展企业提供了一个全方位、多角度了解中国改革开放成就的窗口，而中国所展现出的经济活力、市场潜力、开放态度以及产业特征也不断成为吸纳参展商推进本土化战略，与中国进行深层次产业链合作的动力根源。纵观前五届进博会的发展历程，可以观察到相当一部分企业在参加进博会后将加大对华投资和经济合作纳入战略考量，包括资生堂、戴姆勒、现代汽车、武田制药和阿斯利康等在内的一批国际龙头企业在积极参与进博会的同时，不断加大对华投资、合作力度，实现了从参展商到投资商、投资商变合伙人的身份转变（见表2）。

表2　前五届进博会"展商变投资商"的典型案例

企业名称	本土化进程
资生堂	第四届进博会开幕前不久，日本美妆巨头资生堂在上海正式启用其在中国的第三家研发中心，资生堂在中国的研发中心数量正式超越了日本
欧莱雅	欧莱雅在中国设立全球首家投资公司——上海美次方投资有限公司，致力于成为开展合作、共创、投资以及实现共同进化的载体和窗口；2022年10月，欧莱雅苏州智能运营中心正式奠基，致力于为中国消费者带来更高品质、更安全、更可持续、更个性化的消费体验

企业名称	本土化进程
武田制药	2019年3月,武田投资1.1亿元扩建武田天津工厂,该项目于2020年9月正式竣工。2021年10月,武田中国地区总部携武田亚洲开发中心新址入驻世博前滩。2022年6月,武田制药宣布武田研发亚太总部正式落户上海浦东
阿斯利康	阿斯利康在进博会上宣布,青岛区域总部正式揭牌、在华生产供应基地增资扩产等,同时深化与上海、广州、无锡、成都、杭州、青岛等地合作
卡赫	2019年投资3.8亿元,在江苏常熟成立卡赫中国总部,整合卡赫在中国各独立运营的制造工厂、研发中心以及销售公司资源。2020年,卡赫与高达科技、苏锡通科技产业园区共同签署战略投资合作协议,聚力打造全球最高标准的研发生产制造基地
戴姆勒	总投资达11亿元的全新戴姆勒中国研发技术中心在北京启用
现代汽车	2021年在广州开发区建立了集团首个氢燃料电池系统研发、生产、销售基地,在上海建立了海外首个数字化智能研发中心——前瞻数字研发中心

除了通过进博会破除"信息茧房",吸引外资企业在华投资之外,进博会也为国内企业和国外企业搭建了产业链合作的桥梁,进而通过支持国内产业的成长为这些国际企业的"本土化"提供了另一条实现路径。以国际芯片龙头企业高通为例,过去5年的进博会参展历程也是其在中国不断开拓合作伙伴、与中国市场建立"强链接"的历程。正是借助进博会搭建的平台,众多国内企业与高通进行了全方面的合作,高通的中国合作伙伴群体也在不断壮大,包括中国移动、中兴通讯、华为、荣耀、vivo、OPPO、小米等一众知名企业和知名品牌,以及众多的AR企业、造车新势力、各类机器人企业不断充实着高通的"朋友圈"(见专栏二),同时实现了高通与本地企业合作推进5G技术应用的本土化战略。

专栏二　高通的进博会与本地化合作之路

国际芯片龙头高通公司参加了全部五届进博会,而其参会的历程正是其不断寻求与中国企业合作、不断深化与中国市场联系的历程。

2018 年，高通与中国领先的终端厂商宣布"5G 领航计划"，支持中国厂商在全球推出首批 5G 终端，并借助首届进博会展示了 5G 原型机。

2019 年，高通 5G 正式启动商用，在当年的进博会上重点展示了多款中国手机厂商基于高通 5G 方案发布的商用手机。

2020 年，随着最早一批物联网终端的商用落地，很多国内厂商开始借力高通全球化 5G 解决方案加速开拓海外市场，该年进博会上，高通展示了"5G+AI"融合发展趋势下的各类合作创新成果。

2021 年，高通在进博会上除了展示 5G 前沿技术之外，还展示了 5G 技术助力中国产业伙伴的最新案例，基于第三代高通骁龙汽车数字座舱平台的豪华智能旗舰 SUV——领克 09 亮相展台。

2022 年，高通全方位展示了在 5G、AI、XR、车联网、物联网等领域的领先科技和在各个垂直领域的应用实践，以及在相关行业与中国伙伴合作的成果，包括与爱奇艺联手打造的基于 5G 和 XR 技术的 VR 一体机、基于 5G 与 AI 技术的骁龙数字底盘、面向智能驾驶领域的 Snapdragon Ride 等。

资料来源：《高通，进博会这五年》，https：//baijiahao. baidu. com/s？id=1748618803914269906&wfr=spider&for=pc，最后访问日期：2023 年 4 月 7 日。

（六）打造全球利益共同体

进博会不仅是高端技术与高端产品的展厅，同时蕴含了互利共赢的理念，为广大发展中国家的企业和商品提供了一个宣传、展示和销售的舞台。进博会的举办汇聚了全球的商家，向世界各国分享了中国改革开放的红利，在保护主义泛滥的背景下树立了指引全球国际贸易发展的风向标。[1] 尤为重要的是，进博

---

① 《进博会对于促进全球经贸交流的积极意义与启示》，https：//m. gmw. cn/baijia/2022-03/30/35623760. html，最后访问日期：2023 年 3 月 29 日。

会的举办为发展中国家的减贫与发展提供了难得的契机。在第五届进博会的 145 个参展国家、地区和国际组织中，大部分为发展中国家，进博会甚至专门组织了数十个最不发达国家的中小企业参展，并为每个参展的最不发达国家免费提供部分展位，以支持其分享中国市场机遇、参与经济全球化并改善自身的经济与福利。在进博会的展厅中，可以看到来自阿富汗的羊毛地毯与松子、来自卢旺达的辣椒、来自埃塞俄比亚的咖啡、来自东帝汶的黑胡椒、来自中非共和国的木雕……借助这一平台，很多欠发达国家（地区）的特色商品得以进入更广阔的市场空间，并直接带来了收入水平的提升和就业机会的增加（见专栏三），就此意义而言，进博会已成为实践"全球利益共同体"理念的一个缩影。

专栏三　秘鲁"羊驼玩偶"的进博会逆袭之旅

　　羊驼毛纺织业是秘鲁的支柱产业之一，也是秘鲁安第斯山区民众的重要收入来源。秘鲁家庭作坊很多，家家户户都会参与制作羊驼毛手工艺品。2018 年 6 月，在中国首届进博会筹办之际，马玉霞和两个秘鲁姑娘伊莎贝拉、亚历山德拉，以及另一个中国姑娘注册了"温暖驼"（Warmpaca）品牌，并申请到了一个 9 平方米的展位，让秘鲁手工羊驼制品第一次走进进博会场。

　　首届进博会"一展成名"后，"温暖驼"的羊驼玩偶销量迅速增长，在北京、上海、海口、成都、重庆、南昌、西安等 20 多个城市建立了线下销售渠道，并在天猫和京东两个平台进行线上销售，订单数量增长了40 倍。到第五届进博会时，销售额是以前的上百倍，他们的展位也扩大到 36 平方米。首届进博会时，为"温暖驼"提供手工制品的秘鲁手工业者只有一家。到第五届进博会时，已经有 100 多个秘鲁手工业者家庭加入"温暖驼"品牌。产品种类扩大到 20 多个大类、300 多种细分商品，还获得了来自澳大利亚、美国等地的大量订单。截至 2022 年底，已有 50 多万只羊驼毛制作的玩偶被销往世界各地，相关的回报也帮助秘鲁

100 多户品牌合伙手艺人家庭脱贫致富。

资料来源：《进博会对于促进全球经贸交流的积极意义与启示》，https：//m. gmw. cn/baijia/2022－03/30/35623760. html，最后访问日期：2023 年 3 月 29 日。

三 进一步通过进博会促进高水平对外开放的对策建议

从前五届进博会的举办经验以及国内在扩大开放方面的趋势要求来看，未来在进一步办好进博会、促进中国高水平对外开放方面可着重关注如下几个方面的工作。

（一）深化制度创新

作为中国对外开放战略的试验田，进博会未来可围绕进口通关的管理与便利化进一步深化制度创新，发挥其先行先试的重要作用。

首先，应进一步探索进口商品的通关与监管制度，在与上海自贸试验区统筹协调的基础上，进一步扩大保税监管制度的实施领域和实施范围，并针对生鲜类商品、大宗消费品、高技术产品、特殊原料及中间品等具有不同仓储特征和要求的产品探索建立具体的分类监管模式，为各类商品的通关、展示与销售提供更为合理和便利化的处置方案。

其次，应进一步提高进口通关的便利化程度，通过实施展品提前备案、快速通关查验、展后进入特殊监管区视同离境等制度，形成贯通展前、展时和展后的一揽子通关、检验检疫便利化措施，探索外贸新业态的监管模式。

再次，应积极推进消费品进口税收的结构性改革，包括关税、增加值、消费税改革等，从而降低进口商品综合税率；同时通过完善进口消费品采购信息库的建设，积极争取进口货物退免税政策的新突破。①

最后，应进一步鼓励包括离岸贸易、跨境电商在内的新兴贸易业态，在结售汇、出口退税以及海关监管和通关方面，可进一步消除相应的体制性壁垒，探索与小规模、分散化和离岸化等新贸易业态相适应的通关和监管流程；探索实施跨境电商进口的事前、事中、事后正面监管模式。

（二）优化营商环境

除了探索与进口相关的开放举措之外，未来进博会还应当通过推动营商环境的优化进一步实现"展商变投资商"的目标。

在硬环境方面，应围绕贸易通道的畅通，完善相关的物流、仓储以及信息等基础设施建设，并提升连通效率。一方面，可推动海陆空网跨境贸易通道建设，充分发挥上海在铁路、航空、航海等方面的客货运输枢纽作用，不断提升与国内外陆港、空港、海港的连通性；另一方面，充分发挥"中欧班列"在连通共建"一带一路"国家和城市中的作用，并探索通过信息集成推动建立新型港铁、空铁联运系统，形成新的跨亚欧路上通道。此外，在新技术革命的背景下，应进一步完善相关基础设施建设，特别是针对目前各类产业数字化和信息化的发展趋势，着力推进人工智能、区块链以及 5G 通信技术在基础设施建设中的深度应用，提升其智能化和信息化水平；同时针对国际化的营商环境要求，在会展区域内设立国际互联网专线，允许区内企业和个人在符合条件的情况下自由访问国际主流的社交网络和信息平台，满足其国际业务交往需求。

在软环境方面，可围绕简政放权进一步提升行政管理效率与管理水平。一方面，可建立跨部门、跨区域的信息管理平台，并结合相关信息与数据的共享，以及监管部门的职能整合，进一步优化行政审批的流程，落实"一

---

① 张婷、刘洪愧：《以进博会创新发展促进高水平对外开放的对策思考》，《国际贸易》2020 年第 5 期。

口通办"，提升行政效率；另一方面，应进一步完善市场化和法治化建设，通过促进商品、资本、人才要素的有序流动，消除各类隐性歧视和体制性障碍，并通过加强反垄断和采取知识产权保护措施，营造公平、公正、有序的市场竞争环境。此外，针对进博会以及后续招商引资过程中的境外人员流动需求，可针对境外参展以及参观人员实行特殊签证政策，适当延长其驻留时间，并针对往届进博会有持续参会纪录的外来人员，探讨给予其长期签证的可行性。

（三）促进国内要素与国际要素的有机融合

从推动国内产业发展这一深层次目标出发，未来的进博会需要围绕国内要素与国际要素的有机融合，促进国内产业链的健全和完善。

首先，针对目前我国初级产品和资源型产品进口需求规模庞大、对外部市场依赖较强的特征，可借助进博会的契机推动完善我国进口大宗商品市场建设，通过实现进博会与上海大宗产品交易所、全球各类大宗商品交易市场以及衍生金融市场的信息整合与联动，扩大我国在大宗产品进口方面的影响力，并联合相关的行业协会对主要的大宗商品进口提供专业的投融资、咨询等配套服务，提高我国对大宗商品的定价权。

其次，可在吸引国外龙头企业参展的基础上进一步推动其在华开展本地化经营，对跨国公司在华研究与开发机构在国际交流，研究材料、设备的进口准入，研发活动的税负减免等方面给予支持和优惠。对在华设立研发中心的外商投资项目，可以向其提供减税、利息补贴支持。

再次，可在前几届进博会的基础上进一步加大对国际高新技术和关键中间产品的引进和展示力度，设立国际产能与产业链合作专区，一方面，引导和鼓励国内企业积极融入跨国公司的产业链体系，围绕跨国龙头企业培育周边产业生态链条；另一方面，可推动部分具有国际竞争力的国内企业与国外企业组建技术联盟，共同实施相关的技术标准以及研发核心技术等，进而在技术标准制定、技术发展方向等方面不断提升自身的影响力和话语权。

最后，可鼓励国际组织、国外各类贸易促进机构、行业协会、国际标准组织、商协会组织等各类专业性服务机构在上海集聚，进一步扩大进博会的国际影响力。

（四）放大区域溢出效应

进博会的成功举办不仅为上海创造了更大的外贸增长空间，而且通过区域间的溢出效应为其他地区带来新的发展机遇。在未来通过进博会推动全国高水平对外开放的过程中，需要进一步放大这种区域溢出效应，实现区域之间的协调与平衡发展。

首先，随着进博会口碑的提升以及未来可预见的规模扩张，上海举办进博会将不可避免地面临接待能力的局限。目前，长三角城市群一体化程度已经达到了相当的水平，上海与苏州、杭州、南京等周边副中心城市的通行时间已缩短至 2 小时以内。未来可考虑在周边具有较强接待能力的城市设立分会场，对部分论坛、招商等周边活动，以及部分专业化较强的产业板块的展示推介活动分流，在疏解上海市办展压力的同时，为周边地区承接进博会的溢出效应创造必要的空间。

其次，结合目前产业专业化、集群化的发展趋势，未来可考虑在板块进一步细分的基础上，将部分专业性较强的板块设置在国内相关产业集群较为发达、产业链配套体系相对完善的地区；并可以结合城市的具体特点建立包括智能装备、集成电路、消费电子产品、生物医药、医疗器械、医药保健、汽车、服装服饰、日用消费品、农牧产品等专业性交易市场在内的常态化进口通道和平台。

再次，在保持目前进博会对各地区招商引资和营商环境的宣传推介功能的基础上，深入开展"进博会走进地方"活动。一方面，实现进博会与全国更多城市和地区，特别是传统意义上开放程度相对较低，且具有一定产业潜能的中西部城市的对接，使更多地区享受到进博会带来的贸易与投资发展机遇；另一方面，可进一步提升对接活动的精准性，针对不同地区的区位特点和产业特点匹配合适的参展商与投资商，提升产业对接的成功率。

最后，对上海在进博会举办过程中取得的一系列制度创新成果，可在研

判其可复制性基础上加快推广的速度，最大限度发挥进博会在推动高水平开放方面的制度溢出效应。

（五）与新技术革命深度融合

在新科技革命浪潮翻涌以及国内产业结构升级的背景下，未来的进博会在参展的产品、板块设计乃至展示方式等方面，都存在与时俱进的迫切要求，亟须与新技术革命深度融合，在实现办展方式创新的同时更好地发挥其对国内技术进步与产业升级的引领作用。

首先，结合目前数字技术与信息技术的发展前景，未来的进博会可更多容纳线上参展元素，如考虑围绕最新的虚拟现实、网络直播、在线会议以及人工智能辅助服务等技术搭建云端的进博会展示平台，广泛吸引无法现场参展，或与现场展品密切相关的周边与配套产品及服务进行在线展示，并在进博会闭展期间持续提供在线商品展示、洽谈与交易功能，进一步扩充进博会的参展规模，提升其影响力。

其次，针对当前跨境电商等贸易新业态的发展，进博会也可考虑与现有的互联网企业以及跨境电商平台合作，除了在自身的网上展销平台设立跨境电商板块之外，也可在大型的跨境电商平台上设立相应的进博会接口，借助其既有的客户基础以及成熟的物流支付结算系统为参展商品进一步打开销售渠道提供新的支持。

再次，进博会本身产生的庞大数据流量和信息流量，也是一笔巨大的衍生财富。结合对相关参展数据与交易数据的系统研判，可进一步明确供给端的技术演变趋势，以及需求端的变化趋势，为后续有针对性地设立相关展区、为企业技术开发与生产经营决策提供必要的参考。为此，可考虑建立进博会数据库，并设立专门的部门负责相关数据的收集、研判和分析工作；部分宏观数据和报告可作为公共产品公开发布，专业化的数据分析与研究成果也可进一步向相关企业有偿提供，在提升进博会专业化影响力的同时创造新的效益来源。

最后，在未来进博会的举办过程中，还应紧密追踪全球新产业、新技术发展的动态，吸引更多处于技术前沿的产品和企业参展；鼓励前沿企业在中国设立研发创新中心，以及与国内企业开展多方面的技术合作，全方位提升国内产业的技术水平。

（六）实践互利共赢理念

进博会是全球首个以进口为主题的平台，在设立之初便存在着破除"重出口、轻进口"的重商主义思想，探索互利共赢理念的突破性构想。在未来，需要继续将这一重要的对外开放理念贯彻到进博会的举办过程中，将进博会打造成中国与世界融合发展、相互促进、互利共赢的平台，树立基于人类命运共同体思想的新国际开放格局的有益示范。

首先，应当加大对发展中国家，特别是欠发达国家的邀请力度，扩大发展中国家的参展规模，并对少数存在困难的欠发达国家提供免费展位，同时减免相关费用，为发展中国家分享中国经济发展成果、积极融入包括中国在内的全球市场、寻求适合的产业增长点提供必要的机遇。

其次，应当加大宣传力度，借助官方媒体、海外媒体以及自媒体平台等多种媒介，向世界传播进博会推动全球贸易发展，特别是在稳定全球贸易规模、对抗当前贸易保护主义和单边主义，以及促进全球减贫发展等方面发挥的积极作用；同时鼓励开展针对进博会效应影响的系统性和学术性研究，对研究成果在相关平台上进行宣传和展示。

最后，应进一步建立健全国际合作机制，可考虑由我国政府、相关行业协会或组织出面，与各类国际组织和协会商谈并签订协议，成立正式的合作机制，协调解决进博会参展的各项事宜，实现合理的利益共享，并为后续贸易和投资过程中可能发生的争端与纠纷提供调解和解决方案。

B.4

中国国际进口博览会国际媒体传播
影响力报告（2022）

——基于大数据信息建模与仿真研究

张 琛 谢寿光 张俊文*

摘 要： 本报告采集 2022 年 1 月 1 日至 2023 年 3 月 31 日国际媒体和
社交媒体（Twitter 和 Facebook）上进博会相关报道及推文，
并从主题分布、议题结构、报道趋势和情绪态度四个层面进
行分析。在媒体英文报道上，国内信源处于强有力的地位，
参展国主动报道数量仍然偏少，媒体机构分布呈现幂律分布
特征。而在潜在议题上，无论是国际媒体还是社交媒体都集
中于国家间事务往来、企业间经贸合作、高新技术发布等方
面。另外，2022 年第五届进博会对于文化交往的关注度较之
以往有所提升。在情绪感知上，虽负性情绪占比很少，但其
形成的舆论效果值得关注。下一阶段关于"讲好进博故事，
传播好中国声音"可以体现在四个方面：重构国际传播战略，
制定积极精准的传播主题，主动回应争议性话题，搭建以上
海本地媒体为主的开放式、立体化全媒体平台。只有如此，
才能从历史进程的视角透视进博会传播话语背后中国发展的
现代化进程。

---

* 张琛，清华大学博士，北京服装学院时尚传播学院助理教授，主要研究方向为传媒经济；谢
寿光，课题负责人，中国出版协会副理事长，中国社会科学院-上海市人民政府 上海研究
院特聘研究员，主要研究方向为知识生产；张俊文，斑马网络技术有限公司高级技术专家，
主要研究方向为人工智能。

关键词：　进博会　国际媒体　社交媒体　主题建模　情绪感知

　　上海作为国际经济中心城市在新时代十年制定了新的目标规划，与此相匹配的是中国国际进口博览会（以下简称"进博会"）的连续召开再一次向世界展示了上海优势、中国实力。进博会不仅是一次国际贸易展览盛会，也是一个展示世界文明多样性的舞台。习近平总书记在中国共产党第二十次全国代表大会上强调，"以文明交流超越文明隔阂、文明互鉴超越文明冲突、文明共存超越文明优越，共同应对各种全球性挑战"[①]。因此从这个视角出发，2022年第五届进博会不仅克服新冠疫情的影响，也顶住了全球经济下行的压力，同时承担了发展人类文明新形态的时代责任，而媒介为文明互鉴提供跨越时空的通道。如何全面、客观分析进博会在国际媒体和社交媒体上的表达，有助于将进博会的媒体形象与现实状况相观照，妥善处理好传播中不自洽、不充分的问题，使得新闻报道与发帖推文在媒体上流动时，不是简单地报道进博会，而是体现出在全球化进程中进博会所代表的不同国家、地区建立的友好合作，也体现出不同文明借经贸往来在媒体平台上实现的融合与碰撞。

　　本报告针对进博会主要英文报道文本的语义网络分析、潜在主题挖掘、情绪感知等内容，利用ChatGPT的数据辅助及分析功能，借助Python技术形成内容数据库和语料库，从关注热点、用户信息和传播网络结构入手，探讨进博会在国际主流媒体舆论场中的话语建构，以及形成的信息传播网络及其结构特征。特别指出的是，本报告更加深入剖析亚洲媒体的报道倾向、中国媒体传播进博会声音的成效、社交媒体不同账号的热度三个方面，以此聚焦"报道中的中国，世界眼中的上海"，这对于进博会进一步传播有积极意义。

[①]　《习近平：高举中国特色社会主义伟大旗帜　为全面建设社会主义现代化国家而团结奋斗——在中国共产党第二十次全国代表大会上的报告》，中国政府网，2022年10月25日，https://www.gov.cn/xinwen/2022-10/25/content_5721685.htm？eqid=daa17d87000004354000000036465911d，最后访问日期：2023年9月14日。

一 数据与方法

（一）数据收集和分析

传播秩序的建构最终以话语结构形式予以展现，在数据采集时将时间限定为 2022 年 1 月 1 日至 2023 年 3 月 31 日，国际媒体资料来源于谷歌新闻数据、ChatGPT 等多种渠道，以进博会英文报道为主，共采集 1199 条，构建出进博会国际媒体报道语料库。社交媒体（Twitter 和 Facebook）则使用 Python 程序处理与人工采集相结合的方式收集与 "China International Import Expo"（CIIE）关键词相关的主帖和推文，共 3435 条记录。

（二）主要研究方法

1. K-means 算法

在信息技术应用中，社会网络分析、情感感知分析、话题分析等方法越来越受到学术界关注，尤其是大范围应用于对媒体内容的分析。本报告通过对这些报道、社交媒体内容在 Python 环境下进行 jieba 分词，再利用机器学习训练成词向量模型后引入 K-means 算法获得相似特征的数据点分割，实现媒体报道中议题聚类。为了挖掘进博会媒体报道中的主题内容，首先，通过经分词处理的文本构建的"词—索引字典"和"词—词向量字典"对机器学习训练成词向量模型进行保存；其次，分别对 2022 年 1 月 1 日至 2023 年 3 月 31 日进博会媒体报道进行 K-means 词汇聚类，K-means 作为一种无监督学习算法通过确定 K 值，希望对进博会议题文本数据进行聚类得到 K 个不同的集合；再次，随机选择 K 个数据点作为质心，经过反复迭代计算 K 个中心的欧式距离，将每个类别归到距离最短的中心所在类；最后，利用均值方法，依据这些报道的可解释程度确定最佳聚类数，再利用聚类中的词汇形成 IDF（Inverse Document Frequency），根据每个类中 IDF 值最大的定性词提取出文本中的主要特征。

2. LDA 主题建模

面对拥有更庞大数据量的进博会社交媒体内容，本报告采用主题建模（Topic Model）抽取大数据文本中的 LDA，即隐含狄利克雷（Dirichlet）这一非监督学习算法，其是由 Blei 等于 2003 年提出的一种特殊主题模型[1]。本报告通过吉布斯采样实现隐含狄利克雷分布推断潜在主题变量来建模语料库，最终确定进博会主题语义中主题分布及各主题词分布。社交媒体内容中，进博会主题建模使用 Python 提供的 Gensim 模块和 Visual 使用的 pyLDAvis 模块对文本数据进行分类，K 代表主题数量，α 是主题 K 的 Dirichlet 先验权重的值，也是决定 θ 值的参数（见图 1）。η 是 w 主题的 Dirichlet 先验权重，是决定 β 值的参数；θ_d 是每个文档的主题的比率；β_k 是按主题生成单词 w 的概率；$Z_{d,n}$ 是文档 d 的第 n 个词的主题；$W_{d,n}$ 是文档 d 的第 n 个单词。[2] 模型不断重复直至采样完毕，最终输出关于进博会社交媒体内容的主题分布。之所以对进博会传播影响力采用 LDA 主题建模，是因为该方法具有较好的模型扩展能力，在舆情管理、话语分析中有着成熟的应用。

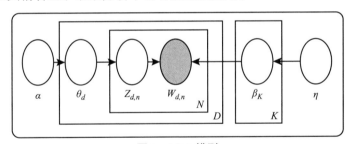

图 1　LDA 模型

资料来源：T. K. Kim, H. R. Choi, H. C. Lee, "A Study on the Research Trends in Fintech using Topic Modeling," *Journal of the Korea Academia-Industrial Cooperation Society* 17（2016）：670–681。

3. 社会网络分析

社会网络分析（Social Network Analysis，SNA）是基于自然语言处理技

[1]　D. M. Blei, A. Y. Ng, M. I. Jordan, et al., "Latent Dirichlet Allocation," *Journal of Machine Learning Research* 3（2003）：993–1022.

[2]　T. K. Kim, H. R. Choi, H. C. Lee, "A Study on the Research Trends in Fintech using Topic Modeling," *Journal of the Korea Academia-Industrial Cooperation Society* 17（2016）：670–781.

术的语义分析方法，根据频率和并发性检测，并基于文本的输入强度和规律性得出网络特征的方法，主要用来研究社会行动者及其相互关系。针对2022年1月1日至2023年3月31日国际媒体上进博会相关英文报道，本报告使用社会网络分析方法来分析文本数据中的观点和立场，通过分析英文报道网络中的节点及其联系来解释这种网络结构的中心性和影响力。对于媒体报道中进博会议题呈现来说，该方法的运用可以发现在非结构化报道中有突出特点的主题以及对其他主题的影响。常见的指标包括节点的度中心性（节点的选择数量）、中介中心性（节点在网络汇总的连接路径上的重要性）等，可以用来识别社会网络中的核心节点、子群体以及信息流动路径等。本报告对2022年第五届进博会语义网络分析使用了可视化工具，将复杂的网络结构以图形的形式展示出来，同时检验网络中节点的核心—边缘结构的分布特征，进一步获得核心层的关键词和边缘层的关键词有何特征。

4. 情绪感知分析

本报告采用文本挖掘技术和情感分析方法对2022年1月1日至2023年3月31日 Twitter 和 Facebook 关于进博会已发布的推文进行情绪感知分析。情绪感知分析是一种文本挖掘技术，可以从大量文本数据中提取观点、情绪、态度以及倾向，也可以对情绪进行评估和分类。[1] 针对在线文本进行情绪感知分析，需要对 Twitter 和 Facebook 上相关推文进行主观性检测和极性检测。在主观性检测阶段，对文本中不相关的术语进行删除，再进行情感分析。在极性检测阶段，使用情感字典来确定给定数据的阳性和阴性。本报告采用自然语言工具包（NLTK）对每条推文进行情绪计算，针对进博会的推文计算出正性（positive）、中性（neutral）和负性（negative）三种情绪分数，得分大于 0 为正性、得分等于 0 为中性、得分小于 0 为负性。以此来分析这些社交媒体推文和评论所反映的主观态度和情绪，探讨2022年1月1日至2023年3月31日社交媒体上进博会相关推文所包含的情绪成分占比，

① R. Feldman，"Techniques and Applications for Sentiment Analysis," *Communication of the ACM* 4（2013）：82–89.

同时进行关键词提取，获得正性、中性和负性主题词内在特征，为分析和解决进博会在社交媒体上所诱发的情绪问题提供进一步的依据。

（三）数据收集和处理

（1）资料来源：针对国际媒体报道和社交媒体上关于"进博会"的关键词，则是以英文关键词"CIIE"为基础进行获取的。通过人工智能程序Python在谷歌新闻、ChatGPT、Twitter、Facebook等平台，将时间限制为2022年1月1日至2023年3月31日，其中进博会社交媒体内容来自Twitter和Facebook这两个平台，字段包括id（账号）、content（内容）、from（来源）、in（地理位置）、date/year（时间）、url（来源网址），在社交媒体数据中包括"@""#"获得关联和标签信息，同时附加"likes"（点赞量）、"shares"（分享量）两个社交属性的字段。

（2）数据清洗：采用Pandas和Gensim包对数据进行停用词及词形还原处理。

（3）创建词典及语料库：利用Gensim包中doc2bow词袋模型构建词典。

（4）对进博会国际媒体报道进行k-means算法的词聚类处理，获得6类聚类主题。再利用社会网络分析工具Ucinet和可视化工具Gephi，获得度中心性、凝聚子群聚类来呈现2022年进博会议题媒体影响力的总体结构图。同样，利用Ucinet的核心—边缘结构模型对进博会议题媒体报道进行分析，获得进博会媒体报道议题的网络结构图。

进博会社交媒体的主题建模。实验环境是Python 3.6，使用的工具是Gensim包models. ldamodel. LdaModel。运用LDA主题建模对进博会在Twitter和Facebook上的主题内容和主题文档分布规律进行分析。

进博会社交媒体的情绪感知分析。采用NLTK进行情绪感知分析，对实际操作中每条推文内容进行情感分析，根据每条推文内容的正性情绪分数和负性情绪分数，计算每条推文的情绪极性，即根据每条内容正性情绪分数减去负性情绪分数的得分，将其分为正性、负性和中性。

二 进博会国际媒体报道的传播影响力分析

（一）媒体信源特征：国内媒体机构的英文报道占多数

进博会全面、深刻、长远地影响着全球发展，2022年第五届进博会受到世界前所未有的关注。在疫情影响下，以进博会为纽带展现中国智慧、中国方案成为第五届进博会举办的重要价值。媒体机构所形成的国际传播体系，以权威性、优质性的报道内容深度解读2022年第五届进博会背后的上海创新、中国合作。2022年1月1日至2023年3月31日共采集1199条媒体报道，经过数据筛选，将中英文夹杂、非英文的报道剔除后剩下1178条。这些媒体报道的数据既有来自中国媒体的对外英文报道，也有来自国际信源的采写，通过刊发新闻资讯、政要专栏、专家评论等方式，解读2022年第五届进博会体现的新时代中国道路，阐释进博会对世界经济的推动意义，搭建在中国分享大市场机遇的媒体平台。

媒体信源报道地体现出中国作为世界经济重要参与者的地位。其中有531篇报道来自中国香港，排名最高，报道数量排名第二的是来自中国内地的媒体机构（277篇），之后依次是美国（85篇）、新加坡（74篇）、中国澳门（70篇）等国家和地区（见表1）。深入分析媒体信源报道地可以发现以下三个特征：第一，新闻报道数量排名前10的国家和地区，一共产生1123篇报道，占总报道数量的95.33%；第二，来自中国香港和中国内地的报道共有808篇，占总报道数量的68.59%；第三，这些报道地主要分布在亚洲，其次在北美，之后是欧洲、澳洲以及少数分布在非洲。对于媒体信源报道地的分析可以很好地把握报道偏好，但报道也会受国际关系、外交战略、经贸利益等多方面的影响。在中国举办的此次进口博览会，最先影响并辐射到临近亚洲的地区，加上"一带一路"沿线国家都成为主要的新闻媒体报道地。北美地区参展商多，有赖于他们自身发达的媒体系统，因此在报道数量上也处于领先位置。实际上，参展商中来自欧洲、非洲国家的数量庞大，但是来自其国家的媒体对此关注度不高，本身竞争激烈和经营状况堪忧的媒体对中国议题的关注受到多种因素影响，甚至受到政党影响。因此，更加客观、公正地展现进博会的包容力，还需要更多国外媒体机构加入进来，在多采纳中国通讯社提供的进博会英文新闻的同时，对涉及进口贸易相关领域的信息要多方核实，保持客观、公正、中立的新闻专业主义原则。

表1　2022年1月1日至2023年3月31日媒体信源报道地TOP10

单位：篇

排名	所属国家/地区	报道数量
1	中国香港	531
2	中国内地	277
3	美国	85
4	新加坡	74
5	中国澳门	70
6	马来西亚	30
7	巴基斯坦	24
8	印度	13
9	英国	11
10	俄罗斯	8

（二）亚洲媒体信源特征：对中国新消费市场的关注

对亚洲媒体深入分析后发现，来自中国内地及港澳地区的关于进博会的英文新闻共占82.75%，整体上处于绝对优势，从这一角度再次印证了进博会在亚洲地区拥有极大的影响力。为了更好地了解亚洲地区对2022年第五届进博会的报道偏好，本报告深入报道主题焦点进行整体性分析（见图2）发现，来自亚洲的新闻报道更多关注进博会的"market"（市场）方面，在报道中详细分析了中国的新消费市场的现实需求和变化，以此来体现进博会让世界媒体感受到中国新市场的活力和潜力。同时"shanghai"（上海）这个词也在报道中多次被提到，涉及虹桥国际开放枢纽建设、艺术品交易、投资落地等方面，关于上海的报道体现出亚洲媒体不再仅报道进博会，相较于前四届更多关注所在地上海的经济建设。针对进博会的具体报道关注

"demand"（需求）、"green"（绿色）、"food"（食物）、"products"（产品）等方面，涉及中国市场消费需求和环保可持续展区这两个方面的内容。

图2　2022年1月1日至2023年3月31日亚洲媒体对进博会报道的词云

（三）媒体机构特征：报道关注度呈现幂律分布

从对媒体机构的统计来看，2022年1月1日到2023年3月31日，共有131家媒体机构参与对进博会的报道。通过分析每家媒体报道的数量发现，*China Daily*（Hong Kong），即《中国日报》（香港版）有404篇，*China Daily*（Global Edition）即《中国日报》（海外版）有262篇，美通社（亚洲）英文版有63篇，《澳门商业》杂志有41篇，新加坡Asia One门户网站有40篇，以上排名前5的媒体机构的报道数量占68.76%。

排名前20的媒体机构的报道数量占总报道数量的85.06%。通过媒体机构的分布可以看出，媒体机构对进博会的报道关注度存在明显的不平衡，形成一个不断下降的曲线，从最高的峰值极速下降，表现出明显的幂律分布特征。

（四）进博会国际媒体报道的潜在主题挖掘

经过人工筛查，并根据 J. C. 多诺霍词频公式来判断聚类中的高频、低频词组合，从中删除低频词组合以及词数量上千而无法总结的聚类后发现，2022 年 1 月 1 日至 2023 年 3 月 31 日，进博会英文报道的文本内容经处理后以 6 个聚类主题为最优，筛除低频词组合后的聚类结果如表 2 所示。

表 2　K-means 议题聚类

类	聚类词集合	主题归纳
0	ciie，market，ese，ec，shanghai，company，foreign，products，bus，global	上海的国际经济中心地位
1	ec，trade，omic，pacific，xi，development，regional，cooper，apec，global	参展商密切往来的经贸合作
2	shanghai，cie，asymptom，firmed，sun，reports，oct，covid，exhibiti，read	受疫情影响的进博会筹备
3	russia，xi，michel，eu，diplom，russian，trade，ukra，european，president	经贸在国际事务中发挥更大作用
4	google，pers，form，tent，removed，search，contact，request，remove，identifiifiable	新消费需求催生多类型场景融合
5	amaz，warehouse，merchants，cent，store，border，cross，commerce，gbo，ded	高新技术带动下的跨行业生产

英文报道中关于进博会的内容大致可以分为 6 类，其主题归纳分别为上海的国际经济中心地位、参展商密切往来的经贸合作、受疫情影响的进博会筹备、经贸在国际事务中发挥更大作用、新消费需求催生多类型场景融合、高新技术带动下的跨行业生产。报道内容的聚类结果构建出 2022 年第五届进博会在国际媒体上的新型话语结构，借在上海举办的进博会展现出上海在国家经济体系支持下的国际经济中心地位。这些国际媒体报道的焦点集中于以下六个方面。第一，中国随着经济迅速增长，国际地位日益提高，五届进博会的顺利召开更是强化了一个负责任的大国形象，中国人民在追求民族复兴、国家富强的道路上，同时兼顾全球的和平与发展。上海通过持续圆满举

办进博会,在国际媒体报道中与进博会相映生辉,透过报道中的上海再次看到中国市场融入世界市场的新风貌,展现上海强劲的经济活力。第二,参展商作为各国企业代表同样成为媒体报道的重点。如连续五年参加进博会的松下,带来的都是具有未来科技感的家用电器,契合当前消费的"可持续""智能化"等理念;来自新西兰的奶制品纽仕兰不仅利用进博会成功进入中国市场,还重新让消费者认识到新西兰拥有优质的牧场资源。农作物种业专区、人工智能专区、能源低碳及环保技术专区等展区都是国际媒体的热门报道对象。第三,受疫情影响的进博会筹备,尤其是2022年上半年上海受到新冠疫情的影响较大,甚至引发国际媒体对进博会能否顺利召开的担忧。第四,经贸合作惠及参展国,挖掘国家间的合作潜力。从国际媒体报道中可以发现,进博会是各国企业进入中国市场最有效的起点,也是加强国家间经贸合作的平台。从国际媒体报道中也能看出进博会不仅是一个经济合作概念,还是重要的外交事务,只有由经济延展到更深层次的睦邻友好合作,才能更好地诠释进博会持续举办五届背后的价值。第五,各国企业在进博会上进行全面的新产品发布。进博会不仅是贸易合作平台,还可以成为企业展示自己的舞台。从国际媒体报道中可以看出,松下、拜耳、欧莱雅、霍尼韦尔等参展商将进博会视作高效发布新技术的渠道,更是将进博会当作面向中国潜在消费者的新产品首发场所,利用大会的全球关注度有效搭建展区并提供最好的体验空间,切实发挥参展的空间价值。第六,进博会是中国看世界的窗口。国际媒体敏锐捕捉到,进博会上全球参展商展示的新技术,能让中国制造发挥优势、补足短板,迅速掌握各领域高新技术。从国际媒体报道中发现,中国企业的高质量发展也包括高效率的一面,而近距离学习是最有效的手段。进博会上各种国际技术在中国的落地,让技术转移和生产直接对接国内需求企业,从而帮助国内企业实现自主创新,掌握核心技术。从历史进程视野看,国内国际双循环的新发展格局,需要这种全球顶尖高新技术来带动。

从国内媒体的英文报道看,进博会还传递出一个"敏而好学"的国家形象,参展国企业充分交流后可以及时完成产品领域的整合,洞悉行业前沿。因此，经过五届进博会的举办，国际媒体发现，在上海举办的这一盛会已经成为各行业掌握未来趋势的风向标，全球贸易中的趋势发布将为中国国内企业抢占发展先机提供重要桥梁。

研究发现，印度企业缺席 2021 年第四届进博会，在 2022 年又重新回到进博会舞台，以印度斯坦航空公司（Hindustan Aeronautics Limited，HAL）、印度石油天然气公司（Oil and Natural Gas Corporation，ONGC）、塔塔集团（Tata Group）为代表的印度企业积极展示自己的新产品和竞争力，因此重新激发了印度媒体对 2022 年第五届进博会报道的热情。由此可见，媒体报道还有潜在的一种与本国的关联。

（五）国际媒体英文报道的语义网络分析：核心—边缘结构

通过社会网络分析可以深入挖掘国际媒体对 2022 年第五届进博会的英文报道的潜在议题以及议题间的相关性，以此可以更广泛地获得不同观点的分布情况，同时能够通过这种文本挖掘呈现多样化的媒体声音。作为重要的国际贸易盛会，进博会与国际媒体的报道在议题上形成紧密连接，也存在核心—边缘结构，处于不同结构中的潜在议题的重要性也有所不同。

对国际媒体的英文文本数据进行网络与结构的分析可以得出分布模式，核心节点在形成的进博会国际媒体报道网络中具有大量的边连接，与其他节点之间也有更多的直接联系，因此重要关键词在信息传播中扮演重要的中介角色。此外，还可以看出这些关键主题词对其他节点有着更大的影响，形成较强的权威性。利用 Python 程序实现文本共现网络，继而利用社会网络分析工具 Ucinet 和可视化工具 Gephi 进行分析。

第一，紧密连接的关键议题网络中的度中心性。度中心性是一个中心性量的概念，通过测量出度和入度直接找出网络中的中心点。在应用 Ucinet 分析后发现，一个议题节点与其他议题节点之间直接连接的数量，即为节点间的度数。生成后的议题节点度中心性数值越高，表示该议题节点在进博会媒体报道语义网络中与其他节点有更多的直接联系，从而具有更大的影响力和更强的信息传播能力。表 3 给出了部分关键词的绝对中心度和标准中心度，

从度中心性数值来看，"import"（进口）、"international"（全球化）、"market"（市场）、"world"（全球）、"development"（发展）排名前5，分别对应绝对中心度数值为36398、36115、29853、27944、27586，以上这5个关键词在整个网络分布结构中拥有更强关联性，意味着这些报道议题受到的关注较多。"shanghai"（上海）、"global"（全球）这两个关键词在整个网络分布结构中扮演重要的角色。围绕上海和全球化进一步反映了两点：一是国际媒体持续关注上海的疫情防控政策，并表达对第五届进博会能否召开的担忧；二是上海作为中国首个"全球城市"的先行者，其配置全球资源、引领区域发展，同时作为中国式现代化的示范城市，成为国际媒体把握中国经济发展动态的有效通道。

表3 部分关键词的绝对中心度和标准中心度

排名	关键词	绝对中心度	标准中心度	排名	关键词	绝对中心度	标准中心度
1	import	36398	30.613	11	products	24479	20.588
2	international	36115	30.375	12	companies	22299	18.755
3	market	29853	25.108	13	services	22197	18.669
4	world	27944	23.502	14	investment	21190	17.822
5	development	27586	23.201	15	growth	20696	17.406
6	shanghai	27441	23.079	16	foreign	20060	16.871
7	global	27422	23.063	17	cooperation	20029	16.845
8	economic	26171	22.011	18	president	19484	16.387
9	business	25941	21.818	19	services	19424	16.337
10	trade	24611	20.699	20	continue	19383	16.302

在度中心性结构中，"investment"（投资）、"cooperation"（合作）成为进博会报道衍生出来的主要议题（见图3）。"突破"仅是引入产品的进口概念，切入更广阔的合作情境中，联系国内外企业，推动加大政府、企业以及行业组织的投资力度，从而在具体细分行业的合作中，实现国家之间经贸的往来。

第二，凝聚子群分析。评价国际媒体报道的文本数据按照前文设置得出3个分布的图谱，第二深度的凝聚层次为最后结果发现，与之前的主题词聚类结果一致。从图4中可以看出，国际媒体英文报道的凝聚子群进一步呈现

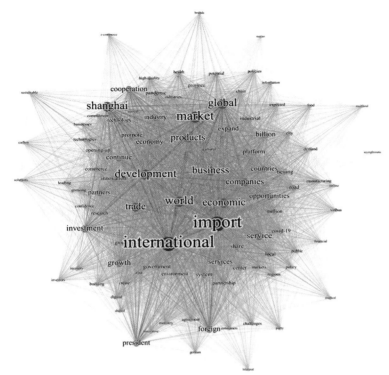

图 3　2022 年 1 月 1 日至 2023 年 3 月 31 日进博会国际媒体报道主要议题的网络结构

聚类结果，主要反映内容包括：上海国际中心城市推动全球大市场、新冠疫情影响经贸往来、经贸往来同时推动文化交流、国际经贸合作面临不确定性挑战、新消费市场催生线上融合、高新技术带动下整合多领域生产。通过这样的凝聚子群分析可以增强国际媒体英文报道语料的可解释性，有利于进一步挖掘相关聚类的性能，并在深度语义分析基础上更好地掌握议题价值。

第三，核心—边缘结构。社会网络分析中利用 Ucinet 可以构建核心—边缘结构模型，根据网络中节点联系的紧密度可划分为核心层和边缘层两大类（见图 5）。通过对国际媒体报道中英文报道文本的语义分析，可以建构关键性议题的核心—边缘关系，基于此把握哪些议题处于核心地位，哪些议题处于边缘地位，有利于对国际媒体中的进博会形象进行深入挖掘。

处于核心层的词语主要反映核心报道。一是对重要议题的关注。国际媒

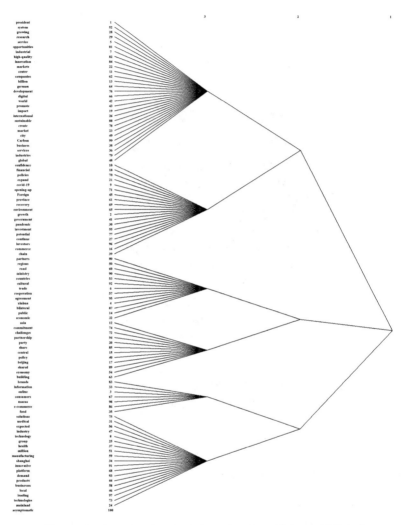

图 4　2022 年 1 月 1 日至 2023 年 3 月 31 日进博会国际媒体报道主要议题的凝聚子群聚类

体的英文报道关注如参展国家和企业的规模与代表性、重大贸易协议和合作意向、科技创新成果等，这些议题对全球经济发展和合作具有重大影响。二是对高层领导的关注。处于核心层的关键词反映了国际媒体对中国高层领导在进博会上的讲话和演讲的关注，也反映了国际媒体强调政府对进博会的重视和支持，以及政策措施对促进全球贸易和经济增长的作用。三是对高新技

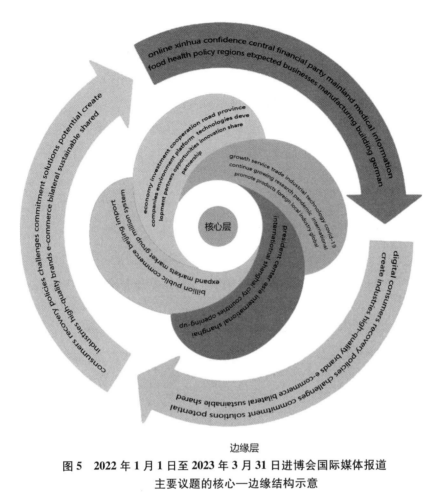

边缘层

**图 5　2022 年 1 月 1 日至 2023 年 3 月 31 日进博会国际媒体报道
主要议题的核心—边缘结构示意**

术合作的关注。CNN、BBC、路透社等都对进博会进行广泛的报道，涵盖了多个领域和国家的参展情况，对高新技术合作及如何实现创新、共享，构建合作伙伴关系进行中立和客观的介绍，同时介绍了进博会的规模、影响和未来发展趋势。

处于边缘层的词语主要反映相对边缘的报道议题。一是对参展地区的报道。一些国际媒体更关注特定的参展国家或企业上，如"一带一路"沿线国家、上合组织成员国。报道内容侧重于地区间的贸易合作和经济联系。二是对企业成果的报道。来自不同国家和地区的媒体对其自身企业的创新成果

和技术展示进行特别采写，涵盖高科技、人工智能、生物医药等领域，用以突出企业的创新能力和市场潜力。三是对经济走势的评论分析。国际媒体报道对进博会的经济影响和全球贸易环境进行深入分析和评论，通常会涉及国家间的贸易政策、经济趋势和市场预测等内容。

通过语义分析得到核心—边缘结构模型，虽然处于边缘层的报道居次要地位，但是这些报道为全球读者深入了解进博会提供了丰富的资料，通过不同侧面展现进博会的全球影响力，带来中国消费市场的前沿动态，为国家间、企业间的合作提供重要参考价值。因此，核心层报道和边缘层报道相互补充，共同构建了充满创新力和影响力的进博会。

三　社交媒体传播影响力的主题建模及情绪感知分析

（一）基于 LDA 主题建模的进博会社交媒体主题挖掘

本部分以"CIIE"（进博会）为关键词考察 2022 年 1 月 1 日至 2023 年 3 月 31 日 Facebook 和 Twitter 上发布的 3435 条内容，经过剔除无意义内容、非英文内容后剩下 1176 条有效内容，主要包括官方账号内容、账号评论、转发内容等，对收集到的文本数据进行预处理，包括分词、去除停用词、词干化或词形还原等操作。这样可以将文本数据转化为机器学习可以理解和处理的形式。采用 LDA 主题建模分析这些社交媒体上的推文和评论文本，在利用 LDA 主题建模挖掘进博会推文的主题和主题词时，设置相关参数，$\alpha = 1$，$\beta = 0.01$[①]；用 LDA 主题建模做主题挖掘是典型的非监督学习算法，主题个数是重要的参数。为避免模型欠拟合或过拟合，通过训练多个模型，交叉验证选取最优主题个数，采用主题 Coherence Score（一致性分数）和 Perplexity（困惑度）双重评价指标，最终确定 3 作为模型训练的主题个数相对较优，并同时通过概率值识别出社交媒体文本数据中的不同重要性。

---

① M. Steyvers，"Griffiths T. Probabilistic Topic Models，" *Handbook of Latent Semantic Analysis* 7 (2007)：424-440.

社交媒体上更多是用户生成内容，用户发表的推文和评论更加多样化，以"CIIE"为关键词的社交媒体内容具有即时性、用户互动、网络效应的特征。有别于传统媒体机构的专业生成内容和受众覆盖面，考虑到全球影响力和传播范围，本报告选取 Twitter 和 Facebook 作为数据采集来源，以更好地识别社交媒体上的主题差异。本报告识别出的 3 个主题类别，可以有效地对每个主题的传播影响力进行分析。这有助于揭示社交媒体中的热点话题、关键观点和影响者，并提供更深入的洞察视角，用于内容检测、舆情分析、议程设置等多方面的决策支持。表 4 中，通过分析各个主题类别的主题词总结归纳出对 2022 年第五届进博会进行讨论的热点，每个主题类别下保留概率排名前 20 的主题词。主题词的可视化如图 6 所示。2022 年 1 月 1 日至 2023 年 3 月 31 日，进博会推文主题聚焦于：进博会展现悠久文化魅力城市、跨国企业与中国本土企业的全方位合作、国家间事务的友好协商往来。

表 4　2022 年 1 月 1 日至 2023 年 3 月 31 日进博会社交媒体内容的主题类别

主题类别	主题词	推文焦点	主题概率
1	international, import, fifth, CIIE, time-honored, internation, BEIJING, beautiful, 6th, brands, highlights, impressive, preparations, best, countdown, Bureau, professional, displayed, wonderful, month, Xinhua, part, wish, main, venue, underway annual, smart	进博会展现悠久文化魅力城市	35.4%
2	companies, total, countries, African, representatives, tesla, fortune, livestream fourth, industrial, fish, multinational revived, frozen, internat, MNCs, flavors model, new, working, win-win, excellent, really, intelligent, awesome, visitors	跨国企业与中国本土企业的全方位合作	33.1%
3	good, president, Xi, global, products, world, national, exhibition, business, registration, China-Europe, media, train, freight, latest, enterprises, technologies, internati, rice, beautiful, Beijing, exhibits, attend, keen, economy, video, read	国家间事务的友好协商往来	31.5%

图 6　2022 年 1 月 1 日至 2023 年 3 月 31 日进博会社交媒体内容的主题词可视化

（二）社交媒体潜在话语结构的主要亮点分析

亮点一：全球化的上海。与前四届做过的研究分析不同，社交媒体平台对 2022 年第五届进博会进行讨论的代表关键词包括"time-honored"（历史悠久）、"impressive"（印象深刻）等。在深入推文来源时发现，社交媒体上的官方账号、企业账号和个人账号都对进博会所在地上海予以充分的关注。城市发展离不开多种因素的影响，同时通过媒体获得新的形塑。从三个角度分析发现：在主题标签和话题上，社交媒体上关于进博会的讨论出现多次"#文化交流""#文化展览"等标签，体现了社交媒体上的用户对进博会的文化交流方面产生兴趣和关注；在参与者角色分析上，不同国家账号、企业账号和个人账号都对上海文化、中国传统文化、现代文明等方面进行讨论，涉及主题广泛，这反映了进博会作为文化交流平台的影响力和吸引力；在图文、视听等多媒体形式的分享上，关于进博会活动的照片、视频和音频等内容被广泛分享，还有外滩夜景、安福路、老城隍庙等标志性人文景观被广泛关注。这提高了全球社交媒体上的用户对进博会中的文化交流活动的参与度和兴趣度。

长期以来，上海在获得全球市场、全球资源的同时，紧跟全球经济发展，承担着对外开放的重要任务。进博会是一场重要的城市文化活动，上海气度可以容纳各种最新技术带来的不同文化的碰撞，尤其是在展期临近时，进博会的溢出效应愈加明显，媒体开始更多讨论上海的休闲、旅游、娱乐等方面的内容，上海在全球视野中不仅突出商贸主题，还展现城市魅力。尽管 2022 年第五届进博会召开时中国疫情防控压力依然较大，但还是吸引了大批国内外媒体向全球展现上海这一国际化大都市的魅力。

亮点二：跨国公司集中展示。社交媒体上的企业账号拥有极高的活跃度，它们通过"CIIE"的官方账号或者"#CIIE"的方式热切关注参展企业的动态，其中包括不少因新冠疫情无法如期参展的企业。深入分析发现，如 2022 年在医疗机械和医药保健馆展区，全球包括美敦力、雅培、强生、西门子医疗、碧迪医疗等十大知名医疗器械企业同时在第五届进博会上展出自

身较高水平的科技产品。社交媒体对这一领域给予了充分的关注，尤其是盛赞在中国举办的进博会上可以学习全球较先进的生物科学技术，推动行业进一步创新。

亮点三：经历新时代十年凝聚开放共识。面对全球经济下行的压力，2022年在上海举办的第五届进博会凝聚了更多的开放共识，作为全球首个以进口为主题的国家级展会，受到全球各界人士的关注，也让世界读懂新时代中国的政治、经济等各项政策。连续五届的进博会让中国在即使有大量个人账号热议贸易摩擦的现实状况下，依然能以开放、合作、共享的态度向世界敞开市场的大门。社交媒体上的议题热词体现了全球对进博会如期召开的认可，也激发了全球各类型企业在中国的创新活力。2022年11月进博会上的"中国这十年——对外开放成就展"展现了新时代中国对外开放的成效，在一些推文的评论中有网友感叹中国愿意与各国分享发展机遇的不易。就"一带一路"沿线国家参展合作来说，这些参展商和投资者也成为Twitter和Facebook上信息发布的来源，积极参与传播中国与"一带一路"沿线国家共同推动区域繁荣的理念。

（三）进博会社交媒体内容的情绪感知分析

在全球性的社交媒体平台上，人们会大量发布和分享各种有关进博会的事件和话题，同时沉淀大量的评论，尤其是在进博会举办期间，Twitter和Facebook上相关内容的情绪感知会因为用户个体的观点和经验的不同而有所不同。有些用户积极讨论和分享对进博会的正面看法，如对展示产品技术的赞赏，以及对国际贸易和经济发展的称赞。当然也存在一些负面的评论和争议。针对2022年1月1日至2023年3月31日在社交媒体上采集的推文、评论信息的分析如下。首先，对每条推文内容进行情感分析，根据每条推文内容的正性情绪分数和负性情绪分数，计算每天推文的情绪极性，即根据提到进博会的每条推文正性情绪分数减去负性情绪分数的得分，将其分为正性、负性和中性。在关于进博会的推文中，正性情绪所占比重为65.80%，中性情绪所占比重为33.24%，负性情绪所占比重为0.96%。

其次，不同的情绪在主题分布上也有不同。正性情绪在 3 个主题分布上较为平衡，体现出社交媒体用户对 2022 年第五届进博会 3 个主题的关注较为均衡，对城市发展和企业间合作表现出相对较高的正性情绪，对于主题 3 的关注相对较少。从中性情绪在 3 个主题的分布上发现，社交媒体用户对企业间的贸易合作项目的关注相对较多，由此可见，在 2022 年第五届进博会上，贸易合作成为突出的议题。而在负性情绪中，主要关注的议题是国家间自由贸易政策，尤其是中美贸易摩擦所波及的多个国家和地区的经贸往来，这无疑给全球经济开放合作带来更多变数。这在负性情绪的话题中得到充分体现，有质疑进博会传递出中国市场开放性这一信号的真实性，也有借中国疫情防控扩大到对政治方面的议论，甚至有人借疫情下进博会仍如期召开质疑中国国内市场的增长能力。

最后，不同的情绪感知内部体现出用户对不同主题的偏好，这种偏好表明 2022 年第五届进博会采取的多国参展与合作、对外开放与自由贸易、国际投资促进、科技创新合作以及促进区域合作等方面举措，在社交媒体平台掀起话题热潮，即使有偏好，整体上仍是肯定进博会对各国间友好合作的贡献。无论是国家账号、企业账号还是个人账号，多元的主帖和评论都认为，第五届进博会在 2022 年顺利举办为世界呈现一个全新的上海，也再次传递出一个理念，即经济开放水平决定上海的发展高度，科技创新与聚合使不同国家和地区在中国大市场上共享未来。

（四）社交媒体上2022年第五届进博会的主题规模与主题强度

主题规模（Topic Volume）是指在社交媒体上与特定主题相关的讨论数量或提及频率。本报告通过监测与 2022 年第五届进博会相关的关键词、标签或话题来评估主题规模。较大的主题规模表示该主题引起了广泛的讨论和关注，可能涉及更多用户和帖子。主题强度（Topic Intensity）是指社交媒体上与特定主题相关的情感强度或表达的积极性或消极性程度。综合考虑 Twitter 和 Facebook 上进博会讨论的主体规模和主题强度，将有利于对不同主题的关注度进行更全面理解。

根据推文的主题分布计算了 2022 年 1 月 1 日至 2023 年 3 月 31 日不同主题的分布规模以及主题概率的平均值,并绘制了折线图。如图 7 所示,横轴显示主题类别,纵轴显示主题规模和主题强度概率值。在 Twitter 和 Facebook 上的进博会讨论中,从主题规模来看,主题 1 的规模最大,主题 2 略小,但主题 3 与前两者差距较大。主题 1 的规模最大,反映出社交媒体用户对文化交流的关注度较高,在主题标签和话题中也可以观察到,社交媒体平台通过旅游景点、中国传统文化特色充分展示和呈现进博会具有代表性文化,并加入深度互动与交流,有很多个人账号对上海、北京等中国一线城市发起话题。主题 2 的规模略小,反映出社交媒体用户对企业合作的关注,帖子中有大量关于科技成果和创新经验分享的内容,这部分内容因为前沿、新颖、有趣拥有极高的点赞量。主题 3 的规模最小,反映出 2022 年第五届进博会通过多国参展与合作,展示了友好合作和开放态度,各国企业在社交媒体账号上积极推荐自己产品,更新参展消息。不仅是展会期间,2022 年 1 月 1 日到 2023 年 3 月,进博会的参展国家和企业都在"#CIIE"标签话题下展示各国的优质产品和服务,以此吸引众多国际投资者参与,为各国企业提供了投资机会。这种推动国际投资的方式有助于加强不同国家之间的经济合作,推动全球经济的发展。

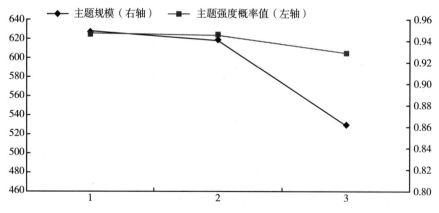

图 7 2022 年 1 月 1 日至 2023 年 3 月 31 日社交媒体进博会讨论的主题规模与主题强度概率值

社交媒体平台的主题强度与主题规模呈正相关关系。规模最大的主题1在主题强度上最高，这表现为虽然进博会是一个短期的活动，但其背后的文化交流在Twitter和Facebook上呈现持续的状态，展览、文艺表演、手工艺品的独特文化传统和特色，都吸引了全球网民的目光，他们表达出浓厚的兴趣和较高的参与度，使不同国家和地区的文化界人士与专家学者进行深入的交流和思想碰撞，推动了跨文化合作与共同发展。主题2也拥有较高的主题强度，发帖量大、讨论数量也较多，用户对企业合作的主题表达了浓厚的兴趣。主题3的主题强度最低，这可以理解为网民对国家合作、贸易展示方面的兴趣并不大。

总之，社交媒体用户对不同主题产生的兴趣反差，与内容多样性、用户分散度以及信息过载有关。关于进博会，当社交媒体上的用户涉及广泛的话题和感兴趣领域时，主题规模可能会增加，但是每个主题的关注和讨论程度可能相对较低。展会期间内容多样性增强时，主题强度可能会相对较低。参与进博会议题讨论的社交媒体用户是广泛分布的，兴趣和关注点也各不相同，这导致了用户的关注和讨论分散在不同的主题上，而不是集中在某个特定的主题上。因此，当用户分散度较高时，主题规模可能增加，但是主题强度可能下降。从2022年全年数据看，与进博会相关的话题是处于信息过载的状态的，这可能导致用户对某个特定主题的关注和讨论时间较短，随后转移到其他主题上。这种信息过载与短暂性关注和讨论可能导致主题强度的下降。

（五）社交媒体平台的主要账号热度

社交媒体上不同账号的"likes"（点赞量）既代表账号的热度也代表活跃度。与"CIIE"有关的话题账号在Facebook和Twitter呈现不同的热度特点，从现有的数据看，Facebook上关于进博会内容点赞量排名前10的都是新闻机构账号，如"China Xinhua News"（新华网）、"CCTV+"（中央电视台国际频道）、"People's Daily, China"（《人民日报》）、"Xi's Moments"（学习时代）、"China Daily"（《中国日报》）、"Learn Chinese"（学习强国）等，这些账号同时都是来自中国的媒体机构，由此可以认为在Facebook上进博会相关内容热度比较高的账号以中国媒体为主。排名前20的账号除了媒体还有

"Teslarati"（特斯拉）企业账号、"zhejiang, China"（浙江省）、"The Belt and Road News Network"（"一带一路"）这些政府账号。Facebook上以来自中国的新闻媒体账号最为活跃，也得到了用户的积极响应，政府账号和企业账号的热度还有待提升。

在Twitter上发布的账号"likes"（点赞量）排名中，"CIIE"，即进博会官方账号的点赞量最高，排名第二和第三的分别是我国的"Lijian Zhao 赵立坚"还有"Chunying 华春莹"，也有像"Qingdao"（青岛）这样的政府账号。虽然也有新华网、中国日报、环球时报、人民之声、中国新闻网这些媒体账号，但是与Facebook相比，其热度相对靠后，但是点赞量在数值上基本持平。通过二者点赞量账号的比较，主要能够看到即使同样在社交媒体上，不同账号关于进博会的信息发布热度有所不同。这表明，在Twitter上个人账号可以成为意见领袖，并形成关于进博会的话语场域，而来自中国的媒体账号的发布热度还相对较低，政府账号热度和活跃度也较低，这些都为下一阶段有针对性地提高社交媒体平台话题热度提供了可以参考的方向。

四 结果与讨论：全面而客观地
理解潜在话语分布特征

2022年举办的第五届进博会有着非凡的意义。这是中共二十大成功召开后中国举办的首场国际盛会，同时强调《区域全面经济伙伴关系协定》（RCEP）成员国均有企业参展，"一带一路"沿线国家、上合组织成员国参展数量也较上届有所增加。国际媒体对参展国的国别范围、参展企业的水平以及中国潜力无穷的新消费市场都进行了充分的报道。本报告的数据特别涵盖了中国的信源报道，以此全面、客观的看待在全球国际媒体视野构建的话语空间中，国内、国际报道是否存在不均衡性。在深度挖掘潜在主题上，针对国际媒体的文本内容，采用迭代求解的K-means算法，来揭示进博会在国际媒体报道中的关键话题分布特征，并使用社会网络分析工具Ucinet以及可视化工具Gephi来呈现语义网络结构，由此重点分析在议题关注点上存在的核心-边缘结构关系。与分析国际媒体的文本语料库不同，对 Twitter 和 Facebook 上的主帖、回帖的信息采用 LDA 主题建模方法，使用这种非监督学习方法处理隐藏于社交媒体推文中的抽象主题，并对优化后的主题分类进行深入分析，同时获得不同的情绪感知，为判断与进博会相关推文所存在的情感倾向提供依据。

首先，媒体信源报道地呈现以国内信源为主，他国报道还不充分的特点。如来自中国香港的报道数量快达到一半，报道数量排名第二的同样是来自中国内地的媒体机构，以新华社、《中国日报》为代表的媒体信源提供了大量有关进博会的报道。按照区域划分，报道地多集中于亚洲，其次是北美，之后是欧洲等。据此可以判断，由于地缘关系，在上海举办的第五届进博会更多受到东亚、东南亚国家的关注。来自"一带一路"沿线国家、上合组织成员国的参展国的媒体机构也成为重要的报道方。

其次，从国际媒体报道的话语结构来看，国际媒体报道涉及议题广泛，重点议题的深入报道还不突出。经过对国际媒体报道的文本数据进行 K-means 算法后分成了 6 个聚类，涵盖主题广泛，既有对上海的国际经济中心地位的分析，也有对参展商密切往来的经贸合作的单独报道，既有对受疫情影响的进博会筹备的实时关注，也有对中国大市场催生新消费需求的专栏评论。在不同主题分类中可以看到，国际媒体构建出以进博会为纽带连接不同国家和地区的全球大市场的传媒图景。只是深入报道、专题系列报道等深度型采写内容还不丰富，更多的还是对进博会总览式的报道，这对于全球读者想要全面、深入了解 2022 年第五届进博会来说还有所欠缺。

再次，国际媒体报道中热点议题存在明显的核心—边缘结构，对参展国、创新成果、经济走势评论分析还不够。在研究中发现，核心层议题反映出媒体机构报道聚焦的热点有哪些，其中包括对 2022 年第五届进博会重要议题的关注、对中国高层领导发言及其背后的政策分析、对高新技术在中国落地的介绍，从这些核心议题可以看到进博会已经成为了解中国经济发展、市场现实、消费需求等方面的重要窗口。虽然边缘层的议题不代表不重要，但确实更多的议题需要被关注，如参展国形象、高新技术创新能力，还有全

球贸易走向预测等都值得加大报道力度。

然后，从 LDA 主题建模生成的社交媒体潜在主题发现，在全球社交媒体上呈现与"CIIE"相关的聚焦点有 3 个主题类别，代表了 2022 年 1 月 1 日到 2023 年 3 月 31 日围绕这一国际性贸易展览的活动，也反映出与国际媒体报道议题不同的侧重点。在 Twitter 和 Facebook 上首先受到关注的是城市文化相关内容，进博会举办到第五届，在社交媒体上体现更多的城市人文属性，比如上海当地文化、传统艺术、城市文化交流等方面都有利于上海城市形象的推广，上海也通过进博会塑造城市的形象和提升城市的知名度。在解构潜在议题后发现，官方账号、企业账号频繁出现与经贸合作相关的推文内容，尤其是在高科技产品、技术创新和解决方案的讨论上，人工智能、机器学习、自动化等多方面的成果都在企业账号中频繁出现，这种与前沿科技领域相关的社交媒体话题也能吸引用户的注意力，也带来非常不错的活跃度。当然，与进博会有关的政府高层、外交事务方面的话题也占很大的比重，针对 2022 年第五届进博会社交媒体上涉及政府间合作协议，针对双边或多变的经济、贸易、投资和科技合作，都引起社交媒体用户的兴趣和讨论。一些政府和外交机构也利用这两个平台进行外交宣传和信息传播，得到了社交媒体用户大范围的点赞、转发和评论。无论是不同国家的参展商还是未到场的观众，都对地缘政治动态、全球经济发展趋势和合作机会等话题关注较多。

最后，在 Twitter 和 Facebook 上 2022 年 1 月 1 日至 2023 年 3 月 31 日涉及进博会的推文中，以积极正面情绪为主，可见进博会在此阶段的社交媒体上呈现良好的传播局面。但是负面情绪涉及中国经济发展、疫情防控等多方面的话题，官方社交媒体账号回应不及时导致有些议题持续发酵。今后，应有针对性地对此类话题及时充分地做出回应，以消除误解。

五 "讲好进博故事，传播好中国声音"提升全球传播影响力的建议

新时代，上海加快建设国际经济、金融、贸易中心，"十四五"规划给

上海的全球领先城市地位赋予了更多内涵，上海也已经跃升为全球第一大口岸城市。2022年下半年，受国际媒体和全球社交媒体关注的进博会在期盼中开幕。不同参展国、参展企业在进博会上展示自身较高水平的科技产品，国内企业也获得展示自己实力的机会，让更多海外企业看到中国制造的水平和能力。从进博会全球传播影响力优化的角度来看，关于"讲好进博故事，传播好中国声音"可以体现在四个方面：重构国际传播战略，制定积极精准的传播主题，主动回应争议性话题，搭建以上海本地媒体为主的开放式、立体化全媒体平台。

第一，重构国际传播战略。针对进博会的传播影响力，从国内向国外传播入手主动重构国际传播战略。研究发现，媒体信源报道地的范围分布已经非常广泛，优势是参展方本国的媒体机构基本都会对进博会予以报道，但报道的数量仍非常少，有的甚至只是描写开幕式而没有关于进博会更多的采写，无论是举办之前，还是进行中的深入采写都不充分。因此，下一阶段建议能够以国内英文报道主动传播的形式，提供从预热到开展再到延续期的报道，系统而连续性的传播策略，能够将英文语境中对于进博会的舆论主导权掌握在自己手中。

第二，制定积极精准的传播主题。围绕进博会的相关话题，可以在社交媒体平台通过算法和推荐系统来提高主题相关性，确保用户在浏览和参与讨论时能够更容易发现和关注与自己兴趣相关的主题，这可以通过更精准的内容推送和个性化的用户体验来实现。同时对进口政策、市场需求、文化开发等多方面进行有针对性的议题设置，拓展内容深度，由此让更多国家和地区认识到进博会的世界意义。

第三，主动回应争议性话题。批评和质疑声音在传播话语空间中再正常不过，但是怎样将其控制在较小范围，却考验着一方媒体的应对能力。对于进博会而言，其信源不仅有专业媒体机构，还包括政府机构、主办方、参展企业等，尤其是针对具有负面情绪的信息内容，主动引导舆论并完成全面的剖析，才能让舆论压力在合理范围内化解，这样既满足了多元主体的发展需求，又能让传播实践朝着更良性的方向发展。

第四，搭建以上海本地媒体为主的开放式、立体化全媒体平台。研究发现，关于进博会的议题报道从国内信源看仍是以央媒为主，作为大会主办地的上海媒体并没有突出表现，因此下阶段在多个传播渠道上需要加强上海本地媒体的传播能力。以进博会为新闻话题，重点突出上海的经济、文化、社会生活，以及进博会的成功举办反映的上海国际化大都市现代化治理能力的提高。大会主办方、主要行业协会、主流媒体机构应统筹搭建围绕进博会的开放式、立体化的全媒体平台。

进博会相关信息在多元媒体平台上传播，向世界展现中国式现代化带来的新发展机遇。2023 年 6 月 2 日，习近平总书记在出席文化传承发展座谈会时强调，"在新的起点上继续推动文化繁荣、建设文化强国、建设中华民族现代文明，是我们在新时代新的文化使命"①。进博会既是国际经贸盛会，也是一场文化盛会，其国际影响力还将进一步扩大，而它的传播效能亟待再提升，不同文明形态的碰撞，推动了在国际媒体和社交媒体上构建具有历史视角的议题框架。除了打通全媒体通道，完成多语种持续性的资讯传播以外，通过统筹进博会的多种文化论坛来提高社交媒体用户的潜在活跃度，将会最大限度地消除分歧与各种不确定性，"使国际受众更深入地洞察历史和现在的中国，并对未来中国的预期和想象提供隐喻和可能的方向"②。在新的世界经济形势下，进博会有新的历史任务，其媒体传播力也需要新的发展策略，将实质目标与价值目标相结合，才能形成全面与客观、话题与深度、持续与热度兼具的传播新局面。

---

① 《在新的起点上建设中华民族现代文明》，《光明日报》2023 年 6 月 8 日，第 1 版。
② 赵欣：《国际传播视野中的中国故事叙事之道——"第一主讲人"人类命运共同体意涵的国际分享》，《新闻与传播研究》2021 年第 1 期。

B.5
进博会促进中国制造业投资升级研究

汪红驹　李　原[*]

摘　要： 在制造业投资增速放缓的背景下，中国国际进口博览会通过市场竞争、供应链结构升级、技术改进投资拉动、超大规模市场投资促进、营商环境改善等五大路径，发挥正面溢出效应，从供给侧和需求侧"两端发力"，畅通"扩大进口贸易和外商投资规模→畅通国内国际双循环→改善国内供需两端→刺激制造业投资→深化国际产业分工"这一作用路径，切实促进制造业投资升级。实践证明，过去成功举办的五届进博会在扩大制造业投资规模、优化外资制造业投资结构、引领制造业投资新风向等方面已发挥了显著作用。建议在进一步完善进博会展会设置、丰富展会期间投资交流活动、提升外商制造业投资质量等方面进一步发力，以更好发挥进博会在制造业投资升级方面的促进作用。

关键词： 进博会　制造业投资　高质量发展

一　我国制造业投资面临的挑战

实体经济是现代化经济体系的"底座"和"根基"，制造业是国家经济命脉所系。党的二十大报告提出，"建设现代化产业体系，坚持把发展经济

---

* 汪红驹，经济学博士，中国社会科学院财经战略研究院研究员，博士生导师；李原，经济学博士，北京市社会科学院助理研究员。

的着力点放在实体经济上，推进新型工业化"，为制造业高质量发展指明了前进方向。在第四次工业革命的浪潮下，加快建设制造强国需要推动制造业"两个深度融合"：数字技术与制造业深度融合、现代服务业与制造业深度融合。要想实现"两个深度融合"，就要在科技创新、绿色低碳、中高端消费、现代供应链等领域保持投资的合理必要增长，以进一步培育新增长点、形成新动能。

客观来看，在国内外经济形势和发展环境深刻变化的影响下，我国制造业投资进入下降通道，增速呈现放缓趋势，这一态势与我国进入服务经济发展阶段相匹配。自 2015 年以来，制造业投资增速处于震荡下行态势（见图 1），2021 年投资增速有大幅提升，之后 2022 年又出现小幅回落。相应的，制造业增加值占 GDP 的比重有所下滑，我国需警惕制造业空心化倾向。制造业内部多数行业投资增长速度下降：2015~2020 年，在有完整数据的 29 个行业中，20 个行业投资年均增速低于制造业均值，其中，纺织服装、饮料、有色冶炼、烟草、造纸及纸制品和交通运输制造业等 6 个行业年均投资为负增长；年均投资增速达到两位数的只有医药制造、通信设备、仪器仪表和废弃资源回收等 4 个行业，但是这 4 个行业投资总额占全部投资的比重较小，仅有 11%。[1] 2022 年，电气机械和器材制造，酒、饮料和精制茶制造，纺织服装，化学纤维制造等 4 个行业投资增速超过 20%，增速分别为 42.6%、27.2%、25.3% 和 21.4%，但主要受低基数影响；高技术制造业投资增长 22.2%，其中医疗仪器设备及仪器仪表制造、电子及通信设备制造投资分别增长 27.6%、27.2%，[2] 但在整体制造业中的比重仍较低。在传统制造业领域产能淘汰的背景下，很多制造业部门投资增长乏力，而智能网联汽车、物联网、半导体和集成电路、智能机器人、工程机械、节能环保装备、工业软件等先进制造业投资不及预期，

---

① 中宏院投资研究所：《进一步激发制造业的投资活力》，https：//www.ndrc.gov.cn/xxgk/jd/wsdwhfz/202109/t20210914_ 1296562.html，最后访问日期：2023 年 1 月 22 日。

② 国家统计局：《2022 年全国制造业投资情况》，https：//www.ndrc.gov.cn/fggz/fgzh/gnjjjc/tzyx/202301/t20230130_ 1347714.html，最后访问日期：2023 年 1 月 23 日。

旧动能淘汰产生的投资缺口没有被新动能投资及时补齐，导致整个制造业投资增速滑坡。

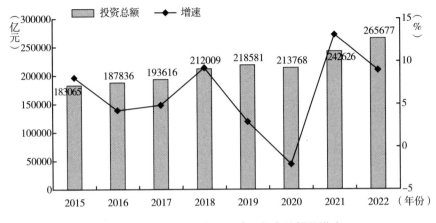

图 1 2015~2022 年全国制造业投资总额及增速

资料来源：统计公报。

我国制造业投资增速放缓的主要原因有以下几个方面。第一，2008 年国际金融危机后，世界经济复苏乏力、国内社会消费品零售总额增速持续放缓、国内传统产业和房地产相对饱和等削弱了制造业投资信心。第二，供需错配造成制造业企业盈利状况恶化，进而对市场主体融资能力形成约束。过去 10 年我国制造业投资低迷，亟须释放和激发制造业活力。第三，国内成本上升叠加全球供应链重组、国际引资竞争加剧等外部因素冲击，导致制造业利用外资水平下降。①

在这样的背景下，中国以举办中国国际进口博览会（以下简称"进博会"）为契机，畅通"扩大进口贸易和外商投资规模→畅通国内国际双循环→改善国内供需两端→刺激制造业投资→深化国际产业分工"这一路径，从"量"和"质"两个层面，切实促进制造业投资升级，扭转国内投资需求低迷的现状。

① 王晓红：《推动制造业利用外资扩增量 稳存量 提质量》，《中国中小企业》2023 年第 4 期。

二 供应链视角下进博会促进制造业投资升级的作用机理

目前，进博会已成功举办五届，承载着"开放、包容、共享"的价值观，不仅是中国构建新发展格局的窗口、推动高水平开放的平台，更是中国为促进全球经济复苏、加速全球化进程，提供全球共享的国际公共产品（见表1）。进博会深度契合了我国扩大内需战略和供给侧结构改革部署，能够快捷高效地连接国内与国际两个市场的供给与需求，促进国内国际供应链、产业链和价值链的深度融合，为我国加快构建"双循环"新发展格局提供有力支撑。在全球新技术蓬勃发展、新业态层出不穷、新竞争方兴未艾、新格局加速形成之际，国内企业在进博会上"买买买"的背后，是通过充分利用国际资源，激发助创新、促转型、拓市场、优供给、谋合作的深层次正面溢出效应。这种溢出效应作用在制造业领域，突出的一个表现就是促进制造业投资升级。

表1 进博会四大平台作用

平台作用	平台效应
国际采购平台	搭建公共采购市场国际交流平台，构建辐射全球的网络采购体系
投资促进平台	通过投资贸易洽谈会加大境外引资力度，尤其是拓展与国外先进创新企业的合作
人文交流平台	推广各国品牌，加强文化创新合作，促进地域文化交流碰撞
开放合作平台	汇集全球前沿产品、技术和服务，坚持国外企业"引进来"与国内企业"走出去"双轮驱动

从理论层面来看，国际贸易自产生以来就一直聚焦于"开放"与"保护"之间的博弈。以自由贸易理论为基础，中国进博会主动开放国内消费市场，通过提升贸易自由化水平、改善对外贸易结构，为本国经济增长寻求新的动力。学者普遍认为，进口叠加效应和随之产生的复合衍生效

应是十分可观的。进口品,尤其是对机械设备的进口,会产生技术溢出效应和竞争效应,进而提高进口国的全要素生产率。[①] 其中,进口资本密集型和技术密集型工业产品,比进口劳动密集型工业产品更能促进中国工业发展。[②] 随着要素生产率提高,生产要素会向劳动生产率高的部门集中,要素流动必然促进投资增加,进而形成技术升级和产业升级效应,形成"雁形形态发展模式"。[③] 同时,进口贸易通过技术溢出效应带来资本积累。[④]

进博会作为国家级展会平台,借助会展服务的全局性和先导性,培育新动能。在供应链视角下,目前制造业投资低迷,供需错配问题仍存,供给侧低端无效供给过剩而高端有效供给不足,需求侧内外需求结构失衡。进博会有利于促进生产要素的有效流动和国内外资源的有效匹配,从供给侧和需求侧"两端发力",打通国际市场大通道、刺激国内投资消费需求,推动供应链上现代制造业高质量发展和制造业投资升级,促进不同类型制造业企业协同发展。具体来说,通过"五大效应",畅通"扩大进口贸易和外商投资规模→畅通国内国际双循环→改善国内供需两端→刺激制造业投资→深化国际产业分工"这一作用路径,进一步促进制造业投资升级。

(一)市场竞争效应

高品质进口产品通过进博会进入国内市场,会对国内制造企业产品形成竞争效应进而促进制造业投资,这一效应在消费品制造产业领域尤为显著。直观来讲,消费品制造企业的竞争主要集中在终端消费者市场。能否更加全面了解消费者需求、能否加速迭代创新并提供多样化产品决定了企业能否在竞争中获胜。在开放经济条件下,国际进口商品丰富了国内消费者的选择。

① D. T. Coe, E. Helpman, "International R&D Spillovers," *European Economic Review* 39 (1995): 859—887.

② 楚明钦、丁平:《中间品、资本品进口的研发溢出效应》,《世界经济研究》2013年第4期。

③ K. Akamatsu, "A Historical Pattern of Economic Growth in Developing Countries," *The Developing Economies* 1 (1962): 3—25.

④ 廖利兵:《我国进口贸易促进经济增长的实证研究》,硕士学位论文,南京财经大学,2011。

在进口渠道不畅的情况下，国内很多消费者通过出境旅游、代购等途径购买海外商品。由于渠道受限，进口商品对国内消费品的影响并不显著。进博会为国际进口产品进入国内市场提供了便利途径，进口货物规模扩大、结构优化，国内消费者接触并购买进口商品将更加便利。参展进博会的消费品大多为国际知名品牌，在质量把控、产品研发、技术创新等方面具有比较优势，能够在一定程度上弥补消费者多元化、个性化、绿色化消费需求缺口。鉴于多数消费品具有较强的竞争力，进口商品消费的增长能够倒逼国内消费品制造业转型升级。进口商品与本国商品在国内大市场中平等竞争，消费者"用脚投票"，促使国内生产制造企业在对接需求、加速创新等层面加大资金投入力度，不断改进产品生产线，自发提供高质量产品。这就是市场竞争效应促进制造业投资升级的核心路径，也是我国通过不断促进进口贸易最终实现进口替代的内在逻辑。

（二）供应链结构升级效应

一方面，生产设备及零部件进口规模的持续扩大，为制造业供应链升级提供了高附加值的技术装备与配套服务。在制造业供应链上，进博会可以通过促进生产设备及零部件进口来为提升产品品质提供支撑，促进国内企业加大投资，以提升终端产品质量。通过开放关键装备进口，国际上游供应商通过进博会进入国内市场，为国内制造业企业提供智能化、自动化、现代化生产设备，赋能制造企业生产技术革新。国际供应商提供的更高品质的零部件，能够更加系统、全面地提升整个制造业的生产能力和技术水平。伴随生产设备及零部件进口，更多先进的生产技术、解决方案、管理理念、技术标准进入国内，促使国内制造业上游行业迭代更新，进而产生投资间接促进效应。

另一方面，进博会通过加速生产要素流动、优化国内要素配置，产生产业链合作效应。中国不仅拥有超大规模市场，还拥有全产业链配套能力[1]，

---

① 张幼文：《重新定位对外开放——中国经济与世界经济关系的变化趋势》，《探索与争鸣》2020 年第 7 期。

制造业门类齐全且产业集群发达，拥有 41 个工业大类 207 个中类 666 个小类，已建成 45 个国家先进制造业集群,[①] 涵盖高端装备、新材料、新一代信息技术、新能源、智能网联汽车、生物医药及高端医疗器械等领域，能够为跨国公司先进制造业发展提供低成本配套，构成具有比较优势的先进制造业产业链。外商投资企业拥有的新技术或新产品，不仅能通过进博会在中国获得巨大市场，还能在我国布局更多创新项目和产业项目，形成完整的产业链配套。同时，进博会通过促进投资对接，推动制造业利用外资扩增量、提质量。进博会期间举办的多场投资对接会、"走进地方"等专场活动，为招商引资提供便利，地方政府根据产业发展需要开展定向产业链招商，实现资源整合，为国外企业在我国投资、扩大业务范围提供对接渠道，通过延链、补链、强链，进一步加深产业链上下游合作伙伴关系。

（三）技术改进投资拉动效应

内生增长理论认为，增加研发资本投入和人力资本投入都能产生促进作用。进博会旨在进口全球高端产品，其中附加了大量有形和无形的研发资本投入、人力资本投入和先进的知识技术，会对我国产生正面外部溢出效应。经过国内厂商对进口商品的学习、消化、吸收，一方面，能够在一定程度上减少本国企业的研发费用，间接增加本国资本积累；另一方面，有利于以国外新产品、新技术为起点，进行前沿科技升级与创新。进博会为中外前沿技术交流与合作提供了平台，为拉动制造业投资和产业转型升级提供支撑。一是举办"产品首发"活动，推动前沿技术传播；二是撮合国内外企业开展直接技术合作；三是通过举办专业论坛活动促进先进技术交流。国内采购商在进博会上引进大量海外首发新品以及数字化、绿色化高新技术产品，通过进口贸易促进新技术的研发与升级，进而产生技术溢出效应，提高我国制造业企业的生产能力。进博会吸引了特斯拉、三星、西门子等一大批龙头企

---

① 数据由工信部于 2022 年公布。

业，推动了一批最新产品和技术率先在我国发布，为我国制造业企业研发投资明确了方向，也促进了国内外企业的技术合作。例如，2020 年进博会期间，天水星火机床、矿冶科技集团、鞍钢股份、缘泰石油、巨化集团等一批企业与西门子签订了数字化工厂建设协议。这表明进博会能够促进数字经济、新能源以及"双碳"等领域，逐渐代替传统周期中地产和基建相关链条，成为拉动制造业投资的新引擎。

（四）超大规模市场投资促进效应

面对我国持续增长的进口需求，参展商将进口贸易行为转化为投资行为，进口贸易对外商来华进行制造业投资有促进作用。进博会为外商直接投资提供了很好的展示和交流平台。进博会是贸易型展会，对于一般的贸易型展会，展商通过展览展示推介展品，以此获得进入东道国市场的机会。根据产品生命周期理论，当进口商品进入标准化阶段后，进口商会在进口国投资生产。在母国已经具有较强竞争实力和市场空间的产品，得到采购商青睐进入进口国市场后，当该项进口商品进入标准化阶段、进口规模达到一定程度，参展商通过进一步比较进口关税、运输成本与在进口国投资生产的成本后，可能把进口商品生产转移到进口国，进而形成投资效应。但需要注意的是，按照传统国际投资理论，随着改革开放后我国土地、劳动力等相关生产要素成本的上升，比较优势逐渐丧失，进口投资效应可能受到削弱。在这种情况下，中国主要凭借超大规模市场优势，吸引市场导向性外资流入。根据邓宁跨国公司理论①，市场导向型投资需要以东道国市场开放为前提，国家主席习近平在历届进博会开幕式上的主旨演讲中均对中国市场和产业开放做出了承诺。中国有 14 亿人口，随着居民收入水平的提高，形成了超大市场规模预期，因此市场导向型外资流入趋势会持续增强。在新发展阶段，参展商基于中国市场价值预期产生的投资

---

① John H. Dunning, S. M. Lundan, *Multirratiorral Enterprises and the Global Economy*（Edward Elgar Publishing, 2008）.

行为将越来越多，这是市场产生的投资促进效应，体现了进博会与一般贸易展会在投资促进效应上的差异。

（五）营商环境改善效应

我国以举办进博会为契机，加快开放制度体系建设，外商投资的营商环境进一步优化。进博会已然成为中国向世界承诺进一步扩大对外开放的窗口。习近平总书记在历届进博会开幕式上的主旨演讲中均对中国市场和产业开放做出了承诺。近5年，增设中国上海自由贸易试验区新片区、签署《区域全面经济伙伴关系协定》（RCEP）、进一步缩减外商投资准入负面清单、发布《鼓励外商投资产业目录（2022年版）》等，使得展商对中国市场开放的预期提高，进而增加对中国制造业的投资。以外商投资准入负面清单为例（见图2），自2013年以来，自贸区版负面清单内容持续精简，尤其是2018年（第一届进博会举办年）负面清单缩减幅度最为显著。最新版外商投资准入负面清单经过7次缩减，条目越来越少，由最初的190项缩减到现在的27项，制造业条目已经归零，为外资制造业企业注入了活力。

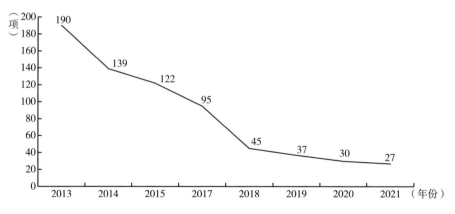

图2 2013～2021年外商投资准入负面清单条目数量

资料来源：《开放领域越来越宽！商务部：外商投资准入负面清单由190项缩减到27项》，https://baijiahao.baidu.com/s? id=1759243405659555178&wfr=spider&for=pc，最后访问日期：2023年9月14日。

三 进博会为我国制造业投资高质量发展
贡献了积极力量

进博会对制造业投资的溢出效应正在不断显现。近 5 年，进博会的展览面积从第一届的 30.0 万平方米扩大至第五届的 36.6 万平方米；意向成交额也保持增长态势，从 578 亿美元增长至 735 亿美元，过去五届进博会意向成交额累计近 3500 亿美元（见图 3）。进博会作为我国促进对外贸易与投资的重要桥梁，从扩大规模、优化结构和引领趋势等方面为促进制造业高质量投资贡献了重要力量。

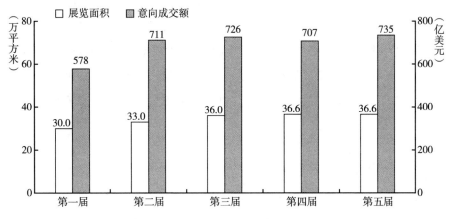

图 3 五届进博会展览面积和意向成交额

资料来源：历年《中国国际进口博览会企业商业展展后报告》。

（一）在新旧动能转换之际为扩大制造业投资规模贡献了重要力量

进博会的召开对处于低迷期的制造业投资具有刺激作用，在拉动制造业投资规模增长方面发挥了显著作用。从数据来看（见图 4），2015~2017 年制造业投资经历了增速及占比双下跌的阶段，但在 2018 年进博会举办之后，制造业投资增速和投资占比止跌回升，尤其是投资占比持续上升，在房地产投资下行背景下对投资需求起到了支撑作用。受逆全球化思潮、新冠疫情冲击影响，2019～2020年制造业投资增速放缓，但得益于进博会对全球贸易与投资的促进作用，2021年之后制造业投资迎来了高速增长。

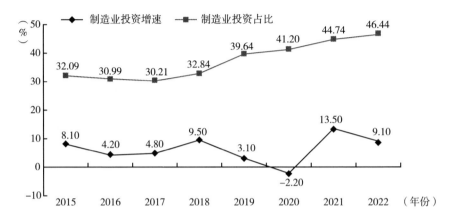

图4　2015～2022年中国制造业投资增速及占全社会固定资产投资总额的比例

与此同时，以进博会为窗口，中国实际利用外资规模持续增长，制造业吸引外资的规模、结构和重点领域呈现高质量发展的新态势。在规模上，我国制造业实际利用外资金额一度逐年收缩，且实际使用外资金额占比整体呈下降趋势。2015～2020年，制造业实际利用外资金额从395.4亿美元降至310.0亿美元，占比也从31.07%降至21.47%。需要注意的是，2018年（首届进博会召开年）、2021年（第四届进博会召开年）以及2022年（第五届进博会召开年），制造业实际利用外资金额止跌回升，其中，2021年制造业实际利用外资金额为337.3亿美元，同比增速为8.8%；2022年实际利用外资金额达496.7亿美元，同比增速高达47.3%，制造业实际利用外资金额占比相应回升至26.26%（见图5）。

我国制造业吸引外资规模先降后升，在一定程度上反映出制造业利用外资结构正在经历优化升级，吸引外资模式逐步从简单的规模扩张转向高水平的对外开放。由于制造业模式逐步从资源或劳动密集型向资本或技术密集型转变，因此吸引外资重点也要相应从"两高一低"等中低端外资

图 5　2015~2022 年我国制造业实际利用外资情况

资料来源：统计公报、《中国统计年鉴》。

转向"两高一新"等高端外资。自 2021 年以来，制造业实际利用外资规模的扩大显示出高端制造业等新动能逐步替代低端制造业成为中国经济发展的新动能。

（二）在新科技革命浪潮中成为外资来华投资高技术制造业的推动力量

在进博会的推动下，我国制造业吸收外资的质量进一步提升，更多外国资本投向高新技术领域。从生产环节来看，外资投入的方向逐渐从组装加工转向研发创新，我国规模以上外商投资工业企业的研发投入从 2012 年的 1763.6 亿元增至 2021 年的 3377.4 亿元，增长近 1 倍；科技创新成果丰硕，规模以上外商投资工业企业有效发明专利数从 2012 年的 6.8 万件增至 2021 年的 24.1 万件，增长两倍多。[①] 可见，在进博会的带动下，外商投资制造业的结构优化，推动高新技术制造业增加值逐年提升。

进博会为国内高新技术产业的发展提供了重要的平台支持和招商引资

---

① 李婧、李杨：《新时代制造业利用外资高质量发展的成就与路径》，《新视野》2023 年第 2 期。

支持。进博会期间举办的各种投资促进活动，成为优化制造业利用外资结构的重要手段，成为外资来华投资高技术制造业的重要平台和推动力量。第五届进博会新设了"中国这十年——对外开放成就展"综合展示区。其中，"展商变投资商"展示专区面积达 6000 平方米，多维度展示了制造业领域的成功投资案例，带领外国参展商走进中国各地，对吸引外商投资"中国制造"和"中国智造"搭建了桥梁。① 很多拥有高新技术的参展商通过进博会展区进一步了解到中国各地制造业基础与比较优势，开始在中国投资新型工厂和新研发中心，进博会在拉动制造业投资方面能量巨大。

德国参展商可以说是"展商变投资商"的优秀范例。据统计，在前五届进博会中，德国是欧洲参展企业面积最大和参展企业数量最多的国家，在全球各国中分别排名第三和第五。德国知名企业如奔驰、宝马、大众、西门子、戴姆勒、思爱普、敦豪、博世、肖特等都积极参加了多届进博会。在第五届进博会上，德国大众、宝马、奔驰等车企不仅带来了新能源车、未来概念车等一系列最新产品，还增加在华投资数百亿元用于发展新能源汽车产业，并承诺扩大在华研发团队；博世、德宝等企业将采取中外合资等方式，进一步扩大其在华生产规模和研发规模。作为一家跨国高科技公司，德国肖特集团不仅在中国市场"大卖"产品，还积极在中国投资，在 2019 年进博会上宣布将亚太地区研发中心设立在苏州，投入资金为 5G 通信、AR/VR、超薄玻璃、储能等领域科技研发提供支持。在高端智能制造领域，德国无人驾驶叉车领域领头羊——德国永恒力公司，在进博会展示了多款全自动智能叉车，在中国打破销售记录后，将唯一一家海外工厂设立在中国，并将地区总部搬到虹桥国际中央商务区，标志着其从进博会的参展商变为物流解决方案领域的投资商。西门子集团成立"马可波罗"项目组，计划将与工业软件和工厂自动化有关的一些部门转移到中国。德国光学仪器公司卡尔蔡司，

---

① 王文博等：《进博会"展商变投资商"，中国大市场吸引外资深耕》，《经济参考报》2022 年 11 月 9 日，第 1 版。

在沪设立公司，该公司从事医疗设备和技术投资，并在苏州投资启动了高规格研发与制造项目。

（三）为制造业投资带来新增长点

为契合经济高质量发展与动能转换需求，进博会对展区设置不断调整升级，专区的设置体现了未来制造业发展的新趋势，为制造业投资带来新的增长点。例如，第四届进博会增设了集成电路、数字工业、创新孵化、能源低碳及环保技术、绿色智能家电家居、生物医药、公共卫生防疫等专区，第五届进博会围绕元宇宙和智慧城市两大主题增设了人工智能专区。进博会参展商发布展出的各种新产品、新技术，为我国制造业投资提供了"数字化、智能化、绿色化、服务化"等四大新增长点。

一是数字化转型。随着新一代信息技术蓬勃发展，工业化和信息化深度融合，数字技术已渗透到制造业全生命周期，广泛应用于产品研发设计、生产、企业管理等环节，制造业数字化转型已是大势所趋。进博会期间，大量企业展示了数字技术对传统制造业的改造升级。例如，SAP 推出"Industry 4 Now"战略，利用工业物联网等技术，帮助制造业企业全面实现流程自动化，为企业重塑更加灵活和敏捷的数字化供应链网络。在产品设计环节，可以高效管理从产品开发到发布的整个流程，将产品上市的时间缩短 17%；在制造环节，物料供应自动化可将物料的库存周期降低 28%，使交付效率提高近 1 倍。施耐德电气则计划利用数字孪生技术改造其在中国的工厂，在生产线设计、工业流程检测和产能调控等多个生产环节推广应用工业元宇宙。AMA 研发的 XpertEye 套件将 AR、工作流管理与智能眼镜结合在一起，使专家和员工之间实时数据和知识共享成为现实，打造"元宇宙"工厂。二是智能化升级。随着 5G、物联网、大数据、人工智能等技术的发展，制造业已实现从电气化、自动化向智能化的转变，数字孪生、无人工厂等智能制造新模式不断涌现。进博会期间，人工智能技术备受制造业参展商和采购商青睐，得到广泛应用和展示。例如，欧姆龙在 2021 年进博会上展示了人机协作智能化单元生产线（CLCS），这条生产线融合了 AI、移动操纵机器人、协作机器人等独有的先进技术，实现了柔性、高效、灵活的智能化生产。2022年，爱立信展示了其将集超高清视频采集、机械臂定位、远程控制等技术于一体的5G高级远程专家支持系统（ARSS）应用在制造业工厂，实现亚毫米级的视频解析度并可远端控制调节，帮助工厂与外部完成远程故障分析、质检、培训、审核等工作。三是绿色化发展。在"双碳"背景下，绿色成为中国制造业转型发展的新底色，高效、绿色、循环、低碳成为未来制造业的新特征。数字化智能化技术与应用场景深度融合，赋能产业全程减碳，包括绿色工厂、绿色园区、绿色供应链等在内的节能减碳重大工程和项目将成为未来制造业投资的重点之一。2021年，进博会设立了"能源低碳及环保技术专区"，大量绿色技术、绿色产品涌现，为制造业绿色转型搭建了交流合作平台。例如，进博会的参展商施耐德电气，已在中国建设了15家"零碳工厂"，还在北京、上海、深圳、西安、无锡等地设立五大研发中心。众多车企也带来了全新的电动化产品，博世展示了世界领先的汽车氢能解决产品和方案，佛吉亚展示了旗下海拉电动车底盘，通过能源管理和热管理将新能源汽车的能源转换率提升至97%。四是服务化延伸。基于制造业的服务和面向服务的制造相融合，已成为目前制造业适应新环境、提升企业竞争力的重要途径。进博会期间，服务型制造新业态、新模式不断涌现，很多制造业企业发布了为顾客提供更加完整的产品和服务的"组合包"，力争实现从制造端向服务端的延伸。例如，在2021年进博会上，陕鼓集团作为欧洲热电和驱动设备制造领域的知名企业，已经从鼓风机产品销售商成功转型为系统解决方案服务商，可以为客户提供以分布式能源系统解决方案为核心的设备、工程、服务、运营、供应链、智能化、金融"1+7"增值服务。在2022年第五届进博会期间，罗克韦尔自动化作为工业自动化、信息化和数字化转型领域的全球领先企业，正式提出与多个先锋合作伙伴发起成立开放型非营利组织——智能运维Rockii联盟，旨在整合科研院校、技术服务商及最终用户，围绕智慧城市、产业数字化、碳中和与跨界创新等不同维度提供全方位先进技术、产品与解决方案。

四 更好发挥进博会在制造业投资升级
方面的促进作用

未来要更好发挥进博会在制造业投资升级方面的促进作用，借助"买全球"平台集聚高能级主体，整合资金、人才、技术、设备、信息等各种生产要素，增强制造业产业链全球资源要素支配能力，建立长期稳定的"链式"合作关系，为制造业高质量发展提供要素保障和配套支持。

（一）进一步完善进博会展会设置

一是通过总结前五届进博会参展商国别发现，参展商主要来自美国、德国、英国、日本等国家，亚洲及港澳台地区的参展商数量和展区面积最大，中欧、北欧、南欧等国的企业参会的积极性较高但数量有限，建议未来将这些国家作为"参展商变投资商"的主要目标对象。二是重点关注制造业高端领域参展商。在前五届进博会中，大多数企业为消费升级服务商，制造业高端领域的世界领先企业参展数量不多，企业落地成果还有待进一步增加。下一步展会资源要向能够促进制造业产业升级、维护产业安全、支持技术进步的参展商倾斜，吸引更多制造业细分领域的单项冠军企业参展，并鼓励更多参展企业在中国设立研发中心和工厂，以期通过优化制造业供应链激发投资活力。三是完善进博会组织架构，设立专门产业和技术研究部门。重点针对工业软件、人工智能、集成电路、高端数控机床、高端传感器、高性能复合材料等国家制造业战略急需领域，全面梳理全球技术研发及供给能力，完善进博会参会激励机制，主动邀请目标企业参展，为深化高端制造业产业链合作搭建桥梁。

（二）丰富展会期间各种论坛及投资交流活动

与全球贸易治理体系相比，全球投资治理体系有明显的短板，进博会要依托平台渠道优势，整合制造业创新链、供应链、产业链和价值链上下游资源，努力成为完善全球投资治理体系的公共产品。一是丰富进博会虹桥国际经济论坛投资议题。前几届虹桥国际经济论坛的议题中有关制造业投资的议题较少，建议有针对性地增加针对制造业细分领域的议题，比如高端制造业智能化改造、供应链金融、数字化重构等。二是强化进博会对外商投资的拉动作用，尤其是针对高端制造领域的重点产业。建议商务部统筹谋划组织地方举办一系列高质量招商对接活动，有针对性、有计划地开展国际高端制造业投资合作系列活动，实现错位招商，避免恶性竞争。三是丰富进博会各项配套活动，包括政策解读、新品展示、研究发布、技术交易、专利拍卖、"揭榜挂帅"等。充分发挥行业协会、产业联盟、国际组织的作用，邀请国内外相关制造业产学研专家、业务骨干参与参展企业引进、活动策划等工作，更好推动高端制造领域的供需对接，以推动先进科技成果转化和落地为抓手拉动制造业技改投资。

（三）引导制造业利用外资实现布局优化

进博会要加强对外商投资的地域引导，提升外商投资质量，外商制造业投资分布呈现"东部提质、中部升级、西部加速"的局面。目前，参展商转化为投资商后，东部地区是外商主要投资地，参展商倾向选择长三角、京津冀、粤港澳大湾区等进行资金布局；很多参展商将进博会举办地上海作为投资的首选地。随着湖南、安徽等地加大在进博会期间投资活动的举办力度，中部部分省份吸引外资增速开始加快。相对来说，西部地区仍然有很大的外商投资缺口。一方面，保持制造业吸引外资的旧动能"存量"，促进劳动密集型外资向中西部企业梯度转移。利用展会窗口期邀请重点产业的重点企业赴中西部考察，充分发挥中西部地区的劳动力成本优势，将中西部地区较为完备的产业体系作为引资亮点，引导外商企业进一步节约流通成本，更好融入当地制造业产业体系，将国际产业链合作内化为国内上下游合作，为制造业吸引外资提供错位竞争优势。另一方面，提升外商投资新动能"增量"，强化东部地区创新集成优势。依托我国东部地区较强的科教实力，鼓

励外资企业在华设立研发中心，深化中外企业在制造业数字化、智能化、绿色化、服务化领域的研发与合作。以我国智能制造能力为基础，鼓励外国厂商将资本优势、技术优势与我国产业基础优势相结合，在东部发达省份投资建设、改造一批"智能工厂"，推动制造业加速转型升级。

B.6

进博会推动产业经济高质量发展

摘　要： 进博会能够从推动科技创新、提升质量水平、深化国际合作、助力低碳环保等方面推动产业经济领域实现以新发展理念为引领的高质量发展。从前五届进博会的情况看，进博会可以通过增进行业竞争、形成知识溢出等途径增强产业创新发展能力；国内企业获得了更多接触高品质原材料、机器设备及其配套服务的机会，有助于改善产品与服务质量；同时，进博会为国际参展商与国内企业开展全方位交流合作搭建了桥梁，将国际产业合作推向深入；以进博会为平台扩大绿色低碳领域的采购签约和技术合作，产生了助力产业低碳绿色发展的效果。今后，进博会可以依托其不断扩大的影响力，在推动中小企业创新发展与转型升级、助力服务业高质量发展、促进国内区域产业联动与协调，以及形成产业集聚载体等方面发挥更加积极的作用。

关键词： 进博会　技术创新　绿色低碳　国际合作　高质量发展

党的二十大报告指出，"高质量发展是全面建设社会主义现代化国家的首要任务"，"要坚持以推动高质量发展为主题"。持续举办的中国国际进口博览会（以下简称"进博会"）吸引了来自世界各地的优秀企业，它们带来的优质商品和先进技术对于我国产业经济的高质量发展具有促进作用。本

---

* 张昊，经济学博士，中国社会科学院财经战略研究院副研究员，主要研究方向为产业经济、市场流通、居民消费等。

文拟立足前五届进博会参展及采购情况，以产业经济高质量发展的内涵为出发点，在综合梳理新闻媒体报道、进博会与相关企业官方公众号发布内容以及历届进博会会刊等资料的基础上，从推动科技创新、提升质量水平、深化国际合作、助力低碳环保等方面分别考察进博会促进效应的具体表现及产生机制，并提出趋势展望和对策建议。

一　产业经济高质量发展的内涵

高质量发展是"体现新发展理念的发展，是创新成为第一动力、协调成为内生特点、绿色成为普遍形态、开放成为必由之路、共享成为根本目的的发展"①。产业经济的高质量发展是推动经济高质量发展的重要基础，也是建设社会主义现代化强国的必然要求。中国拥有较为齐全的产业门类，并且一些产业的生产能力或技术工艺已经达到世界先进水平。但我国产业经济领域仍存在结构性供需失衡、核心竞争力不强、产业链可控性不足等问题，产业质量还有较大的提升空间。本文认为，产业经济的高质量发展，就是要体现"创新、协调、绿色、开放、共享"的新发展理念，以创新驱动为核心，不断提升产品与服务质量、满足差异化需求，持续改善资源利用效能、减少环境污染，并加强国际化交流与合作，推动产业经济全方位持续升级。

推动科技创新是产业经济高质量发展中不可或缺的一部分。只有不断推动基础研究、原始创新和集成创新，才能提高产品技术含量附加值，并培育新兴产业。在当前的经济环境下，科技创新不仅需要大量的资金投入，创新成果以及围绕人才、技术、方法等方面创新要素的共享与交流也变得日益重要。2022年，我国全社会研发经费支出首次突破3万亿元，其中企业研发投入超过3/4；同时，全国技术合同成交额已达到4.8万亿元，其中超过

---

① 《"十四五"规划〈纲要〉名词解释之31 高质量发展》，国家发展和改革委员会网站，https://www.ndrc.gov.cn/fggz/fzzlgh/gjfzgh/202112/t20211224_1309252.html，最后访问日期：2023年8月15日。

80%的技术吸纳通过企业实现。①

提高产品与服务质量是增强产业核心竞争力的重要方面。麦肯锡咨询公司发布的《2023麦肯锡中国消费者报告》显示，产品质量与功能已经成为中国消费者选购商品时最关键的考虑因素，并且中国消费者越来越关注其所购买商品的规格特性。在准确把握消费者对产品易用性、可靠性、安全性等多方面需求的基础上，不断优化研发设计过程，提升生产工艺和质控水平，是中国企业拓展竞争空间、赢得市场份额的有效途径。与此同时，中国产业市场与消费市场发展所具有的不均衡性，又对产业经济高质量发展提出了协调要求。梯度型、非均衡的消费升级模式要求产业经济领域形成与之相匹配的多元化、立体式供给体系。

在全球资源短缺和环境污染问题日益严峻的背景下，如何实现资源的有效利用和减少环境污染，是产业经济高质量发展过程中必须面对的问题。生态环境部《2021中国生态环境状况公报》显示，2021年全国$PM_{2.5}$、PM_{10}、臭氧等污染物浓度相比上一年均有所下降；但在339个地级及以上城市中，仍有约1/3城市的环境空气质量超标。当前，我国正处于工业化深入发展的重要阶段，传统制造行业在产业结构中的占比依然较高。要在产业经济发展过程中兼顾资源环境保护和经济效益增长的双重目标，就必须采取推广清洁能源、提高能源利用效率，以及引导企业加大绿色研发投入力度、优先选择环保技术和产品等一系列措施，加快实施产业绿色化转型。抓住实现碳达峰碳中和目标的关键期与窗口期推动节能降污、减碳增效，形成绿色经济竞争力，既是应对气候变化的根本要求，也是适应新形势下国际经贸合作与产业竞争的必然选择。

推动国际经贸合作，是实现产业高质量发展的重要途径。在全球化分工深入布局的背景下，建立包容、开放、合作的国际经济交流平台，主动参与国际竞争并适应全球市场环境，有助于提升中国自身的产业发展水

---

① 王峰：《科技部：去年企业研发投入占比超3/4 提高企业科创主体地位》，《21世纪经济报道》2023年2月27日，第2版。

平、形成可持续的竞争能力。近年来，中国通过建设高水平对外开放功能区和示范区、推动"一带一路"倡议、开通中欧班列、加大制度性开放力度等多种方式，不断做大"朋友圈"，为世界经济稳定复苏注入了活力与动力。联合国贸易和发展会议（UNCTAD）发布的《2022年世界投资报告》显示，2021年全球跨境投资达到1.58万亿美元，较上年大幅增长64%；但发展中国家对增长的贡献仅占30%左右，还有较大的提升空间。接下来，在高水平对外开放的基础上，一方面为中国产业开辟国际空间，另一方面促进国内国际双循环，提高我国与世界经济之间互动的质量，既是推动产业经济高质量发展的主要方向，也是建设现代化经济体系、构建新发展格局的内在要求。

二　进博会增强产业创新发展能力

进博会成为全球企业展现创新成果、寻求研发合作的重要平台，并通过增进产业竞争、形成知识溢出等途径推动国内企业创新研发活动的开展。

（一）加强技术合作促进协同创新

进博会作为展现全球前沿科技创新成果的高地，能够产生推动国际研究与创新合作的作用。第一届进博会展现了100多项新产品、新技术和新服务，第五届进博会则达到438项。通过汇聚全球科技创新成果，进博会为加强企业间联合研发、创新合作提供了发展新机遇，产生了推动产业转型升级、提升创新能力的重要作用。在制造业领域，数字技术应用领域的创新合作将助力产业效率的提升。第四届进博会上，微软展示了包括数字化采购供应链在内的一批与中国合作伙伴以"联合创新"模式开发的"行业优先解决方案"。第五届进博会上，通用技术集团国际控股有限公司与西门子签署战略合作框架协议，在数控机床技术服务、专业人才培养方面开展深度合作。生物医药领域的合作同样活跃。例如，在第五届进博会上，霍尼韦尔与上海海顺新型药用包装材料股份有限公司围绕药用功能性包装材料的研发和应用签署了合作备忘录。

进博会推动技术研发与创新合作的效果已经延伸到了基础研究领域。基础研究是整个科学体系的源头和根基。借助进博会的平台，许多企业与研究机构、高校达成合作，以产学研合作模式，促进基础研究成果转化。例如，在第四届进博会上，青岛海尔生物医疗股份有限公司与上海理工大学围绕高端医疗器械、生物安全装备的技术研发达成战略合作，携手共建生物安全科创工程研究中心。再如，在第五届进博会上，成都东部新区与赛默飞世尔科技（中国）有限公司围绕前沿生物技术联合创新实验室项目签署合作协议，为前沿生物技术领域学术领头人（Principle Investigator，PI）提供一站式的科学研究服务及成果转化支持。

（二）促进市场竞争，形成知识溢出

进博会具有促进市场竞争、形成知识溢出的间接效应。中国企业可以通过借鉴国际先进经验和技术，提高自身的管理水平和技术能力，不断追求更高标准与更高品质，并以此提升市场竞争力。进博会为国内零售商采购最终商品提供了更大的选择空间。进口消费品进入零售环节，将给国内企业带来市场竞争压力，产生推动转型升级、优化产品服务的"鲶鱼效应"。例如，在第二届进博会上，物美集团就与来自新西兰、波兰等国的供应商签订了超过2000万美元的进口订单。再如，在第三届进博会上，百联旗下的联华超市与多家国际知名企业及贸易公司达成了包括家庭清洁、休闲食品、乳制品、冲泡饮料、粮油等多个品类商品的采购意向。又如，作为电商企业独立注册交易分团的阿里巴巴集团连续参加了五届进博会，组织了包括旗下天猫国际直采、飞猪、云象等子公司和业务部门的数百家合作商家参团采购，为全球知名消费品品牌进入中国市场搭建了渠道。

帮助国内企业了解市场需求及产品信息，也是推动创新的重要途径。例如，在儿童药市场上，日本的儿童退热贴、美国的果味感冒口服液等受到市场青睐。北京诚济制药股份有限公司技术中心负责人童丰在参加完第一届进博会后就表示，要学习国际上儿童药剂型的最新技术，通过研发喷雾剂、外用贴剂等产品来改进国内儿童药。

三 进博会提升产品服务质量水平

提升产品与服务的质量水平,是进博会促进产业经济高质量发展的核心机制。质量水平与原料品质、制造工艺、质量控制等方面密切相关。就此而言,不同国家所具有的优势是不同的,在开放经济条件下可以通过进出口活动取长补短、提高各自发展水平。本文以2012年、2018年《全国投入产出表》数据为基础计算了我国各细分产业包含上游中间品间接投入的全产业链进口依赖度指标并进行比较,其中进口依赖度排名前30位的细分产业如表1所示。可以发现,我国进口依赖度较高的产业主要集中在特殊原料、专用材料、大型设备、精密仪器、电子通信等领域,涉及工业品、日用消费品、生产性服务以及生活服务业等多个方面。举办进博会的一个重要目的,就是为中国企业提供更多接触高品质原材料、零部件、机器设备及其配套服务的机会,同时引进更加先进的质量监测与管理控制技术,这对于中国企业提升产品与服务质量水平具有直接的促进作用。

表1 2012年、2018年中国全产业链进口依赖度排名前30位的细分产业

排名	2012年		2018年	
	产业名称	进口依赖度	产业名称	进口依赖度
1	电子元器件	8.1955	电子元器件	7.3994
2	仪器仪表	6.2495	航空旅客运输	6.9767
3	黑色金属矿采选产品	5.3210	水上旅客运输	6.8789
4	航空运输	4.7118	文化、办公用机械	6.0487
5	广播电视设备和雷达及配套设备	4.6764	仪器仪表	5.0721
6	石油和天然气开采产品	4.3217	黑色金属矿采选产品	5.0663
7	有色金属矿采选产品	4.1761	其他交通运输设备	4.8633
8	其他交通运输设备	3.7357	医疗仪器设备及器械	4.4708
9	其他专用设备	3.7042	有色金属矿采选产品	4.1486
10	合成材料	3.4301	其他专用设备	3.6195
11	文化、办公用机械	3.3398	计算机	3.6166
12	通信设备	3.3245	石油和天然气开采产品	3.5014

排名	2012 年			2018 年	
	产业名称	进口依赖度		产业名称	进口依赖度
13	有色金属及其合金和铸件	3.1211		日用化学产品	3.4168
14	金属加工机械	3.1073		合成材料	3.0430
15	计算机	3.0745		有色金属及其合金	3.0165
16	基础化学原料	2.7715		广播电视设备和雷达及配套设备	2.8632
17	输配电及控制设备	2.7051		其他电气机械和器材	2.7448
18	其他电气机械和器材	2.4763		输配电及控制设备	2.2328
19	泵、阀门、压缩机及类似机械	2.2086		泵、阀门、压缩机及类似机械	2.2239
20	锅炉及原动设备	2.1473		住宿	2.2047
21	汽车整车	1.9640		乳制品	2.1454
22	有色金属压延加工品	1.8786		通信设备	2.1233
23	其他通用设备	1.5971		基础化学原料	2.0930
24	广播、电视、电影和影视录音制作	1.5699		金属加工机械	1.9025
25	废弃资源和废旧材料回收加工品	1.5274		广播、电视、电影和影视录音制作	1.8502
26	娱乐	1.5046		皮革、毛皮、羽毛及其制品	1.8436
27	体育	1.4808		生态保护和环境治理	1.8408
28	化工、木材、非金属加工专用设备	1.4000		锅炉及原动设备	1.8381
29	生态保护和环境治理	1.3974		水产加工品	1.5443
30	电池	1.3738		其他通用设备	1.5018

注：表中"进口依赖度"以该产业对其他产业的完全消耗系数为权重，对进口额占比〔=进口额÷（总产出+进口额）〕做加权平均，并在全部产业范围内求取比重商计算得到。

资料来源：据 2012 年《全国投入产出表》（139 部门）、2018 年《全国投入产出表》（153 部门）计算。

（一）丰富高品质原材料与零部件供给

原材料与零部件是产品的基础，其质量对整体供给品质具有重要影响。高质量的原材料与零部件能够有效减少产品缺陷或瑕疵，增进产品性能、提高产品可靠性，同时对于降低生产设备故障率、提高生产效率也具有关键性作用。进博会的参展商中不乏国际领先的原材料与零部件供应商，能够使国内来自多个行业、不同规模的生产制造企业充分了解全球范围的原材料与零部件市场供应情况，并寻找适合自己的合作伙伴。在进博会签约进口的原材

料或零部件都具有较高的品质水准,能够对国内企业提升产品或服务质量形成有效支撑。

在消费品生产领域,原材料品质受到国内企业和消费者的高度关注。在零食市场,消费者对健康、多样的休闲食品有着较高需求。良品铺子在第二届进博会上与巴基斯坦最大的松子采购、加工企业 HALO FOODS 签订了 3 亿元巴西(指巴基斯坦西部)高等级松子原料采购协议,在第三届进博会上又分别与科汉森、纽仕兰签订了益生菌菌种、A2-β 酪蛋白牛奶等优质原料采购协议。在家电等耐用消费品中,进口高性能特殊材料发挥着重要作用。例如,在第四届进博会上,陶氏(中国)与海尔智家、海信集团等多家国内家电企业签订了有关聚氨酯、组合聚醚、聚异氰酸酯(PMDI)等重要化学原料的供应协议。

在机械装备产业领域,国内企业对核心零部件进口仍有着较大的需求。第一届进博会上,国家电投集团内蒙古能源有限公司与小松(中国)矿山设备有限公司签订了 4500 万元零件年度采购订单,贵州詹阳动力重工有限公司与瑞典派克公司签订了包含 1660 套液压马达、总值 811 万美元的采购协议。

优质原材料与零部件对生产性服务产业提升供给能力也具有重要意义。例如,在第二届进博会上,世界 500 强的农林机械设备及零部件供应商约翰迪尔(John Deere)与哈尔滨电气动力科贸有限公司签订了框架协议,拟向其供应高品质零部件,支持其发展黑龙江垦区高端农机业务;同时,与新疆天山农信农机有限公司签约,帮助其提高零部件备货完成率及用户一次性满足率。

除了原材料与零部件本身以外,其维修、保养等配套服务对保证终端供给品质也有直接影响。在第四届进博会上,中国东方航空公司与 GE 航空集团、赛峰起落架系统公司(Safran)、柯林斯宇航(Collins Aerospace)以及机场设备制造商马拉汉工程公司(Mallaghan)等签署了包括航空发动机、起落架、机载设备、航空地面设备包修服务等在内的采购协议,以提升故障响应的及时性与可靠性。

（二）提供先进机器设备与提升制造能力

机器设备在很大程度上决定着产品的质量水平。先进的机器设备通常具有更高的生产能力、生产精度和生产效率，能够在保证产品质量的同时节约生产成本。进博会上有着来自世界各地的技术装备供应商，这为国内企业了解全球装备制造发展动向，并通过采购订货提高自身机器设备总体水平创造了条件。

在机械动力、石油化工、建筑工程、先进制造等领域，国内企业对进口机器设备有着较大的需求和较高的关注度。例如，在第一届进博会上，中国华能就与通用电气、西门子、斯凯孚、舍弗勒、阿隆、恩斯克、兖煤澳洲、摩科瑞等多家供应商签署了包括燃机设备及服务，轴承、光纤预制棒制造设备等在内的多个采购协议；江苏江龙新能源科技有限公司从日本不二越株式会社采购了石墨电极本体加工机 TRM/C 及接头自动预装系统设备。

先进机器设备也能够为医疗、教育等服务行业提供更加优化的解决方案。在第三届进博会上，西藏阜康医院与西门子医疗达成意向，采购了一套5G 方舱车载 CT，该设备具有 CT 影像处理、藏语语音交互、远程专家会诊等功能，能够帮助医疗人员更加快速、准确地完成疾病筛查与诊断，提高道路崎岖、出行不便的高原地区的医疗服务水平。在第五届进博会上，爱普生在数值化产业升级主题展区展出了 A3 扫描仪和与"云盒"产品相配合的"校园美育方案"，方案通过 AI 技术辅助老师收集及批改图画、书法、手抄报等多种美育作业或作品。

消费品制造企业也不乏机器设备采购需求。例如，在第一届进博会上，西安百跃羊乳集团与来自德国、瑞士、瑞典等多个国家的供应商签署了超过1.4 亿元人民币的设备采购订单。再如，在第二届进博会上，瑞士企业卓郎（SAURER）展出了全自动空气纺纱机、转杯纺纱机等全球最先进的纺织设备。其中，全自动转杯纺纱机由卓朗新疆智能化工厂在本地制造完成，在推动当地企业生产线智能化改造方面发挥了重要作用。

（三）提升产品质量检测与控制能力

质量检测与控制是考察产品质量满足预定标准或水平的基本途径，其过程本身也依赖于特定的技术方法或仪器设备。在进博会这个大平台上，也不乏与质量检测与控制相关的产品和服务提供商，能够在帮助国内企业提升产品质量检测与管理能力方面发挥积极作用。例如，在第二届进博会上，元谱光电展出的珠宝玉石拉曼检测仪就引起了广泛关注。该检测仪能够在几秒钟时间内以无损方式分辨出被检测物体的种类，以及是否经过染色、注胶等添加处理。再如，全球著名的农产品检验检测认证机构中瑞集团（Cotecna Inspection S. A.）连续参加了第二届到第五届进博会，围绕 FSMS 食品安全管理体系、HACCP 食品危害分析、FSSC 食品安全管理体系认证与诸多国内企业签订了合作协议。表 2 为第五届进博会中提供质量检测仪器、服务及管理认证的参展商。

表 2　第五届进博会中提供质量检测仪器、服务及管理认证的参展商

参展商	产品或服务
TÜV 奥地利集团（TÜV Austria Holding AG）	适用于大多数行业的测试、检验、认证、审核、校准、培训和工程等定制服务
中瑞集团（Cotecna Inspection S. A.）	在全球范围内为农产品、食品、矿产与金属、消费品与零售、政府与贸易五大领域提供一系列供应链保障服务
汉斯曼集团（HQTS Group Limited）	在全球范围内提供产品检验、实验室测试、工厂审核、生产质量控制和管理以及质控咨询培训服务
启迈 QIMA	供应商审核项目、产品检验、认证以及实验室测试
英唯洛生物科技（EnviroLogix）	提供农业与食品领域中转基因、真菌毒素、过敏原等指标的快速检测方案，基于试剂、仪器、软件的完整生态，满足农业育种、储备、贸易、加工全产业链中的快速质控监管需求
丹麦福斯分析仪器（Foss）	为食品和农业领域研发和生产先进的分析仪器。通过对从原材料到最终产品的分析检测帮助客户提高产品质量及优化生产
欧陆科技集团（EurofinsScientific Group）	为食品及动物饲料、药品、环境和消费品领域，以及多国政府机构提供广泛的检测和技术支持服务

注：表中内容根据采用"检验""检测""质量控制""质量管理"等中英文关键词检索参展商介绍得到的筛选结果整理而成。

资料来源：《第五届中国国际进口博览会会刊》。

此外，进博会期间举办的诸多配套论坛活动也为业内企业提升质量管控水平提供了交流平台。其中，连续举办五届的"国际质量创新论坛"分别以"质量提升，促进全球贸易优化升级""质量创新，促进全球可持续发展""质量创新与可持续，未来的成功因素""质量、韧性与可持续""质量：创新 治理 可持续"为主题，通过业内嘉宾演讲、讨论等方式分享行业实践经验。

四　进博会推动国际产业合作深化

进博会在促进中国与其他国家开展产业合作方面发挥了重要作用，它不仅搭建了国际参展商与国内企业交流合作的平台，还通过促进各国企业与地方政府沟通、展示各国文化等方式增进各个领域的互信互通。

（一）搭建企业间交流合作平台

通过在进博会展示自己的产品、服务及其背后的生产技术与经营理念，大量的参展商在中国找到了商业机会与合作伙伴。随着交易双方之间信任程度的加深，不仅有大量采购协议签署，新的合作机会也不断产生。事实上，在国内采购商与参展商签署进口协议的同时，还会订立各种合作协议，就双方共同涉及的领域开展包括技术研发、产品创新、平台共享等在内的各种合作活动。

贸易活动除了能够创造更加深入的合作机会以外，还可以对投资活动产生促进作用。每届进博会之后，都有不少"参展商变投资商""投资商变合伙人"。武田制药、阿斯利康、勃林格殷格翰、卡赫等参展商都在进博会上结识了合作伙伴、发现了合作机遇，从而进一步扩大投资规模。值得注意的是，进博会的"忠实"参展商中不乏本身在中国内地开设有分支机构的企业（见表3），因为进博会能够为之在中国进一步拓展市场、深化合作提供平台。2004年在中国成立子公司的日本著名通用机械与机器人制造企业"不二越"已连续参加了五届进博会，通过进博会"结识了不同行业、不同

领域的新客户"，合作领域从以汽车、3C 等产业为主拓展到医疗、食品等产业，甚至开始"考虑让机器人参与到细胞培养系统中"。①

表3　第五届进博会参展商在中国内地开设机构情况

展区	参展商	在中国内地开设的机构
技术装备	不二越株式会社（Nachi-Fujikoshi Corp.）	不二越（中国）有限公司,上海、广州、青岛技术中心
	康菲公司（Conocophillips Company）	北京、天津（塘沽）办公室
	洛科威集团（Rockwool）	广州、扬州生产基地
	丹麦诺蒂奇工程设计咨询集团（Nordiq-Group A/S）	诺蒂奇工程咨询（北京）有限公司
	品英仪器（Pickering Instruments）	品英仪器（北京）有限公司
	日置电机株式会社（Hioki）	日置（上海）科技发展有限公司,和日置（上海）测量仪器有限公司,北京、广州、深圳,成都等 10 家分支机构
	索普瑞玛（Soprema）	索普瑞玛（中国）建材有限公司
食品及农产品	泰国馆集团有限公司（Thai Pavilion Corporate Co.,Ltd.）	暹罗馆进出口管理（深圳）有限公司、暹罗馆企业管理（深圳）有限公司,暹罗国际供应链（海南）有限公司
	迈德乐有限公司（Mederer Gmbh）	迈德乐（广州）糖果有限公司
	英唯洛（Envirologix Inc）	英唯洛生物科技（上海）有限公司
	京石产业株式会社（Kyogoku Co.,Ltd.）	上海、北京支社
	韩和金株式会社（HNK Co.,Ltd.）	天津办事处
医疗器械及医药保健	岛津株式会社（Shimadzu）	岛津企业管理（中国）有限公司,北京、上海、广州、沈阳、成都、武汉分析中心
	康宝莱（Herbalife Nutrition）	苏州、长沙和南京工厂
	优时比制药公司（UCB）	中国总部位于上海,北京、成都、广州区域办公室,珠海生产工厂

---

① 参见《高管对话 | 首届进博会首家签约企业——NACHI 不二越如何看待"进博之旅"?》，"中国国际进口博览会" 微信公众号，https://mp.weixin.qq.com/s/RFe4MXMSYgvv C63kAHtxBw，最后访问日期：2023 年 8 月 15 日。

展区	参展商	在中国内地开设的机构
	Freja 集团（Freja Transport & Logistics A/S）	中国区总部位于上海,广州和青岛设有分公司
	G.H 物流有限公司（G.H Logistics Co.，Ltd.）	广州,上海,青岛,天津,江苏子公司
	骊住（LIXIL）	上海、北京、广州、大连、苏州、武汉、成都营业部,苏州、大连、上海、天津、江门、华美生产网点
	汇泉国际有限公司（Telford International Co.，Ltd.）	深圳汇泉贸易有限公司、汇泉（上海）洋酒贸易有限公司
	邓白氏（Dun & Bradstreet）	上海、北京、深圳、长沙办公室
	行云物流商贸香港有限公司（Hong Kong Xinyun Logistics Trading Co.，Ltd.）	深圳、杭州、上海等多总部运营
	华德企业服务有限公司（CW Business Services Co.，Ltd.）	上海、广州及深圳办事处
服务贸易	嘉宏国际物流集团（Cargo Services Far East,Ltd.）	中国区总部位于上海,上海、深圳、宁波、青岛等分公司
	联盈国际物流（United Win Logistics. S.A）	中国区总部位于深圳
	凌宇国际（Sky Migration S.A.）	上海、杭州、宁波、广州、深圳、苏州、南京子公司
	日本财产保险公司（Sumitomo Mitsui Banking Corporation）	日本财产保险（中国）有限公司,北京、上海、广东、江苏分公司
	瑞穗金融集团（Mizuho Bank,Ltd.）	北京等 22 家网点
	三井住友银行（Sumitomo Mitsui Banking Corporation）	三井住友银行（中国）有限公司,15 个在华网点
	山河物流有限公司（China Intertrans Co.,Ltd.）	深圳蛇口、东莞南城设有分支机构
	天高创建有限公司（Skytech Creations Co.,Ltd.）	深圳分公司
	香港山成集团（PPW Group）	上海、北京、广州、深圳分公司
	新加坡星展银行（DBS Bank,Ltd.）	北京等 12 家分行、21 家支行

展区	参展商	在中国内地开设的机构
服务贸易	新加坡宥融企业咨询有限责任公司(Smartage Consultancy Pte. Ltd.)	上海、北京和厦门等子公司或办事处
	亚太顾问有限公司(Asiapac Consultants Co.,Ltd.)	北京、深圳、广州、上海办事处

资料来源：根据《第五届中国国际进口博览会会刊》整理。

（二）促进多个领域交流互信

进博会为国内各地区提供了展示自身、吸引投资的机会。第五届进博会新设了1.1万平方米的"省市区专区"，31个省区市、4个计划单列市和新疆生产建设兵团参加展出。各地运用多种展示手段，展现了对外开放取得的成就以及在建设开放平台、发展优势产业方面的做法。观展者既可以了解到当地的特色产业与创新产品，也可同时了解到地方政府在吸引投资方面采取的政策。

进博会为各国政府和企业打造了一个沟通的桥梁。每年的进博会都会邀请来自世界各地的政要和商界领袖出席开幕式和论坛活动，参会者基于各自国家和地区的发展战略、政策和经验进行分享。这种高层次的政商交流为各国之间的合作提供了政治、经济和文化上的共识基础，有助于加深各方合作的意愿和决心。

此外，进博会也为各国间的人文交流和文化交流提供了平台。进博会专门设有文化交流和旅游推介等板块，让参展者和观众更好地了解和体验其他国家和地区的文化和风俗。自第二届进博会起设立的"非遗和老字号展区"为中国传统文化提供了展示机会，促进了跨文化互动和理解，并为深化产业合作奠定了基础。

五　进博会助力产业低碳绿色发展

实现绿色发展已逐渐成为世界各国产业界的共识。在进博会上，来自不同国家和地区、各个领域的低碳绿色产品、技术与服务得到了充分展现（见表4），采购签约、技术合作十分活跃。

表4　第五届进博会中绿色产品、绿色技术和绿色服务的参展情况

展区	参展商	产品或服务
食品及农产品	澳门逸素绿色有机食品有限公司	绿色健康食品研产销
	庞腾堡酒庄（Dominio de Punctum S. L. U）	有机和生物动力法生产葡萄酒（不使用农药除草剂）
	全绿（All Green）	研发、制造及销售秉持"迈向绿色健康生活"这一核心理念的保健品及乳制品
汽车	香港国鸿氢能科技有限公司	氢燃料电池及其在道路、轨道交通、船舶的商业化应用
	香港燃料电池动力有限公司	氢燃料电池技术及其在商用车领域应用
	特斯拉（Tesla Inc.）	从能源生成存储到运输的整体服务
技术装备	香港百威客能源有限公司（Poweroak Energy，Ltd.）	储能科技
	康菲公司（Conocophillips Company）	液化天然气供应及潜在绿色能源开发
	贺利氏（Heraeus）	环保、能源、电子、健康、交通及工业应用等
	川崎重工业株式会社（Kawasaki Heavy Industries，Ltd.）	环保、回收利用成套设备、工业成套设备
	代斯米公司（DESMI Pumping Technology A/S）	泵及泵处理系统、环保设备和相关领域的特殊产品及服务
	必和必拓（BHP）	用于可再生能源的铜精矿、用于电动汽车生产的镍、用于农业可持续发展的钾肥等
	日立能源（Hitachi Energy，Ltd.）	用于电力、工业及基础设施领域的清洁能源系统
	戴博集团（DWT Holding S. p. A）	高效节能且用户友好的水泵系统解决方案
消费品	Prolaser 集团（Prolaser S. R. L）	打印耗材回收体系
	加拿大司麦派克有限公司（Smapka Canada Inc.）	新兴专业户外环保服饰品牌
服务贸易	新加坡能源集团（SP Group）	节能减排的绿色可持续能源解决方案
	胜科工业有限公司（Sembcorp Industries，Ltd.）	可再生能源和综合性城镇解决方案

续表

展区	参展商	产品或服务
服务贸易	世界钜联投资集团 （Julink Investment Group）	碳中和科技创新与绿色发展综合解决方案
	笙颢资讯服务有限公司 （Simple Dot，Ltd.）	环保循环器皿
	MLT（Modern Lumber Technology，Ltd.）	符合低碳、环保产业需求的木材及木结构产品和技术

注：表中内容根据采用"绿色""低碳""环保""可持续"等中英文关键词检索参展商介绍得到的筛选结果整理而成。

资料来源：根据《第五届中国国际进口博览会会刊》整理。

进博会的各个展区都不乏以绿色低碳为主题的产品展示。从食品及农产品展区的环保包装到消费品展区的绿色智能家电，再到汽车展区的新能源汽车，更多的低碳行动已经融入企业的产品线，在设计、生产及消费等诸多环节均凸显低碳理念。在第四届进博会上，博西家电展示了包括使用 i-DOS 智能添加技术的洗衣机、采用热泵烘干技术的干衣机的多款绿色智能家电产品。在第五届进博会上，食品及农产品展区中，达能旗下的"脉动"展示了借助碳捕捉技术制作的"智慧碳"概念瓶；汽车展区的大众汽车集团展出了包括 2 款概念车在内的 5 款纯电动车型。绿色服务产品也在进博会上占据了一席之地。在第四届进博会上，渣打集团提出了多种境内外绿色金融产品的全方位解决方案。在第五届进博会上，戴德梁行则针对建筑节能减碳，发布了《房地产可持续碳治理减碳方法与碳评估》研究报告。

进博会也为展示绿色技术提供了平台。第四届进博会将技术装备展区的"节能环保专区"更名为"能源低碳及环保技术专区"，第五届进博会中该专区吸引了新能源、新材料、建筑节能及水处理等领域的 40 余家展商参展，参展面积超 1.4 万平方米。其中，连续五年参展的美国 3M 公司带来了全球首发的新雪丽云纤保暖材料；首次以集团形式参加进博会的德国工业巨头蒂森克虏伯则展示了 2045 年前实现钢铁生产碳中和的技术路径。

与之相应，绿色主题采购签约与合作规模逐渐扩大。表5是本文对第一届至第五届进博会上中央企业在绿色低碳领域实现的采购与合作情况进行的总结。其中，石油、煤炭和电力是"降碳"的主要产业，进博会上达成的采购及合作意向主要涉及传统能源清洁低碳高效利用、清洁能源发展等方面。在能源消耗较大的交通运输产业，进博会在推动交通运输工具绿色化发展、提升交通运输装备能效水平等方面产生了积极作用。随着绿色建筑的迅速发展，进博会上也有诸多企业围绕建筑节能环保、新材料运用等签署了采购或合作协议。

表5　第一届至第五届进博会上中央企业在绿色低碳领域的部分签约合作情况

届次	采购方	供应方	涉及内容
第一届	中国节能环保集团	ABB公司	海上风电业务
第二届	中国华能	通用电气	风电场机组供货
	航天工程	德国SWR测量技术工程	粉煤流量计采购、航天粉煤加压气化技术效能提升（煤炭清洁利用）
第三届	中国华能	通用电气、三菱、西门子等	智能高端装备与服务（优化电源结构，提高发电效率）
	机械总院集团	施耐德电气	机械、电子、汽车等行业电气自动化应用、开发、推广与培训
第四届	国家能源集团	西门子能源	氢能、海上风电等清洁能源领域合作
	华能洋浦热电	东方电气集团、日本三菱重工	重型燃气轮机设备采购和长期维护（提高发电效率）
第五届	中国电建	施耐德电气	低碳能源、智慧交通、基础设施等领域合作
	中国石化	蒂森克虏伯	氢能技术发展、应用场景、商业模式等领域合作
	国家能源集团	蒂森克虏伯	风电、氢能、绿色化工及其相关生产、储运、应用、协同等

续表

届次	采购方	供应方	涉及内容
第五届	中国大唐	西门子能源、蒂森克虏伯、日立能源、日铁物产、韩国LX商社、瑞典山特维克	新能源、氢能等领域合作
	中国石油	西门子能源	输配电设备、工业水处理、压缩机、汽轮机及服务项目等领域合作（油气产业绿色转型）
	中国建材集团	施耐德电气、维斯塔斯、达索集团、摩瑞科、布鲁克纳等77家知名企业	智能及高端装备、节能环保技术、新材料等
	国机集团	布鲁克纳	锂电池、显示器制造等行业薄膜原料生产线
	国机集团	Marubeni Techno-systems Corporation	锂电池隔膜制造设备采购
	南光澳巴	玉柴机器	车辆动力系统配置升级及公交高效运营

资料来源：据网络公开信息筛选整理。

六　进博会推动产业经济高质量发展的趋势展望

从前五届进博会的情况看，进博会已不仅仅是主动扩大市场、推动高水平开放的盛会，更是促进国际交流、增进合作共识、激发创新灵感的平台。目前，进博会通过增强创新能力、提升产品与服务质量、深化国际合作、助力绿色发展等途径促进中国产业经济高质量发展的机制已经形成，其作用也越来越凸显。随着进博会影响力的进一步扩大，越来越多的优秀企业将参与到进博会中，促进更加广泛的技术合作与贸易投资。同时，数字化、智能化等技术在进博会中的广泛应用也将使更多的技术、产品和服务得到充分展现，为更多企业创造机遇和价值。在贯彻落实新发展理念、构建新发展格局的新形势下，进博会需要不断适应国内外产业发展的新趋势、新要求，在推动产业经济高质量发展的过程中更好地发挥作用。具体而言，有以下几个方面值得关注。

一是在更好推动传统行业中小企业创新发展与转型升级方面发挥作用。中小企业在产业活动中扮演着重要角色。从目前的情况来看，大型企业获得的签约及合作机会要更多一些。事实上，中小企业在与世界级供应商对接的过程中，会存在沟通交流、合作规模、技术位差等多个方面的障碍。今后，应当利用进博会这个国际化、专业化的展会平台，提供更多适合中小企业的产品技术展示和交流合作机会。在这一过程中，既要充分利用地方政府、产业机构等力量，组织中小企业参会参观，也要发挥产业领军企业、产业链链主企业等多元市场主体的作用，为中小企业对接国际前沿提供更多的机会。

二是在更好推动服务业实现高质量发展方面发挥作用。服务业是产业经济的重要组成部分。近年来我国在推动服务业对外开放方面取得了重要成就，进博会上也有专门的服务贸易展区。今后，要在通过进博会平台吸引国际先进服务商参展的同时，积极引入先进的服务理念、技术和管理模式，提高服务业的专业化和标准化水平。并且，要鼓励服务业通过进博会更好地了解、把握数字化、智能化发展趋势和机遇，在推进服务业数字化转型的过程中不断提高服务效率、扩大服务范围、深化服务内容。

三是在更好促进国内区域产业联动与协调发展方面发挥作用。地区经济发展不平衡是我国的基本国情。在构建"一带一路""长江经济带"的背景下，中西部地区迎来了良好的发展机遇，诸多优质的产业资源和要素禀赋也为这些地区带来了巨大的发展潜力。每届进博会都能吸引大量来自中西部地区的企业，为之提供接触世界、提升自我的机会。今后，可以利用进博会这一平台及各种相关论坛，为世界知名企业接触中西部地区企业，发现合作与投资机会，同时了解中西部地区的发展基础和营商环境，树立投资信心提供更大支持。

四是进一步做优做大进博会在产业领域的衍生发展载体。进博会本身是一个汇聚优质资源的平台，利用其"溢出效应"构建衍生发展载体，对产业发展形成直接的推动作用。目前，进博会主会场所在的新虹街道积极承接

进博会"溢出效应",吸引了诸多优质企业入驻,并初步形成了以新能源等为代表的产业集聚。今后,可以进一步利用这一空间载体促进产业集聚,并通过链式发展向外拓展衍生,使进博会所具有的规模经济和范围经济优势得到更好发挥。

参考文献

刘阳、冯阔、俞峰:《新发展格局下中国产业链高质量发展面临的困境及对策》,《国际贸易》2022年第9期。

吴唱唱、张辉:《以高水平对外开放推动构建新发展格局——中国进口贸易发展视角》,《中共中央党校(国家行政学院)学报》2023年第2期。

夏杰长:《中国式现代化视域下实体经济的高质量发展》,《改革》2022年第10期。

B.7
中国国际进口博览会引领
贸易促进平台高质量发展

赵京桥*

摘　要： 本文全面梳理了中国贸易促进平台的发展历程，分析了包括中国国际进口博览会、中国进出口商品交易会、中国国际服务贸易交易会等在内主要贸易促进平台的贸易促进情况，总结了五届中国国际进口博览会高质量发展实践经验，并提出了推进贸易促进平台高质量发展的建议，包括加强贸易促进平台服务国家战略能力、完善贸易促进平台体系的协同机制等。

关键词： 中国国际进口博览会　贸易促进平台　高质量发展

　　贸易促进平台是中国对外开放的重要窗口、促进贸易增长的重要抓手和国际经贸交流合作的重要平台。以中国进出口商品交易会为代表的贸易促进平台在中国由贸易小国成长为贸易大国的历史进程中做出了重要贡献。在全面建设社会主义现代化国家的新征程上，党的二十大明确了"高质量发展是全面建设社会主义现代化国家的首要任务"，进一步强调了要"推进高水平对外开放"，"加快建设贸易强国"。而优化贸易促进平台，推进贸易促进平台高质量发展是实现贸易高质量发展、加快建设贸易强国的重要任务之一。《中共中央　国务院关于推进贸易高质量发展的指导意见》明确提出要

　＊　赵京桥，经济学博士，中国社会科学院财经战略研究院创新工程执行研究员，服务经济与餐饮产业研究中心执行主任，主要研究方向为服务经济、电子商务等。

"推进贸易促进平台建设"，更好发挥对贸易的支撑作用，推进贸易高质量发展。近年来，在传统贸易促进平台加快转型升级、推进高质量发展的同时，以中国国际进口博览会（以下简称"进博会"）为代表的着眼于推进新一轮高水平对外开放的新兴贸易促进平台，在理念、组织、品牌、模式、科技等多个方面践行高质量发展，成为引领贸易促进平台高质量发展的旗帜。

一　中国贸易促进平台发展概况

（一）中国主要贸易促进平台发展历程

中国贸易促进平台的发展始于20世纪50年代。为了打破封锁、发展对外贸易、实现出口创汇，以出口为导向的中国出口商品交易会（现中国进出口商品交易会，以下简称"广交会"）于1957年在广州落地生根，成为中国最早的国家级贸易促进平台。

改革开放后，贸易促进平台的对外贸易窗口作用日益凸显，广交会利用先发优势继续发挥着重要的出口促进作用。同时，区域经济的开放发展和产业开放水平的提升带来更多贸易促进平台需求，中国对苏联、东欧国家经济贸易洽谈会（2006年更名为中国·哈尔滨国际经济贸易洽谈会，以下简称"哈洽会"，2013年开始在此基础上升格举办中国-俄罗斯博览会，以下简称"中俄博览会"）、中国华东进出口商品交易会（以下简称"华交会"）、中国昆明进出口商品交易会（以下简称"昆交会"）和中国义乌小商品博览会（现中国义乌国际小商品博览会，以下简称"义博会"）在国家支持下分别在1990年、1991年、1995年和1995年开幕，并持续举办，在推动我国东北地区、华东地区、西南地区对外贸易和轻工业产品出口增长中发挥了重要作用；在实施西部大开发战略、振兴东北老工业基地战略和中部崛起战略后，中国西部国际博览会（以下简称"西博会"）、中国吉林·东北亚投资贸易博览会（以下简称"东北亚博览会"）、中国中部投资贸易博览会

（以下简称"中部博览会"）作为重要国家战略实施平台和经贸促进平台分别在 2000 年、2005 年和 2006 年开幕，对推动中西部地区和东北地区发展具有重要的作用；为推动中国-东盟自贸区建设和发展，由国务院前总理温家宝倡议，从 2004 年起每年，中国和东盟 10 国经贸主管部门及东盟秘书处在中国南宁共同举办中国-东盟博览会（以下简称"东博会"）。到"十一五"末，以广交会、哈洽会、华交会、昆交会、西博会、东博会、东北亚博览会和中部博览会为主体，中国已基本形成覆盖东、中、西部地区的贸易促进平台体系。

"十二五"以来，随着中国成为全球第一大货物贸易国，我国开放型经济发展进入新阶段，从党的十八大提出"全面提高开放型经济水平"，"实行更加积极主动的开放战略，完善互利共赢、多元平衡、安全高效的开放型经济体系"，到习近平主席提出"一带一路"倡议，再到党的十九大提出"发展更高层次的开放型经济"，"推动形成全面开放新格局"，"推动构建人类命运共同体"，中国开放型经济发展目标更加注重全面发展、平衡发展、安全发展和高质量发展。由此，对贸易促进平台提出了更加多元化的任务和要求。以进博会、中国国际服务贸易交易会（以下简称"服贸会"）以及"一带一路"系列经贸促进平台为代表的新兴贸易促进平台的发展，进一步完善了我国原有出口导向型和货物贸易为主的贸易促进平台体系，成为向世界开放中国市场的重要窗口，成为中国促进"一带一路"经贸发展、增强与共建"一带一路"国家交流的纽带，成为推动人类命运共同体建设的重要公共产品。同时，以广交会为代表的传统贸易促进平台也加快升级，进一步扩大中国商品影响力，巩固和扩展全球市场份额，推动中国从贸易大国走向贸易强国。

当前，中国已经形成包括广交会、华交会、义博会在内的以出口为主导的三大货物贸易促进平台；包括进博会在内的以进口为主导的综合贸易促进平台；包括服贸会在内的服务贸易促进平台；以及西博会、东博会、东北亚博览会、中部博览会、中国-亚欧博览会（新疆乌鲁木齐）、中国-南亚博览会（云南昆明）、中国-阿拉伯国家博览会（宁夏银川）、中俄博览会（黑龙江哈尔滨）、中国-蒙古国博览会（内蒙古呼和浩特）、中国-非洲经贸博览会（湖

南长沙）、中国-中东欧国家博览会（浙江宁波）11 个以"一带一路"为主的区域经贸促进平台。这些平台既有历史悠久的广交会、华交会等，又有新鲜出炉的进博会、中国-非洲经贸博览会等，以及在地方贸易促进平台基础上升级而来的博览会，共同构成新时代开放型经济发展战略的贸易促进平台梯队（见表 1）。

表 1　中国主要贸易促进平台

平台类别	全称	简称	设立时间	举办频次	举办城市
进口贸易促进平台	中国国际进口博览会	进博会	2018 年	一年一次	上海
货物贸易促进平台	中国进出口商品交易会①	广交会	1957 年	一年两次	广州
	中国华东进出口商品交易会	华交会	1991 年	一年一次	上海
	中国义乌国际小商品博览会	义博会	1995 年	一年一次	义乌
服务贸易促进平台	中国国际服务贸易交易会	服贸会	2012 年	一年一次	北京
区域经贸促进平台	中国西部国际博览会	西博会	2000 年	一年一次	成都
	中国-东盟博览会	东博会	2004 年	一年一次	南宁
	中国吉林·东北亚投资贸易博览会	东北亚博览会	2005 年	一年一次	长春
	中国中部投资贸易博览会②	中部博览会	2006 年	两年一次	中部城市轮流举办
	中国-亚欧博览会③	中国亚欧博览会	2011 年	两年一次	乌鲁木齐
	中国-南亚博览会④	南博会	2013 年	一年一次	昆明
	中国-阿拉伯国家博览会⑤	中阿博览会	2013 年	两年一次	银川
	中国-俄罗斯博览会⑥	中俄博览会	2014 年	一年一次	中国哈尔滨和俄罗斯叶卡捷琳堡轮流举办
	中国-蒙古国博览会	中蒙博览会	2015 年	两年一次	呼和浩特

平台类别	全称	简称	设立时间	举办频次	举办城市
区域经贸促进平台	中国－非洲经贸博览会	中非经贸博览会	2019 年	两年一次	长沙
	中国－中东欧国家博览会	中东欧博览会	2019 年	两年一次	宁波

注：①2007 年广交会由中国出口商品交易会更名为中国进出口商品交易会。

②中部博览会 2014 年开始改为两年举办一次。

③中国亚欧博览会是在乌鲁木齐对外经济贸易洽谈会基础上升格举办，2014 年开始改为两年举办一次。

④南博会是在南亚国家商品展基础上升格，与昆交会共同举办。

⑤中阿博览会是在中国（宁夏）国际投资贸易洽谈会暨中国·阿拉伯国家经贸论坛的基础上升格举办。

⑥中俄博览会是在 1990 年开始的哈洽会基础上举办。

资料来源：根据公开资料整理。

（二）中国国际进口博览会

进博会是由商务部和上海市人民政府主办的以进口贸易为主题的贸易促进平台，并专设中国国际进口博览局负责进博会的组织招展和招商等工作，是全球首个以促进进口贸易为目标的国家级博览会。

举办进博会是在美国高举单边主义、美国优先旗帜的背景下，中国着眼于推动新一轮高水平对外开放的重大决策；是中国秉承开放、共享、合作、共赢的开放理念，坚定支持经济全球化、多边主义，主动向世界开放市场的重要举措，坚持扩大开放的政策宣示；是推动全球包容互惠发展的公共产品，构建人类命运共同体的中国方案，展现了中国作为负责任贸易大国的宽广胸怀；是通过引进境外先进工业品和高品质消费品，有力推动中国经济高质量发展，有效推动中国供给侧结构性改革，更好地满足人民美好生活的需要。

从 2018 年 11 月开始到 2022 年底，尽管受到新冠疫情等影响，但进博会已经成功克服并高质量举办了五届，在国际贸易、投资促进、人文交流、开放合作上发挥了重要作用，受到了越来越多的国家、地区、国际组织和企业的关注。五届进博会累计意向成交额近 3500 亿美元，约 2000 个首发首展商品亮相，① 平均展览面积在 36 万平方米左右，累计参展企业超过 1.6 万家，其中世界 500 强企业和行业龙头企业在第五届进博会的参展数量达到284 家（见表 2）。为了帮助不发达国家发展，真正发挥进博会全球公共产品功能，历届进博会都会邀请不发达国家免费参展。其中，第五届进博会进一步加大了对最不发达国家企业的参展支持力度，邀请了 32 个最不发达国家参展，提供 104 个免费展位，较往届增加一倍。

为了增强进博会的溢出效应、带动效应，上海市规划建设了集保税展示、商品交易、物流仓储、通关服务于一体的虹桥商品交易中心，形成常态化的进口商品展示和交易中心，并加强与各地方合作，带动全国进口商品的展示和贸易发展。

表 2 五届进博会展贸情况

届次	主旨演讲主题	展览面积（平方米）	意向成交额（亿美元）	参展国家、地区和组织（个）	参展企业（家）	专业采购商（个）
第一届	共建创新包容的开放型世界经济	30 万+	578.3	172+	3600+	40 万+
第二届	开放合作 命运与共	36 万+	711.3	180+	3800+	50 万+
第三届	开放创造机遇，合作破解难题	39 万+	726	150+	3600+	40 万+
第四届	让开放的春风温暖世界	36.6 万+	707.2	127+（61 个线上参展）	2900+	35 万+
第五届	共创开放繁荣的美好未来	36 万+	735.2	145+（69 个线上参展）	2800+	35 万+

资料来源：根据进博会官方资料整理。

（三）中国进出口商品交易会

广交会是当前中国历史最长、规模最大、商品种类最全、到会采购商最

---

① 《汇合作之力 谋共享之福——中国国际进口博览会五年答卷》，http：//www.news.cn/world/2022-11/10/c_ 1129119150.htm，最后访问日期：2023 年 8 月 18 日。

多且分布国别地区最广、成交效果最好、全球影响力最大的综合性贸易促进平台。自 1957 年举办首届广交会以来，广交会每年春季和秋季各举办一次，到 2023 年上半年已经成功举办 133 届（其中由于疫情影响，127~132 届均采取线上办展），参展面积已经超过 150 万平方米，累计采购商超过 1000 万人，累计成交额超过 1.5 万亿美元。从疫情前广交会成交额和采购商情况来看，2011 年以来，美元计价成交额呈现下降趋稳的走势，2019 年达到 590.18 亿美元，略降 1.5%，采购商数量在"十三五"期间回暖，但在 2019 年趋降，同比下降 3%（见图 1、图 2）。

在当前国际政治经济形势复杂严峻的背景下，广交会是中国外贸发展风向标、稳定外贸发展的重要定心丸，也是中国外贸高质量发展的试金石。尽管成交额和采购商规模承压，但是成交结构和采购商结构更加优化，体现出广交会作为中国第一贸易促进平台的强大引导力和市场开拓力。近年来，广交会紧抓高质量发展主线，充分发挥贸易促进平台的引领作用。一是引导企业加大人才引进和研发投入力度，鼓励企业在广交会上发布首发创新产品，提高产品附加值，引领市场发展。二是引导企业加大质量管理力度，鼓励开发符合国际发展趋势的绿色生产和绿色商品。三是引导企业从 OEM 向 ODM 和 OBM① 发展，通过注重产品设计、品牌营销环节，提高企业在全球价值链中的地位。成交数据显示品牌商品更具国际竞争力，2019 年展位数占展位总数 20% 的品牌展区成交额占总成交额的 31.57%。同时，广交会积极响应"一带一路"倡议，加大新兴市场开拓力度，进一步拓展多元化市场，优化国际市场布局，充分发挥贸易促进平台的市场开拓作用。2019 年，广交会新采购商到会保持稳定，新到会人数 74722 人，占比 40.17%；"一带一路"沿线国家采购商到会稳中向好，占到会总人数的 45.93%，同比提高 1.37 个百分点，对"一带一路"沿线国家出口增长较快，出口成交额达 110.56 亿美元，同比增长 14.81%，占比 37.75%。四是加快建设数字广交会。受到疫情影响，从 2020 年到 2022 年的六届广交会均采用了线上展览模式。广交会在近几年加快

① OEM 指原始设备制造，ODM 指原始设计制造，OBM 指原始品牌制造。

了 5G、云计算、大数据、人工智能、物联网、虚拟现实（VR）、增强现实（AR）等数字技术应用，为全球进出口商提供便捷的数字贸易服务。

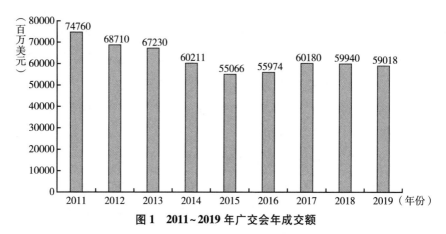

图 1　2011~2019 年广交会年成交额

资料来源：《历届出口成交额统计》，https：// www. cantonfair. org. cn/zh－CN/custom Pages/about#6-3，最后访问日期：2023 年 9 月 8 日。

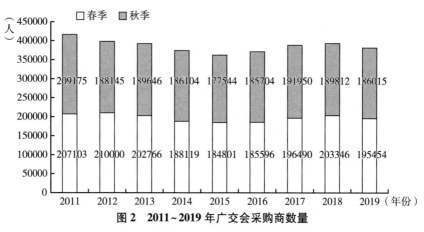

图 2　2011~2019 年广交会采购商数量

资料来源：《历届采购商到会统计》，https://www.cantonfair.org.cn/zh-CN/custom Pages/about#6-2，最后访问日期：2023 年 9 月 8 日。

此外，商务部推出的"广交会扶贫"精准扶贫政策，架起了脱贫地区产业和世界市场沟通的桥梁，使流通天堑变通途，解决了脱贫地区因信息闭塞导致的市场隔绝问题，激发了脱贫地区人民主观能动性和产业发展活力，为脱贫地区人民和产业提供了向世界展示自己的平台，保障了脱贫地区产业长期可持续发展，体现了广交会对推动包容性发展的重要作用。

（四）中国国际服务贸易交易会

服贸会是由商务部和北京市人民政府共同举办的全球唯一一个国家级、国际性、综合型服务贸易促进平台。服务贸易是国际贸易的重要组成部分，在全球贸易中发挥着越来越重要的作用。尽管中国在"十一五"末已经成为全球货物贸易大国，但服务贸易相比货物贸易发展仍有较大差距，长期存在贸易逆差。为了推动服务贸易发展，更好发挥服务贸易在构建新发展格局、提高开放型经济水平中的重要作用，中国政府决定于 2012 年开始举办中国（北京）国际服务贸易交易会，并在 2019 年更名为中国国际服务贸易交易会。到 2022 年底，服贸会已经连续举办 10 届，展览面积从最初的 5 万平方米扩大到超过 15 万平方米，意向成交额从最初的 600 亿美元左右增长到超过 1000 亿美元，累计实现意向成交额超过 8000 亿美元，取得丰硕成果，为促进中国服务贸易发展做出了重要贡献（见表3）。2012 年以来，中国服务贸易进出口规模年均增长 6.1%，高出全球增速 3.1 个百分点；2022 年中国服务贸易进出口总额达 59801.9 亿元，中国连续 8 年成为全球服务贸易第二大国。

表3 2019~2022 年中国国际服务贸易交易会概况

年份	主题	展览面积（平方米）	意向成交额（亿美元）	参展国家、地区和组织（个）	参展企业（家）
2019	开放、创新、智慧、融合	16.5 万	1050.6	158	8000+
2020	全球服务，互惠共享	线下11万(线上展台5372个)	—	148	5900+
2021	数字开启未来,服务促进发展	线下13万(线上展台5745个)	超过上届	153	12000+
2022	服务合作促发展 绿色创新迎未来	15.2 万	超过上届	71	11000+

资料来源：根据中国国际服务贸易交易会官方资料整理。

（五）"一带一路"经贸促进平台

2013年，中国国家主席习近平提出了建设"丝绸之路经济带"和"21世纪海上丝绸之路"的合作倡议。在"一带一路"倡议指引下，为增进与共建"一带一路"国家的经贸关系、促进共建"一带一路"国家贸易发展，南博会、中阿博览会、中俄博览会、中蒙博览会、中非经贸博览会、中东欧博览会在过去10年里相继开幕并持续举办。这些商务部与地方政府联合主办的贸易促进平台，既充分发挥了"一带一路"倡议的顶层设计作用，又充分利用了地方政府与共建"一带一路"国家合作的产业、历史、文化优势，通过汇聚中国和共建"一带一路"国家的品牌资源、企业资源、渠道资源和消费市场，共同促进共建"一带一路"国家繁荣发展。

1. 中国-非洲经贸博览会

中非经贸博览会是由商务部和湖南省人民政府共同主办的经贸促进平台，长期落户湖南，每两年举办一届。该博览会是落实习近平主席在2018年中非合作论坛北京峰会上宣布的中非合作"八大行动"的重要举措，是中国对非经贸合作的新窗口、新平台。首届博览会于2019年6月27~29日在长沙举办，聚焦贸易、农业、投融资、合作园区、基础设施等领域，组委会设立非洲国家展区、中非经贸合作成果展区、合作案例方案展区、中国省区市展区、中国企业展区、网上博览会等八大展览展示区。非洲的53个建交国均设立了独立展馆场，联合国工发组织、世界贸易组织等10余个国际组织和机构参加了首届博览会。第二届博览会在2021年成功举办，由于受到疫情影响采取了线上线下结合的办展模式，在线下9万平方米展览的基础上，推出云上博览会平台，打造"云会议、云博览、云交易"，方便合作和贸易洽谈，博览会累计签约项目金额229亿美元。此外，通过中非合作，湖南已经设立了可可、咖啡、坚果三大交易中心，推动了非洲咖啡、芝麻、天然橡胶、木材、鲜花等非资源性产品进口。

2009年以来，中国连续成为非洲第一大贸易伙伴国。海关数据显示，

2015 年和 2016 年,中非贸易额因美元计价进口贸易额大幅下降而出现了较大幅度的负增长,2017 年开始恢复较快增长,2018 年已经重新回到 2000 亿美元,同比增长 20.3%;但受到疫情影响,2020 年中非贸易额下滑了10.4%,尤其是进口额下滑了 23.9%;2021 年,中非贸易额急剧反弹并创出新高,达到 2542.00 亿美元,同比增长 35.9%(见图 3、图 4、图 5)。尽

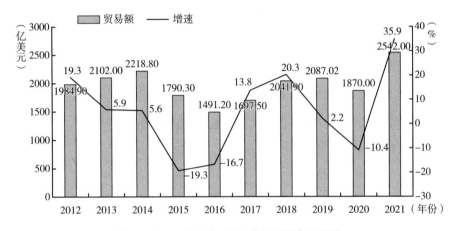

图 3　2012~2021 年中国-非洲贸易额及增速

资料来源:海关总署及商务部公布数据。

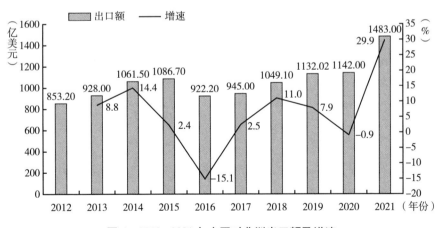

图 4　2012~2021 年中国对非洲出口额及增速

资料来源:海关总署及商务部公布数据。

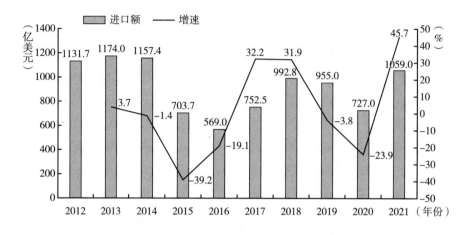

图5　2012~2021年中国自非洲进口额及增速

资料来源：海关总署及商务部公布数据。

管中非贸易额在中国整体对外贸易中占比并不高，约占4.2%，但中非贸易具有重要的战略意义，而且非洲的资源与市场和中国的制造和市场具有良好的互补性。中非经贸博览会的设立和开展，对于增强中非之间的沟通交流，稳定和推动中非贸易增长具有重要意义。

2. 中国-俄罗斯博览会

中俄博览会是由商务部、黑龙江省人民政府、俄罗斯联邦工业和贸易部、俄罗斯联邦经济发展部联合主办，两国轮流举办的国际性大型经贸博览会，是中俄两国共同举办的级别最高、规模最大的博览会。2013年，中俄两国总理商定在"中国·哈尔滨国际经济贸易洽谈会"基础上举办"中国-俄罗斯博览会"，这是哈洽会的一次升级，见证了中俄经贸关系的发展（见图6）。前两届中俄博览会均在中国哈尔滨举办。从第三届开始，中俄博览会由中国、俄罗斯两国轮流举办，中国方面举办城市永久性定为哈尔滨市。第三届、第五届中俄博览会在俄罗斯叶卡捷琳堡举行。在哈尔滨举办的第六届中俄博览会吸引来自亚洲、欧洲、非洲、北美洲、南美洲、大洋洲六大洲74个国家和地区的客商参展参会，参展企业 1764 家，注册中外客商 2.3 万人，进馆观众 23.4 万人次，影响力日益扩大。第七届中俄博览会于 2023 年 7 月在俄罗斯举行。

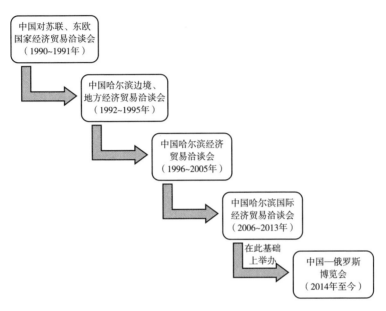

图 6　中国−俄罗斯博览会的历史沿革

总体来看，建立贸易促进平台是中国促进货物和服务贸易发展，推进区域发展和开放，加强双边和多边经贸合作与人文交流的重要实践经验。从广交会到进博会，从单平台到形成平台梯队体系，从货物到服务，从单一功能到综合发展，从中国窗口到全球公共产品，贸易促进平台的发展充分体现了中国开放型经济发展水平的提高。同时应看到，相对于高水平对外开放和贸易强国的发展要求，贸易促进平台还要进一步加强自身平台建设，提高贸易促进能力，增强平台的溢出效应和带动效应。

二　进博会高质量发展的实践经验

创设于 2018 年的进博会由国家主席习近平亲自谋划、亲自提出、亲自部署、亲自推动，是我国着眼于推动新时代高水平对外开放的重大决策，是

中国主动向世界开放市场的重要举措，是中国推动建设开放型世界经济、支持经济全球化的务实行动。进博会围绕着"要办出水平，办出成效，越办越好"的要求在办会理念、品牌建设、模式创新、数字赋能、生态服务、制度规范等方面引领贸易促进平台高质量发展。

（一）办会理念

办会理念决定了贸易促进平台的战略高度、发展方向和功能设置。国家级贸易促进平台的办会理念要体现国家发展理念、开放目标和战略需要，必须与国家发展实际紧密结合。从中国贸易促进平台的发展历程来看，在国家发展的不同时期，贸易促进平台的设立和发展在落实出口创汇、承接国际产业转移、实施西部大开发、振兴东北和中部崛起等国家战略及共建"一带一路"中都发挥了重要作用。进博会坚持以"创新、协调、绿色、开放、共享"新发展理念和构建人类命运共同体理念为指引。进博会的设立和发展是"创新、协调、绿色、开放、共享"新发展理念的具体实践，对构建新发展格局、建设更高水平开放型经济、促进贸易高质量发展、推动贸易强国建设具有重要作用。

随着经济、贸易的发展，中国的综合国力不断增强，国际社会影响力不断扩大，加速步入世界舞台的中央，中华民族复兴步伐正在加快。这也意味着中国在国际社会中的责任更加重大。2013 年 3 月，习近平主席首次提出构建人类命运共同体重大理念，并在出席博鳌亚洲论坛 2015 年年会时提出了"通过迈向亚洲命运共同体，推动建设人类命运共同体"的倡议。进博会正是"推动建设人类命运共同体"这个宏伟理念的具体实践，中国把超大规模市场开放给全球，为全球提供高质量的公共产品，与致力于构建人类命运共同体的全球伙伴共享发展机遇。

（二）品牌建设

进博会作为拥有全球愿景的国家级贸易促进平台，肩负着新时代中国对外国家形象塑造、中国发展理念和政策宣传的使命，要吸引更多国家参与进博会，共同构建人类命运共同体。同时，作为专业化、市场化运作的新兴国家级平台，要树立国际一流的会展服务品牌，不断扩大品牌影响力，以此吸引更多全球优秀企业、优质资源和产品进入中国。因此，进博会在创办和发展过程中都非常重视自身品牌建设。一方面，精心设计发布了进博会主题——"新时代 共享未来"（"New Era Shared Future"），标识和吉祥物——"进宝"；另一方面，加大进博会品牌保护力度，中国国际进口博览局已向国家知识产权局申请注册商标，完成著作权登记和海关知识产权备案，受到法律保护，并发布了《关于规范使用中国国际进口博览会标志的规定》，对进博会标志合法合规使用进行了规定。

在品牌宣传和传播上，进博会积极利用境内外媒体、传统和新媒体进行全方位宣传。5 年来，关于进博会的曝光总量[①]超百亿次，传播热度极高；央媒新闻宣传强势刷屏，海外传播热度持续提高，共同提升了进博会的国内外传播影响力。此外，为了加大进博会品牌宣传力度，总结进博会五年发展成果，第五届进博会设立了进博文化展示中心，展览面积约 1600 平方米，由序厅、五大主题篇章、尾厅共七个部分组成。围绕进博会"新时代 共享未来"主题，综合运用 260 余张图片、150 余件实物展品、5 组实景沙盘和多组大型多媒体互动展项，全方位讲述进博会的功能定位、筹办过程、亮点特色、成效意义以及产生的深远影响。

（三）模式创新

政府搭台、企业唱戏的政府与市场相结合模式是中国发展贸易促进平台的重要经验。作为商务部和上海市人民政府共同主办的国家级贸易促进平台，进博会充分发挥中国制度和政治优势，在发展中不断践行、巩固和完善"政府引导、市场运作、企业经营"模式，坚持综合展、专业办，在政府的发展理念、发展战略、发展规划指引下，在政府信用、协调组织、政策和公共服务保障的支持下，充分发挥市场在资源配置中的决定性作用，充分调动

---

① 曝光总量含新闻资讯客户端浏览量、微信微博阅读量、抖音快手播放量等数据。

企业办展、参展积极性，增强进博会市场化运营能力，不断提高专业化和国际化水平。[①]

"政府引导、市场运作、企业经营"模式的高效运行，离不开进博会"部市"和"政事企"组织协调机制。在进博会筹备委员会成功完成首届进博会举办的历史任务后，2019年，在党中央、国务院领导下，37个中央部委、局、办和上海市人民政府共同成立中国国际进口博览会组委会，统一领导进博会筹备工作，研究协调筹办工作中的重大事项，国务院副总理任组委会主任。组委会办公室设在商务部，下设综合、业务、外事、宣传、安保、卫生防疫等多个功能组，其中综合组即为组委会办公室秘书处，负责研究提出进博会总体方案及实施方案，协调落实筹办工作中的重大事项，督促推动各部门、各地方的筹办及参展事务，落实有关国家、地区和国际组织参展参会邀请等工作。为强化进博会运行期间的统一领导和指挥，统筹协调各方资源和力量，每届进博会均成立执行委员会，由中央部委和上海市主要领导担任组长，实行双组长负责制，保证部市统一协调。

进博会具体承办由2017年成立的中国国际进口博览局（商务部直属公益二类事业单位）和国家会展中心（上海）有限公司负责，形成了政事企承办协调机制。其中，中国国际进口博览局牵头落实进博会实施方案，承担具体组展和招商工作，参与进博会期间重要会议论坛的组织工作以及负责国家展区布展等工作；国家会展中心（上海）有限公司承担进博会招展、招商、布展、现场组织、管理服务等具体工作。

（四）数字赋能

进博会是诞生于数字时代的贸易促进平台，在展览、服务、管理上积极推进大数据、人工智能、物联网、云计算等新兴数字技术应用，打造"数字进博会"，推动线上线下融合。特别是新冠疫情对线下办展带来的挑战加

[①] 《中国特色办展模式的创新实践——进博会越办越好的经验与思考》，《经济日报》2022年11月11日。

快了进博会的数字化发展。

在展览方面，大力推进数字赋能，提高进博会数字展览和数字贸易促进能力。一方面，进博会持续优化国家展线上展示，强化交互体验，提升展示效果。在第四届进博会首次开启的线上国家展中，共有 58 个国家和 3 个国际组织参与了线上展示，第五届参与国家增加到了 66 个，线上展示可以更加广泛、便利地触达全球观众，受到了越来越多的国家、地区和国际组织重视。另一方面，进博会加强数字商务平台和数据库建设，深化企业商业展数字赋能，做强云端展示、发布、直播、洽谈四大核心功能，充分挖掘数据价值，提升供需对接的精准性，促进展客商精准匹配，提高数字贸易促进能力。

在服务方面，利用数字技术提高服务数字化、移动化水平。一方面，进博会以网上展厅、移动端 App 和微信小程序为阵地，提高数字化服务水平。发挥云对接、云推介工作成效，促进精准招展招商，探索企业展常年线上展示，研究充实网上展厅功能，常态化展示进博会相关展品，促进线上对接洽谈，推动展品变商品。另一方面，上海市积极利用数字技术赋能城市服务。上海市大数据中心依托"随申办"搭建"进博随申"服务专栏，为参展商和观众提供找展商、订美食、看展馆、寻车位、查活动、选交通、追新闻、云看展、兜上海等信息服务，服务好进博会参展商和观众。①

在管理方面，大力应用数字监管技术，提高参展商、观众和参展商品的管理水平。一方面，建立数字化参展人员管理系统。特别是在疫情常态化防控期间，上海依托大数据资源能力开展防疫信息数据核验，为进博会提供健康码、核酸检测、疫苗接种三类防疫信息数据比对资源接口，与此同时，联动中国国际进口博览局、市公安局、市卫生健康委等，全量比对中国国际进口博览局提供的参展人员注册信息以及反馈信息后加以判断制证。另一方面，上海在推进无纸化通关的同时，积极引入大数据监管手段，升级自主开发的"跨境贸易管理大数据平台"功能、细化巡馆 App 的应用，同时探索

---

① 《数字化服务为第四届进博会赋能——第四届进博会倒计时 30 天》，《光明日报》2021 年 10 月 6 日。

在展品监管中应用 VR 眼镜、射频定位识别（RFID）等新技术，完善数字化、智能化、便利化、集约化监管模式。①

（五）制度规范

进博会永久落户上海是国家交给上海的重要任务。为了服务办好进博会，上海市根据有关法律、行政法规制定了《上海市服务办好中国国际进口博览会条例》（以下简称《进博会条例》），并于 2022 年 10 月 1 日开始实施。②

《进博会条例》包括五章四十条，规定了上海市人民政府、部分区人民政府、市商务部门等在服务办好进博会工作中的职责和财政经费安排；明确了上海市支持办展办会的措施，包括配合承办单位做好招展工作、布展规划，协同做好虹桥国际经济论坛组织工作和上海市采购商的组织协调工作等；要求在办展办会中，践行绿色低碳理念，遵循减量化、再利用和再循环的原则，推动进博会实现碳中和，推进数字化赋能进博会。在服务与保障方面，要求按国家规定为进博会相关人员和交通工具提供便利化服务，动员社会各方力量，组织志愿者为进博会提供志愿服务，上海市人民政府各部门要在城市交通、城市能源、通信网络、公共卫生、应急管理、城市绿化、安全保障、法律服务等方面做好城市服务保障工作。此外，还特别强调了要"加强进口博览会的知识产权保护，推动全球新产品、新服务、新技术在进口博览会首发、首展"；要发挥进博会贸易和投资促进作用，促进上海市贸易发展和产业发展，助力上海国际消费中心城市和国际会展之都建设，为长三角地区对接国际市场提供渠道和服务，推动更高水平国际合作，助力构建更深层次对外开放格局。

《进博会条例》的制定和实施为进博会部市协调机制高效运行，确保办展办会服务的高质量提供和更好发挥进博会的带动和溢出效应提供了制度保障。

---

① 《数字化赋能进博会"越办越好"》，《文汇报》2021 年 10 月 5 日。
② 《上海市服务办好中国国际进口博览会条例》，《解放日报》2022 年 9 月 30 日。

三　推动贸易促进平台高质量发展的建议

党的二十大明确了"高质量发展是全面建设社会主义现代化国家的首要任务"。在全面建设社会主义现代化国家的新征程上，要以构建人类命运体为长期发展目标，以"创新、协调、绿色、开放、共享"新发展理念为指引，围绕高水平对外开放和贸易强国建设，推进贸易促进平台高质量发展，不断完善贸易促进平台体系。

（一）加强贸易促进平台服务国家战略能力

贸易促进平台的国家和政府属性是中国贸易促进平台的重要特色，"政府搭台，企业唱戏"模式是中国贸易促进平台建设的重要经验。中国贸易促进平台往往代表着重要的政府引导方向和发展战略。因此，要加强党和政府对贸易促进平台的领导，更好发挥政府引导作用，使各级、各类贸易促进平台可以更好地服务国家发展战略。

（二）完善贸易促进平台体系的协同机制

贸易促进平台之间的合理竞争可以促进平台发展、提高服务质量，但过度竞争会造成国家资源浪费，削弱贸易促进作用。为最大化发挥贸易促进平台的作用，应建立跨部门、跨省市的贸易促进平台协同机制，推动形成各大平台间的合力。协同机制包括但不限于全国贸易促进平台的发展规划、分工协调、发展交流，以及信息、资源共享机制，贸易促进平台与外贸集聚区和贸易公共服务平台间的信息交互和合作机制。

（三）建立发挥贸易促进平台溢出和带动效应的长效机制

一要重视在线平台建设，突破线下平台的时间和空间限制，建设永不落幕的博览会，扩大贸易促进平台的影响力，延续贸易促进平台的展贸功能。二要加强出口导向贸易促进平台和国内产业集聚区、外贸集聚区的合作，实

现以展带贸、以贸带产的良性带动机制。三要加强进博会和地方政府合作，推动进博会向全国发展，满足人民对高品质产品的需求。四要加强进博会和国内企业的合作，拓展国内渠道服务商，实现进口展贸产品的商业化落地。

（四）积极发展"一带一路"境外贸易促进平台

应在现有国内贸易促进平台基础上，建立轮流举办机制或跨境主办机制，推动现有贸易促进平台"走出去"，在共建"一带一路"国家培育建设具有全球影响力的贸易促进平台。

（五）大力推进贸易促进平台数字化发展

从当前贸易促进平台的发展来看，平台数字化和贸易促进常态化是重要的发展特点和趋势。为了更好地适应数字经济时代的贸易交往，扩大贸易促进平台的网络影响力，打破时间和空间限制，增强平台的溢出和带动效应，一方面，要加强数字技术应用，发展数字展览平台和数字贸易平台，使数字展贸服务成为每个贸易促进平台的基础功能；另一方面，重视以数字技术推动商业创新、机制创新，进一步提高贸易促进平台的创新水平。

B.8
服务生态圈建设与进博会高质量发展

孙开钊*

摘　要： 进博会的高质量发展必须提供与之匹配的服务水平。高质量的服务是进博会"办出水平"的有力保障，而服务生态圈建设已成为有效提高服务供给质量的重要抓手。本文首先从理论上解释了服务生态圈与会展业互动发展的机理，并在描绘我国2022年会展服务生态圈发展的基础上，梳理了进博会服务生态圈的基本构成，介绍了其演进过程。最后，本文认为进博会要持续培育服务生态圈，实现创新链、产业链和服务链联动发展，通过服务生态圈治理和数字生态体系建设，推动服务生态圈实现自我良好循环、迭代与进化，进而助力进博会高质量的发展和核心竞争力的提升。

关键词： 进博会　服务生态圈　高质量发展

2022年是党的二十大胜利召开之年，是中国国际进口博览会（以下简称"进博会"）举办的第5年，也是新冠疫情影响持续发酵的一年。面对国内外宏观环境更加严峻、疫情影响日益加深、"三重压力"明显加大等多重超预期因素冲击，在党中央坚强领导下，我国高效统筹疫情防控和经济社会发展，出台实施稳经济一揽子政策和接续措施，部署稳住经济大盘工作，支持各地挖掘政策潜力，突出稳增长稳就业稳物价，推动经济企稳回升，在复杂多变

---

* 孙开钊，经济学博士，中国社会科学院财经战略研究院助理研究员，主要研究方向为商贸流通、供应链经济。

的环境中基本完成全年发展主要目标任务①。在此复杂背景下，第五届进博会的如期成功举办，不仅仅体现了中国致力加强国际合作、扩大开放的一贯决心，更展现了中国同世界分享市场机遇的初心和推动世界经济复苏的信心。

围绕习近平"越办越好"的总方针，各部门、各地方通力合作，积极稳妥应对各种挑战，保障了进博会的顺利召开。第五届进博会共有 145 个国家、地区和国际组织参展，展商数量超过上届，回头率近 90%，高于上届水平；意向成交金额实现 735.2 亿美元，比上届增长 3.9%；展示 438 项代表性首发新产品、新技术、新服务，超过上届水平；线上国家展共有 69 个国家亮相全新打造的数字展厅，各参展方借助沉浸式展示方式，全面展现其科技创新、文化艺术、投资环境等领域精彩内容②。

这些数据的背后体现了进博会的高质量发展，也表明展会的服务创新发展取得新成效。5 年来，进博会的服务生态圈正不断扩展和延伸，带动了我国上下游服务业尤其是会展服务业的发展，这对引领我国产业转型升级、构建新发展格局、保障经济稳中有进、实现高质量发展具有重要的意义。

一　服务生态圈与会展业的双向发展

（一）生态圈的概念和内涵

在自然界，生态圈的概念为人所熟知。生态圈也即生态系统，是指在自然界的一定空间内，生物与环境构成的统一整体，在这个统一整体中，生物与环境之间相互影响、相互制约，并在一定时期内处于相对稳定的动态平衡状态③。

---

① 《第十四届全国人民代表大会第一次会议关于政府工作报告的决议》，《中华人民共和国全国人民代表大会常务委员会公报》2023 年第 3 期。

② 田泓、罗珊珊：《第五届进博会按年计意向成交 735.2 亿美元比上届增长 3.9%》，《人民日报》2022 年 11 月 11 日，第 2 版。

③ 欧阳志云、王效科、苗鸿：《中国陆地生态系统服务功能及其生态经济价值的初步研究》，《生态学报》1999 年第 5 期。

生态圈是由存在于自然界一定范围或区域内并互相依存的一定种类的动物、植物、微生物及其生存环境共同组成的动态平衡系统。

（二）服务生态圈的界定和内涵

随着学科的交叉发展，"生态圈"的概念逐渐被引入社会领域。这一概念在 1993 年由美国学者詹姆斯·穆尔（James Moore）引入商业研究中，主要是指客户、供应商、生产商等具有一定利益关系的组织或群体相互竞争、相互合作，最终构成的一个动态的经济联合体。

而服务生态圈指各服务相关者为共同实现某个活动目标而组成的联合体。相关部门和企业都是服务生态圈中的某一元素，它们互相促进、互相合作，形成服务"合力"，共同推动某项活动的高质量发展。服务生态圈将引发商业模式、组织形态、服务方式等全方位的变革，一般而言，服务生态圈具有如下特点。

一是核心主导性。服务生态圈往往由一个或多个组织主导形成，然后嵌入不同类型的服务组织，寻找上下游产业链的相关服务企业一起合作，不断完善服务生态圈的功能。同时，核心组织要实现高效治理，维护生态圈平衡，增强生态圈凝聚力。

二是合作共赢性。服务生态圈的核心理念在于共生共荣，服务生态圈成员各自的价值是不可相互取代的，各方立足于自身的角色定位，平行、平等地基于同一平台进行合作[①]。每个成员之间都是合作伙伴、都是共同体，在能力对等、能力互补的基础上实现合作共赢。

三是联动性。一个服务生态圈的有序运行，依赖于多个参与方的良性互动。一个服务生态圈包含不同类型的服务部门或企业，它们的功能都不一样，这就需要组织间实现高度协同，只有这样才能保障服务生态圈的高效和有序运行。

[①] 康礼志、徐莹：《基于产业生态圈的企业培训生态圈构建》，《武汉冶金管理干部学院学报》2021 年第 4 期。

四是服务创新性。创新性就是新服务的研发能力，从生态圈的角度来看，就是不断培育新服务，这也是服务生态圈的价值所在。

（三）服务生态圈与会展业互动发展的机理

在万物互联的时代，服务业的发展方向正从产业链、供应链和价值链转变为更为复杂的生态圈。因此，服务生态圈既是新的服务组织形式，又是新的服务发展模式。以会展业为主导的服务生态圈正在不断形成和扩展，带动服务生态圈与会展业实现良性互动发展。

一方面，服务的发展越来越趋向于服务生态圈建设。围绕一个特定场景（如会展），如何打造一个合作共赢、高效迅速的服务供给体系是当前和未来一段时间需要关注的重点。这就涉及如何有效整合不同的企业、组织和部门，实现协同发展。构建服务生态圈，将有助于从整体上把握生态圈发展，保障高效的服务供给。

另一方面，会展业的发展对服务业的要求也越来越高。不仅在展中需要提供高质量服务，也需要在展前、展后以及线上全天候提供服务。这就要求与不同服务提供者建立长期稳定的伙伴关系。服务生态圈天然具有合作属性，能够使企业、政府及其他各类组织在功能上互相补充，在能力和作用上互相支持，进而形成一种"共生、协同、联动、共赢"的生态系统。

二　2022年我国会展服务生态圈的发展

经过多年的发展，我国会展业已从数量扩张阶段进入高质量发展阶段。会展业作为一个复合程度极高的综合性服务产业，带动了上下游诸多产业的发展，在不同层次和范围产生了不同的影响，形成了相应的生态圈，带动了区域、城市和行业内相关产业的发展。

（一）区域分布

虽受新冠疫情影响，展览数量和展览面积较疫情前均出现不同程度的下滑，但我国会展服务生态圈变化不大，基本保持了由以长三角为代表的华东地区和以珠三角为代表的华南地区引领的格局（见图1）。需重点指出的是，西南地区成为近几年会展业发展速度比较快的地区。

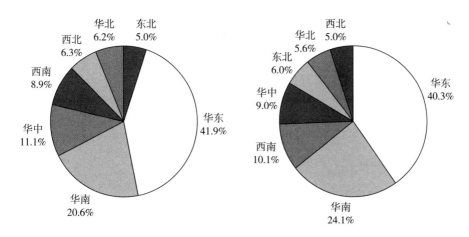

图1 2022年各区域展览数量占比（左）和展览面积占比（右）情况

资料来源：《中国展览经济发展报告（2022）》，https://exhibition.ccpit.org/cms/article/file/showFile？path＝Article/2023/06/03/10-46-1620267.pdf，最后访问日期：2023年9月11日。

（二）城市分布

从展览数量和展览面积看，上海和北京已难以保持疫情前领先的地位，深圳、广州和南京成为当前我国会展业发展新的领头羊，也是服务生态圈比较完善的城市。数据显示，2022年，深圳市展览面积为602万平方米，全国占比10.8%，较2021年同比上涨10.7%；广州市展览面积为447万平方米，占比8.0%，同比下降52.0%；南京市展览面积为371万平方米，占比6.7%，同比上涨44.0%[①]。此外，厦门市会展业表现亦非常优异。

---

① 《中国展览经济发展报告（2022）》，https://exhibition.ccpit.org/cms/article/file/showFile？path＝Article/2023/06/03/10-46-1620267.pdf，最后访问日期：2023年9月11日。

案例 1　厦门市会展业服务做法①

会展业作为战略性先导产业,是厦门市 12 条千亿产业链中旅游会展业的重要一环。在环境政策方面,厦门市委、市政府高度重视会展业发展,为进一步做大做强厦门市会展业,充分发挥会展活动的黏合、催化作用,厦门市召开了全市文化旅游会展推进大会,制定未来三年会展业发展规划,明确了将厦门建设成为"中国会展典范城市"和"国际会展名城"的目标。同时,对原有会展扶持政策进行全面的梳理和优化,推出了新版《厦门市关于进一步促进会议展览业发展的扶持意见》,形成了整套具备全国竞争力的政策保障体系。《厦门经济特区会展业促进条例》于 2021 年 3 月 1 日起正式实施,通过立法赋能,有力推动厦门市"国际会展名城"建设。另外,厦门市还出台了《关于加强厦门市会展业信用体系建设的若干意见(试行)》《厦门市会展业公共信用信息管理实施办法(试行)》,并印发了《厦门市会展业信用承诺制度》,为会展业高质量发展营造良好的营商环境。

厦门市以打造"国际会展名城"为目标,推动会展业高质量发展。

一是主动作为,大力推动会展快速复苏。厦门市经过细致评估和认真筹备,积极统筹疫情防控和会展复苏。一方面,通过召开协调会、现场检查、实行值班、启用"厦门会展码"等措施加强疫情防控,全国首创刷脸直接通行的会展疫情防控系统,接入国家、省、市防控等平台,打通票证、身份、健康等五大系统,共享人员、注册、健康、进出场等 8 类数据,有力支持和保障会展活动正常举办和快速复苏。另一方面,创造性开启"市民通道",允许 7 天未离厦的本地居民现场核酸检测后进馆,方便本地市民正常逛展,确保展会成效。由于准备充分、措施有力,在国内大部分城市暂不举办展会的情况下,厦门市果断推动海西汽博会于 2022 年 6 月 2 日如期复展,成为国内首批重启展会的少数城市之一。

二是融合发展,赋能产业发展新格局。通过会展业与现代产业体系、千

①《中国展览经济发展报告(2022)》,https://exhibition.ccpit.org/cms/article/file/showFile?path=Article/2023/06/03/10-46-1620267.pdf,最后访问日期:2023 年 9 月 11 日。

亿产业链的整合和联合推广，引导"会展+"模式的精准定位和科学营销，实施优势互补，扩大产业的市场影响力和推广力。厦门市以"全域会展""全产业链会展"为发展方向，形成重点产业、优势产业"1+N"会展模式，搭建全市产业经济固链补链强链延链的重要平台。2022厦门中医药健康产业博览会、2022金健健康产业贸易博览会、2022厦门国际咖啡产业博览会、2022厦门国际眼镜业展览会、2022厦门国际户外装备展览会等的举办带动了全市生物医药、文旅创意等现代产业体系集群快速发展。

三是科技赋能，解锁"元宇宙"会展新篇章。第二十二届投洽会举办了以"海上花园 元梦厦门"为主题的元宇宙系列活动，包括AR秀、AR体验、裸眼3D、数字人等内容，展示元宇宙产业新技术、新应用，助推元宇宙新兴产业发展。

（三）行业分布

从行业分布看，轻工业展览数量和展览面积最多，展览数量尤以食品饮料烟酒类为主。重工业展览以汽车产业类为主。服务业展览以医药医疗保健类为主，休闲时尚艺术旅游、公共安全、公共服务、交通运输物流等为辅。其中，跨境电商展览成为新的亮点。

案例2 2022中国跨境电商交易会成为享誉业内的
中国跨境电商第一展①

2022中国跨境电商交易会（以下简称"跨交会"）于2022年6月1~3日在福建福州海峡国际会展中心成功举办，成为2022年全国首个跨境电商行业展。作为数字外贸新平台，连续两年在办展规格、展会规模、买家数量质量及展会

---

① 《中国展览经济发展报告（2022）》，https：//exhibition. ccpit. org/cms/article/file/showFile? path＝Article/2023/06/03/10-46-1620267. pdf，最后访问日期：2023年9月11日。

成效等多方面创全国第一，已成为享誉业内的中国跨境电商第一展。

一是主办方实力强大，突出国家级平台效应。在疫情跨境电商风口期，荟源集团与商务部外贸发展事务局、福建省进出口商会联合创办跨交会。首创跨交会即得到了中国外贸界、跨境界和会展界的强烈持续关注，并带来了一系列联动效应。

二是贸易对接成果丰硕，带动消费大提升。2022年春季跨交会展会规模达7.2万平方米，设立了跨境电商供货商、平台、综合服务商、独立站等展区，吸引了来自全国20多个省份2000多家企业参展，覆盖全球50多个跨境电商平台和200多家知名跨境电商服务商，展出涵盖数码、家居、母婴、鞋服、汽配等跨境电商热销品类商品超百万个。

三是致力国内外双循环，拉动区域产业升级。跨交会从创立之初即融入国家战略，着眼于全球视野，兼顾国内国际两个市场，促进国内外跨境优质资源对接。同时致力展现福建、广东乃至全国在跨境电商物流和外贸产业带上的优势特点，充分发挥中国跨境电商第一展的平台效应，持续推动"数字中国"建设和举办地区域跨境电商产业升级，助力产业新高地建设。

三 进博会服务生态圈的基本构成

（一）进博会服务生态圈核心部门

进博会由商务部和上海市人民政府主办、中国国际进口博览局和国家会展中心（上海）有限责任公司承办。因此，服务生态圈核心部门主要由中国国际进口博览局、上海市商务委员会、国家会展中心（上海）有限责任公司等组成。

商务部负责邀请有关国家、相关国际组织以及企业嘉宾参展参会，协调各地、有关部门组织交易团与会采购、洽谈合作等工作。

上海市人民政府设立进博会城市服务保障领导小组，负责安全保卫、交通、住宿、餐饮、防疫卫生、嘉宾接待、能源通信等服务保障，落实中国国际进口博览会组委会部署的各项任务①。此外，上海市商务委员会承担进博会的策划、设计和运营等任务。

中国国际进口博览局于2017年10月经中央编办批准设立，是商务部直属公益二类事业单位，主要职责是牵头落实中国国际进口博览会实施方案，受委托承担组织招展和招商具体工作，参与进博会期间重要会议论坛的组织工作，负责国家展区布展等工作。

国家会展中心（上海）有限责任公司投资建设并运营国家会展中心（上海），全力服务做好进博会筹办工作。主要负责承担进博会招展、招商、布展、现场组织、管理服务等具体工作。

（二）进博会服务生态圈保障部门

上海市人民政府始终高度重视进博会的工作，始终把办好进博会作为头等大事来抓，全力做好进博会筹办工作。

上海市设立的进博会城市服务保障领导小组，由市委、市政府主要领导担任组长，统筹推进17个保障组（见表1）的筹备工作，编制服务保障总体方案和任务书，梳理形成问题清单，持续推进重点任务落实和重点问题的协调解决。上海各职能部门群策群力，为进博会提供更多、更好的服务。

表1　进博会城市服务保障领导小组组织架构

保障组名称	保障组名称
综合协调保障组	安全保障组
医疗卫生防疫保障组	餐饮食品供应保障组
住宿保障组	交通保障组
内宾接待保障组	外事服务保障组
新闻宣传及窗口服务保障组	城市建设管理与运行保障组
能源通信保障组	志愿者服务保障组

① 《国务院办公厅关于成立中国国际进口博览会组委会的通知》，《中华人民共和国国务院公报》2019年第8期。

保障组名称	保障组名称
通关便利化保障组	虹桥国际中央商务区综合服务保障组
市场监管服务保障组	交易团保障组
党群服务保障组	

资料来源：上海市人民政府。

同时，进博会城市服务保障领导小组多次组织城市服务保障实景综合演练，加强信息对接和协同联动，细化关键节点具体流程，进一步摸排风险点，优化防控措施，确保各项服务衔接有序、便捷便利。

值得一提的是，2022年9月，上海市人大常委会发布了《上海市服务办好中国国际进口博览会条例》（以下简称《条例》），《条例》主要从支持办展办会、服务与保障、综合效应等方面做出规定，共5章40条。《条例》的颁布为服务办好进博会提供了法治支撑，增强了进博会的法治软实力，也让进博会"越办越好"有了制度保障。

（三）进博会服务生态圈保障企业

服务保障企业是进博会服务供给的主要载体，各类企业利用自身专业优势嵌入进博会服务生态圈中，通过全方位、全领域、全渠道参与到进博会的服务中，保障了进博会高质量的运行（见表2）。

表2 主要服务保障企业及其做法

所属行业	企业名称	主要做法
展览	东浩兰生集团	东浩兰生集团作为展览承接方，全面参与了包括招展招商、展会布置、主场搭建、主场物流、展台设计、翻译、停车等一系列核心服务，为进博会的成功召开贡献了智慧力量，不断打响上海服务的"金字招牌"
物流	中国远洋海运集团有限公司	作为进博会唯一推荐的国际段运输服务商、主场运输服务商、特装施工服务商，中国远洋海运集团有限公司为进博会展品提供了从运输到场馆搭建、覆盖全程的"一条龙"服务

续表

所属行业	企业名称	主要做法
金融	中国太平洋保险	从首届进博会的唯一财产保险支持企业,到连续四届核心支持企业和指定保险服务商,中国太保持续升级金融保险服务,从提供保险支持到助力零碳进博,科技金融赋能可持续发展
	中国银行	自首届进博会举办以来,作为唯一金融行业"战略合作伙伴",中国银行不断总结经验、持续推动助力进博会现场的金融服务。定制"荟、融、合、智、同"五大专属产品服务。同时,围绕"数字进博"主题,全力打造金融科技服务一揽子方案
出行	强生集团	强生不断探索各类数字化科技手段,优化智能会展供车管理系统,努力提升进博会出行服务保障能力,实现"人有序、车有量、调有度、备有案",全力以赴确保进博会参会人员"行得畅"
	东方航空	东航在上海虹桥、浦东机场等旅客服务的接触点,精心挑选政治素养高、业务能力强的地面服务人员加入"进博会专项保障小组",设立"进博专用服务柜台",为旅客办理值机、中转、问询、客票等服务,充分体现航空出行的便利
	南方航空	南方航空作为"中国国际进口博览会指定航空承运商",为往来中国的参会人员提供机票预订及机场定制服务,全力保障进博会的运输服务
餐饮	百胜中国控股有限公司	百胜中国控股有限公司凭借在食品安全方面的严格标准和完善的物流体系,连续五年成为进博会餐饮保障服务商之一,多品牌、多渠道为参展企业和来访观众"吃得上、吃得好、吃得安"贡献一份力量
住宿	锦江国际集团	锦江国际集团锦江酒店(中国区)携旗下郁锦香、希尔顿欢朋、锦江都城、希岸、喆啡、康铂、维也纳、锦江之星等众多知名品牌酒店从疫情防控、安心入住、商旅兼休闲服务和上海文化传递等多维度着手,以更具颗粒度的服务全力护航进博会
通信	上海电信	上海电信多部门联合行动,从通信网络、客户服务等多方面全力以赴保障进博会,助力其越办越好
能源	中国石油	中国石油驻沪企业全力抓好资源保障供应、安全管控等工作,提升进博会服务保障水平。上海销售公司开展服务质量提升专项活动,做到服务有"浓度"、服务有"温度"、服务有"速度"
广告	上海亚太广告有限公司	作为首届进博会独家广告代理服务商,承担大会广告的规划、销售、发布及运营等工作
翻译	北京思必锐翻译有限责任公司	为进博会提供口译、笔译服务

资料来源:根据相关企业资料整理所得。

案例3 5年来，中国银行服务供给演进①

贸易促进领域的一流盛会，离不开一流的全球金融服务。从2018年起，中国银行凭借全球化、综合化优势，充当国内外贸易重要的金融桥梁纽带，自觉肩负起全方位服务保障进博会的重任。5年来，作为唯一金融行业"战略合作伙伴"，百年中行发挥全球化、综合化特色优势，为进博会"办出水平、办出成效、越办越好"持续贡献金融力量。每年在进博会倒计时百天之际，中国银行都会发布进博会综合金融服务方案。从2018年至2022年，服务方案逐年升级。

2018年，中国银行提出"合、汇、保、融"即"跨境撮合、跨境支付、税款保函、在线贷款"四位一体的方案。

2019年，提出"合聚全球，汇融四海"的方案，即在2018年基础上升级服务，并将手机银行功能与具体场景结合，以求更加智能化、便捷化和安全化。

2020年，提出"信、融、云、易"的方案，总结前两届服务经验的同时，充分发挥在线金融产品的优势，提升金融服务的适配性和交易服务的成效性。

2021年，提出"聚、融、云、赋"的方案，更加注重线上与线下的结合，同时提升金融服务、金融产品、金融体系与实体经济的契合度。

2022年，定制"荟、融、合、智、同"五大专属产品服务，并以"数字进博"为主题，重磅打造金融科技服务方案，提供"数字普惠"和美与共、"数字消费"方便快捷、"数字科创"精准服务、"数字财富"汇聚匠心、"数字民生"润泽万家的进博新体验。

此外，"驻场"是中国银行为进博会提供卓越服务的又一"利器"。在进博会现场，中国银行依托设立在国家会展中心（上海）内的虹桥会展中心支行、临时服务网点、综合服务咨询点、固定服务点及移动服务人员，以及在多处配备的外币兑换机、移动智能柜台及ATM机等，打造覆盖全场馆的立体式金融服务矩阵。

---

① 根据中国银行资料整理所得。

四 5年来，进博会服务生态圈的演进

5年来，进博会不断推动创新发展，逐步成长为中国推进高水平对外开放、高质量发展的重要平台，不管是在交易额、展览数量、展览面积上还是在推动展品变商品、参展商变投资商上都实现了长足的进步。5年来，进博会服务质量越来越高，越来越多的企业和部门参与到进博会中去，服务生态圈不断扩展，服务展区及服务功能不断创新。

（一）展区服务的演进

5年来，进博会展区服务内容不断丰富，展区不断扩容，人文交流平台越来越丰富。根据民众热点及行业发展趋势，每届展会都会设立新的专区。

2018年，首届进博会便进行了展览规模提升工程，部分馆区由单层展厅改造为双层展厅，展览面积增加近6万平方米。

2019年，不断优化调整展区设置，展馆进行了两次扩容。在新设置的消费品新品专区增加养老等题材。同时，首次设置了户外室外展区，这包括冬奥会冰雪项目体验区以及室外汽车"无人驾驶"活动区等。

2020年，医疗器械及医药保健展区新设公共卫生防疫专区，疫情防控涉及的预防、监控和治疗等公共卫生相关产品，都被纳入专区集中展示。

2021年，服务贸易展区新设文物艺术品板块，吸引了包括佳士得、苏富比、富艺斯等在内的20家知名境外机构参与。同时，新设的绿色智能家电及家居和体育用品及赛事等专区也亮点频现。

2022年，展馆新设农作物种业和人工智能等专区。同时不断扩容创新孵化专区，在原有的汽车、医疗等领域基础上，新增了体育、时尚设计等题材。

（二）服务创新的演进

5年来，进博会锐意进取，不断推动创新发展。服务功能越来越多，

服务方式越来越多样化，服务时间越来越长，这使得越来越多的服务型企业参与其中，不断延长进博会服务供应链，使进博会服务生态圈不断拓展。

一是数字化服务不断升级，赋能进博会智能化发展。5年来，上海各职能部门不断推进城市数字化转型，为进博会提供数字化服务，使服务保障更加精细化和智能化。如不断完善"随申办"小程序及进博会App，增强进博会数字化体验；为更好地支撑进博会疫情防控工作，大数据中心提供了可以实现三类防疫信息数据比对的资源接口，推动数字赋能防疫工作；通过展品物联网标签、AR智能化设备等高科技工具，不断提升展品监管的精准度；建设"进博会数字赋能服务保障一体化平台"，提高进博会智能化决策分析和数字化治理能力。

二是延长进博会服务链，持续放大溢出效应。5年来，进博会不断创新服务方式，通过线下店铺延伸加线上平台构建的方式，不断延长服务链和产业链，放大了溢出效应。如虹桥品汇等线下店和线下集市的建设，可以让消费者在非展会期间购买到"进博同款"，尤其是一些首发商品和明星展品；"6天+365天"交易服务平台让进博会"永不落幕"，交易服务平台商已从首批30家拓展至60家，引入进博会展品近20万件；成功举办了首届全国"国际消费季"暨第三届上海"五五购物节"，持续推动进口嗨购节及全球新品首发季等活动。

三是创新服务理念，实现绿色发展。进博会始终坚持生态和谐、绿色发展的方针，不断创新碳中和理念，除了大力引进绿色化展品和技术外，还在展馆的日常运营和观众的低碳足迹上下功夫，助力零碳进博。

在第四届进博会上，通过购买碳资产和碳中和保险的方式，进博会期间场馆运行、餐饮、供应、交通等方面产生的碳排放全部实现了中和，累计实现碳减排近4.4万吨，进一步放大了零碳进博溢出效应。

第五届进博会全新引入了"碳普惠"机制，提出了"零碳进博、零塑办博"的创新理念，使进博会成为低碳生活、可持续发展的全球会展行业绿色标杆。同时，发布了第五届进博会"零碳进博、零塑办博"生活倡议书，呼吁全体参会人员通过自愿行动支持零碳进博目标，推广零碳、零塑理念①。

案例 4　进博会餐饮服务供给演进②

进博会餐饮食品供应保障组经过一届又一届的不懈努力，让累计数百万名来宾"吃得上、吃得好、吃得安"。

首届和第二届进博会，保障组面临的最大挑战是人员数量不断突破新高、用餐人群和需求类别复杂。特别是第二届进博会期间，国家会展中心（上海）迎来单日22.5万人的大客流，保障组通过设立临时供餐点位、设置应急供餐点、提前储备应急食品等措施保障了餐饮需求。

除传统餐饮门店，第三届进博会，餐饮保障又引入流动餐车提供餐食，来自光明良友便利、百联逸刻、粮全其美、肯德基等企业的流动餐车进驻场馆。流动餐车可提供手抓饼、西式快餐等餐饮品种超过107个。

第四届进博会，保障组进一步巩固完善"固定餐饮+临时供餐+流动餐车"供餐模式，展馆内落实60家固定餐馆、3个临时供餐点位和8台流动餐车，充分满足进博会期间用餐需求。

第五届进博会，上海市商务委员会印发了《第五届中国国际进口博览会餐饮食品供应保障实施方案》，全力做好进博会期间餐饮食品供应保障工作。展馆内共有44家固定餐馆、2个临时供餐点位和7台流动餐车提供餐饮保障，中午高峰期可供餐约9.7万份，全天可供餐约14万份。餐饮品类更加多元化，"自热小笼""上海咖啡""流动餐车"等成为新亮点。

五　服务生态圈建设促进进博会高质量发展的建议

进博会要持续培育服务生态圈，实现创新链、产业链和服务链联动发

---

① 《第五届进博会将全新引入"碳普惠"机制》，http://expo.ce.cn/gd/202209/20/t20220920_38115523.shtml，最后访问日期：2023年9月11日。

② 根据历届进博会宣传资料整理所得。

展，推动服务生态圈实现自我良好循环、迭代与进化。政府应强化生态圈思维，加强公共服务体系建设，为服务生态圈发展提供更好的基础。进博会核心部门要找准生态位，发挥"圈主"的作用，促进产、学、研、政等部门深度融合，通过服务生态圈治理和数字生态体系建设，实现循环良好的服务生态，助力进博会高质量的发展和核心竞争力的提升。

（一）强化生态圈思维，实现进博会高质量发展

服务质量直接决定了进博会的发展水平，而服务生态圈建设是引领进博会高质量发展的重要创新手段。进博会的服务质量并不是由某个企业或部门决定的，而是取决于所有服务机构的合力。

一方面，进博会应创新服务角色，强化生态圈思维。从提供展会服务的角色转变为服务整合商，深入开展组织方式和管理理念变革，积极推动服务采购方与提供方的对接，引导优质服务资源在服务生态圈中聚集，延伸展后服务链，增加更多增值性服务，进而不断提高进博会服务供给能力。

另一方面，要继续加强公共服务体系建设，巩固生态圈发展基础。其中，既包含优化招展、参展、交通、医疗等各项基础服务，也包含优化知识产权保护、诚信体系建设等会展营商环境。

（二）找准生态位，实现服务生态圈的共生共荣发展

现代经济发展的经验表明，融合发展是主流。新冠疫情虽然在一定程度上破坏了进博会发展的服务生态圈，但服务于进博会的企业和部门应明确在服务生态圈中的位置，找准生态位，相互带动，形成"共生共赢"新型生态关系，实现"1+1>2"的效果。

一方面，进博会服务生态圈核心部门要发挥"圈主"作用。充分利用服务生态圈中的资金、人才等资源，带动上下游企业和企业、企业和政府机构间的互动发展，为进博会提供更多全方位、全产业链的"一站式"服务，共同推动服务生态圈升级。同时，也要注重产业和进博会的深度融合，精准

高效推动产业集聚，扩大服务生态圈。

另一方面，也要根据进博会发展需要，培育一批引领能力、创新能力强的服务型企业，实现与进博会共同发展，实现进博会价值链升级。

（三）强化服务生态圈治理，优化服务生态圈建设

进博会服务生态圈包含了各类企业和部门等服务机构，应从系统观上整体把握与进博会有关服务业的发展，而不是只着眼于解决某一企业或者某一部门的问题。

一方面，要提高联合解决方案效能，提升协同服务水平。搭建服务生态圈内的协同创新平台，完善服务机构间协同创新体制机制，实现创新链与产业链、服务链精准对接，并向价值链两端延伸。

另一方面，要设定重点指标，监测运营绩效，明确管控重点。在进博会众多服务企业中设置相应的考核指标，并监测运营绩效，淘汰绩效低的企业，引进绩效更高的企业，促进服务生态圈迭代升级。

（四）完善数字生态体系，实现服务生态圈智慧化

数字经济与会展的融合发展已成为趋势。通过物联网、大数据、人工智能、元宇宙等技术的应用，可以将进博会的服务功能向广度和深度拓展，实现服务生态圈的智慧化发展。

一方面，继续完善进博会数字生态体系，提供无缝的数字服务。利用大数据和智能化推动进博会管理服务创新；利用数字供应链中结合的区块链和5G技术实现数据可视化，提高进博会的预测性和前瞻力；利用展馆管理的数字化提升游客的便利度，实现客商有效对接。

另一方面，利用数字技术打通线上、线下参展服务模式，实现展览方式创新多元。元宇宙、AI等新技术突破国别、网络、技术和现场服务等问题，实现数字展览的沉浸式体验。

B.9
五届进博会中的高技术产业：
特征、趋势与展望

李　蕊*

摘　要： 本文通过分析第一届至第五届进博会中高技术产业的特征，得出五届进博会背景下高技术产业的未来发展趋势，并展望未来高技术产业通过参与进博会对中国经济增长发挥更加显著促进作用的路径。

关键词： 进博会　高技术产业　先进技术

鉴于进博会的展区设置与严格统计意义上的产业分类之间的差别，本文在探讨参与进博会的高技术产业时，将其范围缩小至以展区为单位，涵盖进博会的汽车展区、智能及高端设备展区、医疗器械及医药保健品展区，换言之，本文所提到的"高技术产业"，特指"汽车行业、智能及高端设备行业、医药器械及医药保健品行业"的加总。

一　五届进博会中高技术产业的特征

本文梳理了第一届至第五届进博会的参展商资料，发现高技术产业参展规模不断扩大。随着各行业企业参与程度的加深，参展产品的种类更加丰富、技术水平等级逐渐提高。

---

* 李蕊，博士，中国社会科学院财经战略研究院副研究员，主要研究方向为国际投资、国际贸易。

（一）不同行业参展企业的数量分布不均

通过表1可见，从第一届至第五届的进博会中各行业参展企业的数量分布不均衡。汽车行业参展企业的数量由第一届的68家下降为第五届的37家，占高技术产业的比重由第一届的9.05%下降为第五届的8.17%；智能及高端设备行业参展企业的数量由第一届的382家下降为第五届的206家，占高技术产业的比重由第一届的50.87%下降为第五届的45.47%；医疗器械及医药保健品行业参展企业的数量由第一届的301家下降为第五届的210家，占高技术产业的比重由第一届的40.08%上升为第五届的46.36%。

表1　高技术产业及不同行业参展企业的数量（2018~2022年）

单位：家

类别	第一届 （2018年）	第二届 （2019年）	第三届 （2020年）	第四届 （2021年）	第五届 （2022年）
高技术产业	751	736	638	603	453
汽车行业	68	57	43	49	37
智能及高端设备行业	382	332	310	265	206
医疗器械及医药保健品行业	301	347	285	289	210

资料来源：根据历届进博会参展商的资料整理。

（二）世界500强企业和行业龙头企业的数量分布不均

按照业界公认的常识，尽管每个行业中企业的技术水平参差不齐，但如果一家企业进入世界500强或者是行业龙头，那么这通常意味着该企业的技术水平在世界范围内或者同行业内远超于其他竞争者。换言之，进入世界500强的企业和行业龙头企业通常被公认为是业内高技术水平的代表。

由表2可见，世界500强企业和行业龙头企业的参展数量由第一届的220家上升为第五届的284家，占进博会参展企业数量总和的比重由第一届的6.12%上升为第五届的10.15%，在第三届曾达到10.54%的最高值。总体而言，世界500强企业和行业龙头企业的参展数量和比重整体上都呈

现上升的趋势，这从一个侧面反映出进博会参展企业的技术水平不断提升。

表2 世界500强企业和行业龙头企业的进博会参展数量及其比重（2018~2022年）

单位：家，%

类别	第一届（2018年）	第二届（2019年）	第三届（2020年）	第四届（2021年）	第五届（2022年）
世界500强企业和行业龙头企业的参展数量	220	288	274	281	284
进博会参展企业数量总和	3600	3800	2600	2900	2800
比重	6.11	7.58	10.54	9.69	10.14

资料来源：根据历届进博会参展商的资料整理。

对比第一届和第五届进博会高技术产业参展的世界500强企业和行业龙头企业数量，可以发现，相对于第一届参展情况而言，第五届参展的世界500强企业和行业龙头企业数量有显著的提高，各行业分布数量上有突出的变化，汽车行业的数量有明显下降，但医疗器械及医药保健品行业的数量呈现大幅增长。如表3所示，高技术产业参展的世界500强企业和行业龙头企业数量由第一届的156家增加到第五届的171家，其中，汽车行业参展的世界500强企业和行业龙头企业数量由第一届的69家减少到第五届的32家，智能及高端设备行业参展的世界500强企业和行业龙头企业数量由第一届的57家增加到第五届的66家，医疗器械及医药保健品行业参展的世界500强企业和行业龙头企业数量由第一届的30家增加到第五届的73家。值得一提的是，第五届进博会上聚齐了全球15家最大的药品企业和10家医疗器械企业参展，这是进博会举办5年来的首次。就各行业参展的世界500强企业和行业龙头企业数量占比而言，汽车行业的比重由第一届的44.23%下降为第五届的18.72%；医疗器械及医药保健品行业的比重由第一届的19.23%上升为第五届的42.69%；智能及高端设备行业的比重变化不大，基本稳定在37%的水平。

表3　高技术产业及不同行业世界500强企业和行业龙头企业的
进博会参展数量及其比重（2018年和2022年）

单位：家，%

类别	第一届（2018年）	第五届（2022年）
高技术产业	156（70.91）	171（60.22）
汽车行业	69（44.23）	32（18.72）
智能及高端设备行业	57（36.54）	66（38.60）
医疗器械及医药保健品行业	30（19.23）	73（42.69）

注：括号内数据为比重，且均指占上一级的比重，下同。
资料来源：根据历届进博会参展商的资料整理。

（三）高技术产业的参展面积不断扩大

通过对比第一届和第五届进博会中高技术产业的参展面积发现，相对于第一届进博会而言，第五届进博会中高技术产业的参展面积在总量和比重上都有所扩大，各细分行业的参展面积分布有所调整。

如表4所示，高技术产业的参展面积由第一届的9.3万平方米上升至第五届的16.1万平方米，占进博会总参展面积的比重由第一届的34.44%上升至第五届的43.99%。其中，汽车行业的参展面积保持不变，维持在3.0万平方米的水平，占高技术产业参展面积的比重由第一届的32.26%下降至第五届的18.64%；智能及高端设备行业的参展面积由第一届的3.3万平方米上升至第五届的6.4万平方米，占高技术产业参展面积的比重由第一届的35.49%上升至第五届的39.76%；医疗器械及医药保健品行业的参展面积由第一届的3.0万平方米上升至第五届的6.7万平方米，占高技术产业参展面积的比重由第一届的32.26%上升至第五届的41.62%。可见，由第一届的3个细分行业在参展面积上平分秋色，发展到第五届的智能及高端设备行业与医疗器械及医药保健品行业各占40%左右，各细分行业参展面积变化较大。

表4　高技术产业及不同行业参展面积及其比重（2018年和2022年）

单位：万平方米，%

类别	第一届（2018年）	第五届（2022年）
高技术产业	9.3（34.44）	16.1（43.99）
汽车行业	3.0（32.26）	3.0（18.64）
智能及高端设备行业	3.3（35.49）	6.4（39.76）
医疗器械及医药保健品行业	3.0（32.26）	6.7（41.62）

资料来源：根据历届进博会参展商的资料整理。

（四）新产品新技术新服务的首发规模不断扩大

据统计，进博会上参展企业的新产品新技术新服务首发规模不断扩大，由第二届的400项增加到第五届的438项（见表5）。

表5　历届进博会新产品新技术新服务的首发数量

单位：项

类别	首发数量
第二届（2019年）	400
第三届（2020年）	411
第四届（2021年）	422
第五届（2022年）	438

资料来源：根据历届进博会参展商的资料整理。

其中，第五届进博会高技术产业内部细分行业新技术和新产品的首发规模如表6所示。在第五届进博会上，医疗器械及医药保健品行业共有137项新技术和新产品，其中全球首发的有22项，亚洲首秀的有14项，中国范围内首次展出的有101项；汽车行业共有32项新技术和新产品，其中全球首发的有3项，亚洲首秀的有7项，中国范围内首次展出的有22项。

表6 第五届进博会高技术产业不同行业新技术和新产品的首发数量

单位：项

类别	医疗器械及医药保健品行业	汽车行业
全球首发	22	3
亚洲首秀	14	7
中国首展	101	22

资料来源：根据第五届进博会参展商的资料整理。

第五届进博会上，尽管智能及高端设备行业并未公布首发数据，但在展区新设置了人工智能专区，以及相应的沉浸式体验区，集中展示了前沿技术和高端装备行业智能化在全球、亚洲和中国范围内的最新成果。

（五）连续5次参加进博会的企业基本上是行业内的领军企业

通过对第一届至第五届进博会参展商资料的详细梳理，本文总结出连续5次参加进博会的企业名录。不难看出，各行业连续5次参加进博会的企业基本上是行业内的领军企业。

汽车行业中，连续5次参加进博会的企业共有15家。其中，如表7所示，德国有大众汽车公司等7家企业，美国有特斯拉等3家企业，日本有丰田汽车公司等2家企业，英国有1家（捷豹路虎公司），瑞典有1家（沃尔沃汽车公司），韩国有1家（现代汽车集团）。

表7 连续5次参加进博会的汽车企业

国家	企业名称
英国	捷豹路虎公司
德国	大众汽车公司 德国宝马集团 戴姆勒集团 保时捷公司 奥迪公司 博世 伟巴斯特
瑞典	沃尔沃汽车公司

国家	企业名称
美国	通用汽车公司 福特汽车公司 特斯拉
日本	丰田汽车公司 本田汽车公司
韩国	现代汽车集团

资料来源：根据历届进博会参展商的资料整理。

智能及高端设备行业中，连续 5 次参加进博会的企业共有 31 家。其中，如表 8 所示，德国有凯尼派克公司等 6 家企业，美国有陶氏公司等 10 家企业，日本有三菱电机株式会社等 7 家企业，法国有施耐德电气公司等 3 家企业，奥地利有 1 家（福伊特起重机公司），瑞士有 1 家（ABB 集团），中国香港有 1 家（安柏拓香港公司），西班牙有 1 家（尼古拉斯克雷亚集团），新加坡有 1 家（ASM 亚太技术公司）。

表 8　连续 5 次参加进博会的智能及高端设备企业

国家/地区	企业名称
德国	凯尼派克公司 永恒力公司 西门子集团 SINGULUS 技术集团 AVANCIS 集团 贺利氏集团
美国	陶氏公司 艾默生公司 SEMI 公司 霍尼韦尔国际公司 江森自控公司 戴尔科技集团 英格索兰公司 微软公司 科勒公司 德马泰克公司

续表

国家/地区	企业名称
奥地利	福伊特起重机公司
日本	三菱电机株式会社 欧姆龙集团 株式会社日立制作所 三菱综合材料株式会社 AGC 株式会社 兄弟工业株式会社 丰田通商株式会社
瑞士	ABB 集团
中国香港	安柏拓香港公司
西班牙	尼古拉斯克雷亚集团
法国	施耐德电气公司 法孚集团 法马通公司
新加坡	ASM 亚太技术公司

资料来源：根据历届进博会参展商的资料整理。

医疗器械及医药保健品行业中，连续 5 次参加进博会的企业共有 25 家。其中，如表 9 所示，瑞士有罗氏集团等 2 家企业，瑞典有 Plantamed 公司等 2 家企业，日本有武田制药等 6 家企业，中国香港有新亚姜糖（香港）有限公司等 2 家企业，德国有西门子医疗系统公司等 3 家企业，美国有赛默飞世尔公司等 5 家企业，荷兰有 1 家（飞利浦公司），英国有 1 家（阿斯利康公司），澳大利亚有 1 家（柯蓝集团），柬埔寨有 1 家（3L 医用制品公司），丹麦有 1 家（诺和诺德集团）。

表 9　连续 5 次参加进博会的医疗器械及医药保健品企业

国家/地区	公司名称
瑞士	罗氏集团 诺华
瑞典	Plantamed 公司 ELEKTA 工具集团
荷兰	飞利浦公司

续表

国家/地区	公司名称
日本	武田制药 泰尔茂株式会社 FANCL 公司 SPLENDEUR 公司 VENEX 株式会社 奥林巴斯公司
中国香港	CATALO 健康食品公司 新亚姜糖(香港)有限公司
德国	西门子医疗系统公司 拜耳 爱尔博电子医疗仪器公司
英国	阿斯利康公司
澳大利亚	柯蓝集团
柬埔寨	3L 医用制品公司
美国	草本生活营养公司 强生 美宝生命科技公司 赛默飞世尔公司 丹纳赫公司
丹麦	诺和诺德集团

资料来源：根据历届进博会参展商的资料整理。

二 五届进博会背景下高技术产业的未来发展趋势

通过梳理分析第一届至第五届进博会的参展商资料，结合相关行业国内发展的动态，本文分析得出高技术产业及其各细分行业参与进博会的未来发展趋势。

(一)进口技术和产品的本地化应用不断深入

根据对国内高技术产业相关细分行业发展态势的梳理，本文发现，进博会签约的进口技术和产品在本地化应用方面不断深入和细化，部分进口技术和产品的本地化应用甚至已成为带动国内行业技术升级和改进的重要力量。

以医疗器械及医药保健品行业为例，连续五届的进博会上都推出了新型医疗手术机器人。无论是全球首发、亚洲首秀、中国首展的手术机器人，还是业内新研发的升级版机器人，都在一定程度上对促进我国本土范围内的医疗器械智能化发展发挥了作用。例如，中国医药保健品进出口商会在第二届进博会上举办了"全球医疗创新项目落地转化发展大会"，鼓励相关国内企业对签约的医疗器械及医药保健品新技术和新产品进行跟踪性的落地和转化应用。在第二届进博会上，上海市级医院大型医用设备集中采购签约了多项新技术和新产品。在此示范效应带动下，在接下来的第三届至第五届进博会上，许多省份的医院纷纷通过进博会集中采购大型医用设备，整体上提升了大型医用设备的升级换代速度。

在第三届进博会上，史赛克推出的 Mako 智慧机器人在落地应用方面速度惊人。在 2021 年进博会前后获批了全髋关节置换手术的操作能力，2022年获批全膝关节置换手术的操作能力，并且这两项技术在临床上得到广泛应用。截至 2022 年 9 月，Mako 智慧机器人在我国范围内实施了超过 6000 台手术[1]。

在第五届进博会上，美国思瑞泰心国际公司推出了泛血管介入手术机器人磁导航系统，目前累计在全球完成了超过 14 万台心脏电生理手术[2]。我国国内大型医疗科研机构与之合作，在人体大血管、自然腔道、起搏及冠脉介入领域通过改良耗材的方式取得了许多技术性的突破。

（二）进博会参展企业的先进技术带动行业整体技术水平的不断提升

如前所述，连续参与进博会的高技术企业基本上是各个细分行业内的领

---

① 闫磊：《史赛克何磊：将前瞻技术应用于中国医疗市场》，《经济参考报》2022 年 11 月 9日，第 1 版。

② 《直击进博会！12 款机器人总动员！》，https：//www.cn-healthcare.com/articlewm/20221107/content-1462593.html，最后访问日期：2023 年 9 月 10 日。

军企业，在某一个或几个领域代表着行业内的最高技术水平。通过每年参与进博会，领军企业在向世界范围内的同行业竞争者充分展示本企业的最新前沿技术成果或者最新产品、与业界同行切磋的同时，也引导着同业竞争的新方向，进而促进本行业的从业者提升整体技术水平。

以汽车行业为例，特斯拉连续 5 次参加进博会。作为新能源汽车领域的佼佼者，特斯拉掀起了汽车领域整体由传统能源技术向新能源技术迈进的技术革命。更为重要的是，特斯拉作为全球范围内的豪华智能电动汽车行业的绝对领导者，一直致力于加速世界由传统能源向可持续能源的转变，降低交通对不可再生能源的依赖，提供从能源生成、存储到运输的全产业链整理服务，是迄今为止全球唯一的综合型可持续能源企业。中国本土的新能源汽车行业规模不断扩大，部分本地新能源汽车企业寻求与外部技术资源的合作。经过最近 5 年的发展，我国已经在零部件、自动驾驶、汽车芯片、整车等汽车产业链上下游形成了各具优势的新能源汽车产业供应链和生产链企业。目前中国境内的电动汽车行业已经基本实现国内企业和外资企业完全竞争的格局，部分本土新能源汽车已出口到国外，并形成了体量可观的出口规模，实现了良性竞争的局面。

（三）"展商向投资商的转变"引致进口替代效应加速实现

所谓的"进口替代效应"，本意是指由投资代替进口，进而绕过进出口贸易壁垒，实现最大限度节省国际贸易成本的目的。近年来，进博会的参展商纷纷转向在中国境内投资，由单纯的进口商品生产商转变为在中国范围内开展实体投资的外商投资企业。这一企业身份的转变在客观上推动了进口替代效应的加速实现。

例如，瑞士的勃林格殷格翰连续 4 次参加进博会，在中国的投资额由最初的 25 亿元增加到 40 亿元，2022 年在中国境内建设的亚太生产基地和研发中心已经进入二期建设阶段，勃林格殷格翰是第一个将中国列入全球药物早期临床开发的跨国药物制造企业，这意味着它的创新药可能早于欧美国家在中国先一步上市①。德国的卡赫集团不断追加在中国境内的投资，在第一次参加进博会后的 2 个月时间内就将亚洲地区总部搬到中国常熟，实现从参展商到投资商的华丽转变，并在 4 年时间内累计在中国境内投资超过 20 亿元②。日本的武田制药将其研发投资的亚太地区总部由日本迁到上海浦东。随着越来越多的参展商认识到中国在基础设施、产业链等硬件方面的雄厚基础，以及消费市场潜力巨大、人才成本低廉等软件方面的优势，其不但将生产环节转移到中国境内，甚至也将研发环节转到中国，呈现出全方位加速在中国市场上投资布局的态势。

根据商务部的统计，第一届至第三届进博会累计带动了 622 个外商投资项目，整体投资额达到 305 亿美元③。从这一角度讲，进博会已经从新产品新技术新服务的展示平台转变为便于参会者结识更多合作伙伴、深入挖掘合作机遇的平台。

（四）机器人技术的应用范围不断扩大

在清洁机器人领域，美国的博宝特机器人公司从第二届进博会开始连续参会，负责研发、生产和销售真空清洁机器人、交互式清洁机器人以及电动清扫机器人，并提供相应的售后服务。德国的卡赫集团在第五届进博会上推出全矩阵（全能型）清洁机器人 KIRA B10，致力于研发由机器人提供的集扫地、洗地、吸尘和拖地等功能于一体的全方位的清洁服务，并提供各类数字化清洁报告和通知信息，有助于实现更好的人机交互体验。

在新零售场景应用领域，迪卡侬从第二届进博会开始连续参会，推出新零售场景应用机器人"迪宝"，为参会者提供情景式应用的引导服务。第五届进博会上，展会现场服务引入了全球首创的多工种智能机器人集群服务。

---

① 《全球最大私有药企持续投资中国，从工厂、猪瘟疫苗到医疗机构 | 进博会展商变投资商》，https：//baijiahao. baidu. com/s？ id = 17 48732584692019336&wfr = spider&for = pc，最后访问日期：2023 年 9 月 10 日。

② 《苏州元素闪耀第五届进博会大舞台》，https：//export. shobserver. com/baijiahao/html/ 547112. html，最后访问日期：2023 年 9 月 10 日。

③ 唐玮婕：《五洲客聚"四叶草"，共享中国开放新机遇》，《文汇报》2022 年 11 月 10 日，第 2 版。

在外科手术领域，美国的安科锐公司在第五届进博会上推出全新一代的放射外科手术机器人 CyberKnife，即立体定向放射外科治疗系统，简称射波刀。这一技术一经推出，便在全国范围内引起广泛关注，四川、辽宁等省份的医院纷纷引入，四川省更是在 2023 年 2 月完成了首台首例机器人智慧放射治疗①。

在乒乓球机器人领域，日本欧姆龙集团从第一届进博会开始连续 5 年推出不断更新升级的乒乓球机器人 FORPHEUS。诞生于 2013 年的 FORPHEUS 是一款搭载了不断升级迭代的 FA 和 AI 技术的机器人，便于人类在享受连续对打乒乓球的同时提升乒乓球对打技巧，以"全球最佳乒乓球教练机器人"的身份入选 2016 年的世界吉尼斯纪录。

在人形机器人领域，英飞凌在第二届进博会上推出的 3D 打印人形机器人，可以称为机器人界的表情帝。3D 打印技术的加持，可以令机器人重现人类的身体乃至骨骼、肌肉和肌腱。凭借与人类的高度相似特征，人们对这款机器人的可接受程度更高，更加有利于实现与人类的交流互动。此外，特斯拉在第五届进博会上推出特斯拉人形机器人 Tesla Bot，试图在机器人的参与之下，凭借 AI 智能的研发，将重复性简单工作交由机器人来做，使得人类精力更多地转移到更具原创性的工作之上。

在工业机器人领域，德国 HIWIN 从第二届进博会开始参会。目前该公司拥有包括关节式、晶圆、史卡拉与并联式机器人在内的全世界最完整的机器人种类，致力于提供工业 4.0 高附加值的完整解决方案和智慧自动化的创新研发服务。

三 对高技术产业参与进博会的总结及展望

综上所述，进博会为高技术产业提升整体技术水平提供了平台，同时，

---

① 《首台首例！四川首台机器人智慧放射治疗系统完成首例治疗》，http：//news.sohu.com/a/643528665_120578424，最后访问日期：2023 年 9 月 10 日。

高技术企业自身的积极参与有利于明确企业在全球技术分工体系中的地位，并绕过贸易壁垒，发挥进口替代效应，变身国际投资企业。

（一）提升高技术产业整体技术水平

进博会作为全球商品和服务交流的平台，吸引来自世界各地的新产品新技术新服务在短期内集中式亮相，无论是从基础层面的技术而言，还是从应用层面的技术来看，都为包括汽车行业、智能及高端设备行业、医药器械及医药保健品行业在内的高技术产业提供了一个难得的展示、交流、提升的机遇，有利于提升高技术产业的整体技术水平。

（二）促进高技术企业在全球技术分工体系中提升地位

无论是针对高技术产业整体而言，还是就各个细分行业来讲，全球范围内的高技术企业参与进博会都可以促进企业自身在全球技术分工体系中地位的提升。与此同时，借助进博会这一平台，高技术企业可以在更大范围内与同行从业者开展有效交流。无论是全球技术分工体系上游的研发环节，还是下游的应用环节，高技术企业都可以更加精准地明确企业本身在该体系中的地位，并且凭借对技术水平差距的近距离观摩，结合自身的优势和劣势，确定企业未来技术进步的方向。

（三）由展商变投资商，进口替代效应将进一步凸显

高技术企业由最初的参展商变身为国际投资企业，将有利于企业绕开现有的各种有形和无形的贸易壁垒，最大限度地降低现有的国际贸易成本，近距离地接触当地市场，有效发挥进口替代效应，有利于技术更好地实现本地化应用。未来，相关部门可以出台优惠政策，必要情况下可以举办相应的经验交流会，鼓励高技术企业由进博会的参展商实现向外商投资者的身份转变。

专 题 篇

Special Topics

B.10
进博会与上海国际消费中心
城市建设

刘涛 乔时*

摘 要: 进博会作为我国在新发展阶段推进高水平对外开放、以国际循环
提升国内大循环效率水平的重要平台,从吸引全球知名企业、集
聚优质消费资源、培育消费客流、引领消费潮流、促进政策创新
等方面,为上海建设国际消费中心城市提供了战略支撑。未来,
要放大进博会溢出效应,强化进博会与消费服务行业的有效联
动,进一步完善首发经济产业链,加大国内消费品牌推介力度,
构建长三角区域消费联动发展新格局,进一步探索消费相关政策
创新,有力支撑上海加快建设具有全球影响力、竞争力和美誉度
的国际消费中心城市。

---

* 刘涛,国务院发展研究中心市场经济研究所副所长、研究员,主要研究方向为服务业、服务
贸易、消费;乔时,天津财经大学商学院副教授,主要研究方向为战略管理、消费者行为。

关键词: 进博会 国际消费中心城市 溢出效应 战略支撑

国际消费中心是国家在新发展阶段赋予上海的新功能定位。中国国际进口博览会（以下简称"进博会"）作为世界上第一个以进口为主题的国家级展会，已经成为上海国际消费中心城市建设的亮丽名片，也是上海吸引集聚全球消费资源、提升消费资源配置能力、引领消费潮流的战略支撑。

一 上海国际消费中心城市建设取得新进展

2022年，上海克服疫情带来的停业闭店、客流骤降等超预期冲击，聚焦"国际"方向、紧扣"消费"主题、突出"中心"功能，国际消费中心城市建设取得了新进展，国际知名度、消费繁荣度、商业活跃度、到达便利度和政策引领度①均有不同程度的提高，促进了上海城市能级与核心竞争力的巩固提升。

（一）国际知名度稳中有升

根据国际知名管理咨询公司科尔尼发布的《全球城市指数报告》，2022年上海在全球156个主要城市中排名第16，高于悉尼、多伦多等城市。②2022年，上海拥有世界500强企业12家，比上年增加3家，居全国城市第2位、全球城市第5位，在全球的排名比上年进步2位，仅次于北京、东京、纽约、首尔（见图1）。2022年，上海新增跨国公司地区总部60家、外资研发中心25家，累计分别达到891家和531家，是我国内地跨国公司地区总部最集

---

① 这五个方面是目前"国际消费中心城市评估指标体系"的一级指标。参见《培育国际消费中心城市总体方案》，http://scyxs.mofcom.gov.cn/article/gjxf/202110/20211003211499.shtml，最后访问日期：2023年7月1日。

② *Readiness for the Storm：The 2022 Global Cities Report*，https://www.kearney.com/industry/public-sector/global-cities/2022，最后访问日期：2023年7月1日。

中的城市；上海国家 4A 级、5A 级景区达到 72 个，累计接待入境旅游者 63.2 万人次，其中入境外国人 38.7 万人次；举办各类展览及活动 21 个，展览面积 104.9 万平方米，其中，举办国际展 7 个、展览面积 93.2 万平方米，举办国内展 4 个、展览面积 5.7 万平方米，举办活动 10 场、举办面积 6 万平方米。①

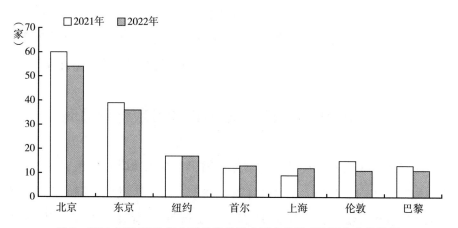

图 1　2021 年和 2022 年全球代表性城市拥有世界 500 强企业的数量

资料来源：2022 年《财富》世界 500 强排行榜。

（二）消费繁荣度保持较高水平

2022 年，上海实现社会消费品零售总额 16442.1 亿元，继续保持全国城市首位；居民人均消费支出达 46045 元，比全国水平高 87.6%；实现服务业增加值 33097.4 亿元，比上年增长 0.3%，居全国城市第 2 位；实现旅游业增加值 874 亿元，五星级宾馆数量为 61 家，占全市星级宾馆的 37%，国内旅游人均花费 1105.5 元，比全国水平高 36.8%。② 2022 年，上海豫园片

---

① 《2022 年上海市国民经济和社会发展统计公报》，https：//tjj. sh. gov. cn/tjgb/20230317/6bb2cf0811ab41eb8ae397c8f8577e00. html，最后访问日期：2023 年 7 月 1 日。

② 《2022 年上海市国民经济和社会发展统计公报》，https：//tjj. sh. gov. cn/tjgb/20230317/6bb2cf0811ab41eb8ae397c8f8577e00. html；《中华人民共和国 2022 年国民经济和社会发展统计公报》，http：//www. stats. gov. cn/sj/zxfb/202302/t20230228_ 1919011. html，最后访问日期：2023 年 7 月 1 日。

区、西岸美术馆大道、安福路文艺街区、新华历史风貌街区、大宁片区、国际旅游度假区核心区入选第二批国家级夜间文化和旅游消费集聚区名单，加上首批入选的外滩风景区等 6 个区域，数量占全国的4.9%。① 此外，上海口岸作为全国最大的进口消费品集散地，服装及衣着附件进口额占全国的比重高达 71.1%，钟表及其零件、电视机进口额的占比均超过 50%，文化产品、酒类及饮料、汽车轮胎、肉类进口额的占比也都在 40%以上（见图 2）。

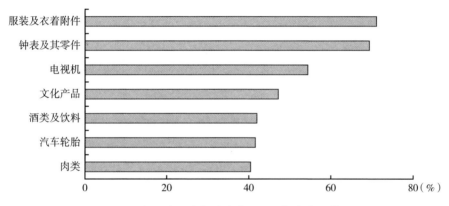

图 2　2022 年上海口岸部分消费品进口额占全国的比重

资料来源：海关总署、上海海关。

（三）商业活跃度国内外领先

2022 年，上海世界知名高端品牌集聚度超过 90%，国际零售商集聚度居全球城市第 2 位。② 从 2022 年主要零售商业街区的租金情况看，上海排名全球第 10，高于维也纳、新加坡等城市（见表 1）。2022 年，上海首发经

---

① 《文化和旅游部关于公布第二批国家级夜间文化和旅游消费集聚区名单的通知》，https：//zwgk. mct. gov. cn/zfxxgkml/cyfz/202208/t20220824_ 935544. html；《文化和旅游部关于公布第一批国家级夜间文化和旅游消费集聚区名单的通知》，https：//zwgk. mct. gov. cn/zfxxgkml/cyfz/202111/t20211119_ 929110. html，最后访问日期：2023 年 7 月 1 日。
② 贺瑛等：《上海商业发展报告 2022》，上海科学技术文献出版社，2023。

济活跃指数为 87.70，连续两年保持上升趋势，凸显了首发经济发展的韧性。其中，竞争力指数为 87.01、成长力指数为 87.87、影响力指数为 88.44（见表2），上海成为国内外品牌新品首发和首店入驻的首选地。"五五购物节"的举办，有力带动了客流回升和市场提振。2022 年，上海拥有"中华老字号"企业 180 家，居全国城市首位，占到全国的 16%；① 米其林餐厅数量为 50 家，比上年增加 3 家，② 居内地城市之首。2015 年离境退税政策实施以来，上海离境退税销售额和办理退税额始终居于全国首位。③ 2022 年，上海无人零售、社群电商等消费新业态和新模式保持较快发展势头，集聚了一批资源配置能力强的领军企业；此外，静安、徐汇、嘉定入选全国第二批城市一刻钟便民生活圈试点地区，加上首批入选的长宁、普陀，数量占全国的 6.3%。④

表 1 2022 年全球零售商业街区租金排名前十的城市

城市	位置	年平均租金（美元/平方英尺）
纽约	第五大道	2000
香港	尖沙咀	1436
米兰	蒙特拿破仑大街	1380
伦敦	新邦德街	1361
巴黎	香榭丽舍大道	1050
东京	银座	945
苏黎世	班霍夫大街	847

---

① "中华老字号信息管理"，https：//zhlzh. mofcom. gov. cn，最后访问日期：2023 年 7 月 1 日。
② 《米其林发布 2023 上海米其林餐厅榜单》，https：//www. michelin. com. cn/news/2022/1215. html，最后访问日期：2023 年 7 月 1 日。
③ 《周到：即买即退！全市退税商店总数已达 578 家，上海持续点亮离境退税"地图"……》，http：//shanghai. chinatax. gov. cn/tax/xwdt/mtsd/202306/t467500. html，最后访问日期：2023 年 7 月 1 日。
④ 《商务部等 10 部门办公厅（室）关于公布全国第二批城市一刻钟便民生活圈试点名单的通知》，http：//www. mofcom. gov. cn/article/zwgk/gkgztz/202208/20220803342359. shtml；《商务部办公厅等 11 部门关于公布全国首批城市一刻钟便民生活圈试点名单的通知》，http：//ltfzs. mofcom. gov. cn/article/diaocb/lszc/202110/20211003205975. shtml，最后访问日期：2023 年 7 月 1 日。

城市	位置	年平均租金(美元/平方英尺)
悉尼	皮特街购物中心	723
首尔	明洞	567
上海	南京西路	496

资料来源: Cushman & Wakefield, *Main Streets Across the World 2022*, https://www.cushmanwakefield.com/en/insights/main-streets-across-the-world。

表 2 2020~2022 年上海首发经济活跃指数

年份	总指数	竞争力指数	成长力指数	影响力指数
2020	87.11	86.19	87.63	87.81
2021	87.68	86.97	88.03	88.29
2022	87.70	87.01	87.87	88.44

注: 首发经济活跃指数由竞争力指数、成长力指数、影响力指数 3 个一级指标构成,其中,竞争力指数包括首店级别、品牌销售额、首发活动数量、首店丰富度、首发丰富度 5 个二级指标,成长力指数包括首店增长、首店存活率、品牌销售额增长、顾客比例 4 个二级指标,影响力指数包括顾客流量、首发效应和顾客满意度 3 个二级指标。

资料来源:宗洁琼、贾佳《建设国际消费中心城市视角下首发经济活跃指数的研究及应用》,《中国质量与标准导报》2021 年第 5 期;并根据网络公开资料整理。

(四)到达便利度名列前茅

截至 2022 年底,上海拥有轨道交通运营线路 20 条,长度达到 831 公里,居全球首位;地面公交运营车辆 1.7 万辆,巡游出租车 2.7 万辆;2022 年,浦东、虹桥两大国际机场共起降航班 32.7 万架次,数量居全国第 1 位(见表 3),进出港旅客 2889 万人次,其中,国内航线进出港旅客 2754.6 万人次,国际及地区航线进出港旅客 134.4 万人次。[1] 同时,上海拥有京沪、沪昆等国家高铁干线,高铁、动车通达城市数量位居全国前列。上海空港通达性亚洲领先,疫情前通航全球 50 个国家的 314 个通航点。[2]

---

① 《2022 年上海市国民经济和社会发展统计公报》,https://tjj.sh.gov.cn/tjgb/20230317/6bb2cf0811ab41eb8ae397c8f8577e00.html,最后访问日期:2023 年 7 月 1 日。

② 《上海市人民政府关于印发〈上海国际航运中心建设"十四五"规划〉的通知》,https://www.shanghai.gov.cn/nw12344/20210708/17c981e16c96444abb0c73b590d39fc5.html,最后访问日期:2023 年 7 月 1 日。

表3 2022年全国民航起飞架次、旅客吞吐量排名前五的城市

城市	起飞架次（万架次）	城市	旅客吞吐量（万人次）
上海	32.7	成都	3109.3
成都	28.0	上海	2889.0
广州	26.7	广州	2610.5
北京	26.4	北京	2298.1
深圳	23.6	重庆	2167.4

资料来源：《2022年全国民用运输机场生产统计公报》，http：//www.caac.gov.cn/XXGK/XXGK/TJSJ/202303/t20230317_217609.html？eqid=9ba64b0b000009c600000004642e33e7，最后访问日期：2023年7月1日。

（五）政策引领度表现突出

为对标国际最高标准、最好水平，积极打造消费新场景，丰富品牌供给，2022年上海市政府相关部门制定了一系列政策文件（见表4），特别是8月出台的《激发创新动能 引领时尚潮流 加快上海国际消费中心城市建设的若干措施》提出12项政策措施，专门强调要放大进博会溢出效应，支持国内外知名品牌在沪开设首店、旗舰店，举办新品首发、首展、首秀、首演活动，支持电商平台打造全球新品网络首发平台，支持中高端国际品牌在重点商业综合体和特色商业街区举办快闪活动，吸引国际新品牌注册落地，培育集聚品牌总部，支持"上海时装周"加强与国际知名时装周合作，对接"上海全球新品首发地示范区"，打造时尚产业链与生态圈。此外，上海还将首发经济、夜间经济作为国际消费中心城市建设的重要抓手，在全国率先发布首发经济活跃指数和《首发经济评价通则》系列团体标准，率先探索"夜间区长""夜生活首席执行官"等管理机制创新，加强规划引领和统筹协调，积极发挥市场主体和行业协会的作用，有力推动了上海国际消费中心城市建设不断向前迈进。

表4　2022年上海制定的有关国际消费中心城市建设的政策文件

发布时间	发文单位及文号	政策文件
1月7日	上海市政府 沪府发〔2022〕1号	关于印发《崇明世界级生态岛发展规划纲要（2021—2035年）》的通知
1月21日	上海市商务委员会 沪商秩序〔2022〕7号	关于印发《本市开展单用途预付消费卡综合监管"一件事"改革试点工作方案》的通知
1月27日	上海市文化和旅游局、经济和信息化委员会、文化创意产业推进领导小组办公室、商务委员会、教育委员会、科学技术委员会、财政局、住房和城乡建设管理委员会、交通委员会、国有资产监督管理委员会 沪文旅发〔2022〕1号	关于印发《关于支持和推进上海工业旅游发展的实施意见》的通知
2月10日	上海市商务委员会、经济和信息化委员会、文化和旅游局、市场监督管理局、知识产权局 沪商规〔2022〕3号	关于印发《关于开展上海老字号认定的若干规定》的通知
3月16日	上海市商务委员会 沪商秩序〔2022〕61号	关于印发《2022年度上海市单用途预付消费卡管理工作要点》的通知
3月28日	上海市政府办公厅 沪府办规〔2022〕5号	关于印发《上海市全力抗疫情助企业促发展的若干政策措施》的通知
5月21日	上海市政府 沪府规〔2022〕5号	关于印发《上海市加快经济恢复和重振行动方案》的通知
5月30日	上海市旅游发展领导小组办公室 沪旅发办〔2022〕1号	关于印发《关于促进上海旅游行业恢复和高质量发展的若干措施》的通知
6月13日	上海市政府 沪府发〔2022〕5号	印发《关于加快推进南北转型发展的实施意见》的通知
6月15日	上海市发展和改革委员会、财政局 沪发改规范〔2022〕4号	关于印发《上海市促进汽车消费补贴实施细则》的通知
7月15日	上海市商务委员会 沪商市场〔2022〕131号	关于开展本市汽车品质消费示范区创建工作的通知
8月4日	上海市建设国际消费中心城市领导小组办公室 沪商商贸〔2022〕152号	关于印发《激发创新动能 引领时尚潮流 加快上海国际消费中心城市建设的若干措施》的通知
9月6日	上海市经济和信息化委员会、发展和改革委员会、商务委员会、科学技术委员会、文化和旅游局、市场监督管理局 沪经信都〔2022〕543号	关于印发《上海市时尚消费品产业高质量发展行动计划（2022—2025年）》的通知

续表

发布时间	发文单位及文号	政策文件
9月29日	上海市商务委员会、发展和改革委员会、财政局 沪商商贸〔2022〕225号	关于实施"上海市促进绿色智能家电消费补贴政策"的通知
12月2日	上海市政府办公厅 沪府办发〔2022〕23号	关于转发市发展改革委制订的《上海市推动生活性服务业补短板上水平提高人民生活品质行动方案》的通知
12月8日	上海市商务委员会 沪商秩序〔2022〕303号	关于对本市商务领域单用途预付消费卡管理开展信用监管试点的通知

资料来源：根据上海市政府、市发展和改革委员会、市商务委员会等官方网站信息整理。

二 进博会是上海建设国际消费中心城市的战略支撑

进博会是我国在新发展阶段推进高水平对外开放、以国际循环提升国内大循环效率水平的重要平台。对于上海建设国际消费中心而言，进博会从吸引全球知名企业、集聚优质消费资源、培育消费客流、引领消费潮流、促进政策创新等方面提供了战略支撑。

（一）吸引了全球知名消费类企业的落户发展

进博会的持续举办和影响力不断提升，向世界展示了上海的蓬勃活力和多彩魅力，扩大了我国对外经贸合作的"朋友圈"，越来越多的世界500强企业或行业龙头企业参加进博会，其中许多企业已经连续参加五届进博会（见表5）。

表5 连续参加五届进博会的世界500强企业

国家	企业
美国	陶氏化学、卡特彼勒、杜邦、霍尼韦尔、通用电气、江森自控、戴尔、微软、亿滋国际、强生、美敦力、通用汽车、福特汽车、英特尔、高通、3M、联合包裹
德国	宝马汽车、大众、采埃孚、博世、思爱普、拜耳、麦德龙、西门子、戴姆勒
日本	爱信精机、丰田、本田、日产、松下、三菱电机、日本电气、三菱重工

国家	企业
英国	阿斯利康、汇丰银行、联合利华、捷豹路虎
瑞士	罗氏、诺华、ABB、雀巢
法国	赛诺菲、达能、欧莱雅
韩国	现代起亚、三星
瑞典	沃尔沃汽车
芬兰	诺基亚
新加坡	丰益国际
巴西	JBS

资料来源：根据网络公开资料整理。

进博会也让世界看到了一个更加开放、充满机遇的中国大市场，这些都增强了外资企业特别是世界500强企业在华长期发展、深耕市场的信心。通过进博会，许多参展商成为投资商，加大了在上海投资经营和市场布局的力度，成立了地区总部或各类功能性总部，促进了全球知名消费类企业的落户发展。例如，美国多特瑞公司作为全球最大的芳香护理和精油企业之一，连续参加了五届进博会，参展面积从第一届的9平方米扩大到第五届的200平方米。更重要的是，2018年第一届之后，多特瑞在上海设立了地区总部；第二届以后，中国工厂和首个海外实验室投入使用；2022年，多特瑞不仅在进博会期间首发取材于中国的全新精油产品，而且在华的首个研发中心也正式启用。目前，中国已经成为其全球第二大业务市场。

全球知名消费类企业的不断落户，得益于政府有关部门的积极推动和支持。例如，上海市场监管部门在进博会举办前主动了解参展企业的情况及需求，并在进博会场馆设立专门的企业服务区，为有意愿投资的企业现场办理注册登记及其他经营许可申请，采取"证照联办"方式同步审批，现场颁发营业执照及相关经营许可证，促使企业更便捷地在中国市场开展经营活动（见表6）。

表6　历届进博会参展商获颁首张营业执照的情况

年份	机构名称	所属行业	备注
2019	上海奥尔奇兰商务管理有限公司	商务服务业	蒙古国"丝绸之路"工商协会授权中方代表设立的商务管理公司
2020	上海奥净贸易有限公司	批发业	主营蜂蜜等新西兰当地特色产品的外资公司
2021	上海腾时会展服务有限公司	商务服务业	德国功能性面料展中国展方代表设立的会展服务企业
2022	越凡穿戴(上海)科技有限公司	科技推广和应用服务业	加拿大越凡医疗中国销售总部

资料来源：根据网络公开资料整理。

（二）集聚了全球多样化的优质消费资源

进博会为全球优质消费品进入中国市场搭建了桥梁，强化了上海作为全国最大的进口消费品集散地的地位，也加快了上海打造全球消费品集散中心的步伐。2022年，第五届进博会按一年计意向成交金额达到735.2亿美元，比上一届增长3.9%，比首届增长27.1%，五届进博会累计意向成交金额达3458.2亿美元（见图3）。进博会的成功举办特别是常设交易平台的建设发

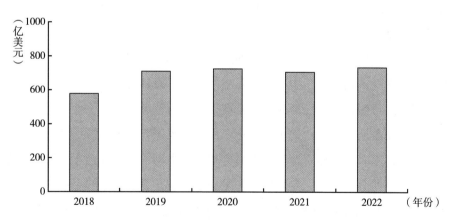

图3　历届进博会意向成交金额

资料来源：根据中国国际进口博览局发布的信息整理。

展，将更多展品变为商品，促进了全球优质消费资源集聚，丰富了国内消费市场多样化供给，提升了上海的消费繁荣度，使得越来越多上海本地以及全国的消费者不出国门就能实现"买全球"。

第五届进博会积极创新工作方式，通过提前发布意向采购需求（见表7、表8），促进了供需精准对接和有效匹配，使得参展商能够更有针对性地适应和满足消费需求。

表7　第五届进博会各交易团意向采购需求

批次	交易团	涵盖商品类别
第一批	中央企业、国家卫生健康委、北京、浙江、江西、甘肃6个交易团	35个
第二批	中央企业、国家卫生健康委、辽宁、湖北、云南、宁夏6个交易团	28个
第三批	中央企业、国家卫生健康委、黑龙江、福建、山东、宁波、厦门7个交易团	29个
第四批	中央企业、国家卫生健康委、天津、江苏、重庆、四川、贵州7个交易团	35个
第五批	北京、天津、河北、山西、内蒙古、辽宁、吉林、黑龙江、上海、江苏10个交易团	76个
第六批	浙江、安徽、福建、山东、河南、湖北、广东、广西、海南、四川10个交易团	58个
第七批	贵州、云南、陕西、甘肃、青海、宁夏、大连、青岛、深圳9个交易团	31个

资料来源：根据中国国际进口博览局发布的信息整理。

表8　第五届进博会部分展区意向采购需求

展区	类别	商品
食品及农产品	乳制品	牛奶、奶粉、乳制品、全脂奶粉、冷冻奶油、低蛋白乳清粉、综合性乳制品
	饮料和酒类	葡萄酒、烈酒、红酒、咖啡、红茶、啤酒、饮料、茶、综合饮品、其他饮料及酒类
	肉类	澳洲牛肉、美国和牛、牛羊肉、屠宰用肉牛、肉类冰鲜、肉类及其制品

续表

展区	类别	商品
食品及农产品	调味品	酱料、冲调料、食品添加剂、橄榄油、白糖、菜籽油、橄榄油、其他调味品
	农产品	农副产品、综合性农产品、其他农产品
	休闲食品	腰果、开心果、休闲零食、综合性休闲食品
	水产品和冷冻食品	冻鱿鱼、冻墨鱼、活龙虾、银鳕鱼、冷冻牛肉、冷冻去骨牛肉眼、冷冻去骨西冷、冰鲜进口三文鱼、冰鲜牛肉、冷冻鸡肉、冷冻猪肉、冷冻羊肉、冻海鲜
	甜食	俄罗斯糖果、巧克力、可可产品、其他糖果
	蔬果	蔬菜和果类
	综合食品	其他综合食品
消费品	时尚服装及配饰	箱包、运动服、纺织类产品
	家居及家饰设计	餐厨用品、陶瓷餐具、浴室柜、家居用品、玻璃工艺品、鸡蛋托盘器、餐具、陶瓷茶具、日用百货、家居装饰
	家电及消费电子	净水器、家用电器、冷榨机、保温杯系列产品、手工艺品、小家电、中央空调
	其他护理及日化用品	各类日化产品、日化快消品、清洁套件、洗涤用品、母婴用品、纸尿裤、宠物用品
	面部护理及彩妆	美妆用品、护肤品、香水
	宝石及珠宝	珠宝、首饰、玉制品
	智能家电及家居	家电、电源适配器、厨房用品、工具类产品、收纳类产品、文具类产品、办公设备、工艺礼品、办公用品、陶瓷产品、雕塑产品、牛骨摆件
	乐器	钢琴
汽车	汽车零部件	矿用卡车轮胎、汽车零部件、变速箱、变矩器、驱动桥、发动机、计轴系统、车载板卡、中继器、交换机、主轴承、减速机、轴承、制动器、车轴曲轴、刹车鳍、导线轮轴承内、导线轮轴承外、行走轮轴承内、行走轮轴承外、防导轮轴承内、防导轮轴承外、负重轮轮轴、负重轮、汽车零部件制造设备
	汽车配套产品及养护用品	润滑油脂

资料来源：根据中国国际进口博览局发布的信息整理。

（三）培育了规模可观、增长稳定的消费客流

进博会影响力不断提升，对参展企业、采购商的吸引力越来越大。据统计，参加第五届进博会的世界500强和行业龙头企业共有284家，数量超过上一届的274家（见图4），回头率近90%。在第五届进博会中，采购商的数量比上一届有所增长，共组建了39个交易团、约600个交易分团，新增4个行业交易团、近百个行业交易分团，注册单位11万家左右，注册人数35万人。更重要的是，采购商的质量和专业化程度也有明显提高。国务院国资委组织中央企业组建了99个交易分团，规模创下历史新高。中央企业下属的近1300家企业、1.7万多名专业采购人员注册参会。所有采购商中，年营业额超过10亿美元的达到2100多家，年进口额超过1亿美元的有1300余家。从行业结构看，注册报名的采购商中，制造业、批发零售业企业数量排在前两位，占比分别为26.7%、24.5%。

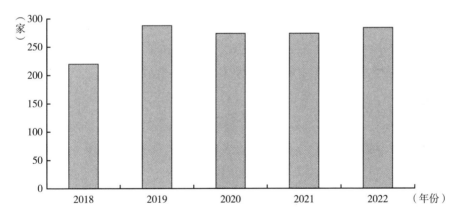

图4 历届进博会世界500强企业和行业龙头企业的参展数量

资料来源：根据进博会企业商业展展后报告整理。

在进博会举办期间，境外参展、观展人士有机会在上海游览都市风光，购买全球的优质消费品以及体现中国文化特点的本土商品。据统计，首届进博会举办当月，上海离境购物退税业务量同比增长近50%；第二

届进博会期间，上海离境退税物品销售额达到 560 万元，同比增长16.2%。[①]

（四）推进了全球消费潮流新高地建设

进博会的成功举办，促进了全球知名消费品牌落户上海，各类品牌首店（含旗舰店、概念店）不断涌现，集新品发布、展示、交易于一体的首发经济产业链加快形成，提升了上海的商业活跃度，为上海国际消费中心城市建设注入了强大动力。

2022 年，上海共引进国内外品牌首店 1073 家，与 2021 年基本持平，比 2020 年增长 18%，居全国城市首位。其中，全球或亚洲首店 12 家，全国或内地首店 133 家，华东首店 13 家，上海首店 915 家（见图 5）。从业态分布看，餐饮业态首店数量占据主导，占比 69.6%，零售业态首店占比 23.4%，休闲娱乐、生活服务、儿童体验业态首店占比约 7%。其中不少是通过进博会促成开设的首店，如普拉达（PRADA）设立的香水美妆店、万国表（IWC）设立的全球概念店等（见表 9）。

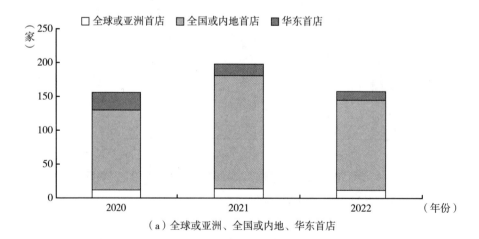

（a）全球或亚洲、全国或内地、华东首店

---

① 《上海离境退税服务再升级 充分放大进博会"溢出效应"》，http://shanghai.chinatax.gov.cn/xwdt/swxw/201912/t451445.html，最后访问日期：2023 年 7 月 1 日。

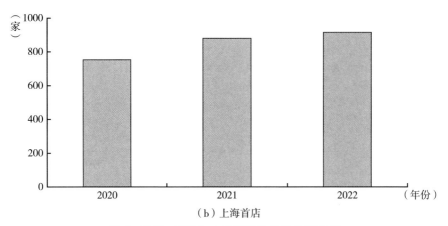

（b）上海首店

图5　2020~2022年上海引进的各类品牌首店

资料来源：根据网络公开资料整理。

表9　2022年借助进博会进入中国市场的部分代表性国际品牌首店

品牌	所属领域	首店层级	开店情况
PRADA	时尚奢侈品	亚太首店	香水美妆店
IWC	腕表	亚太首店	全球概念店
LV	奢侈品	全国首店	家具用品和室内装潢店

资料来源：根据网络公开资料整理。

此外，进博会还是消费新技术、新产品进入中国市场的重要平台。例如，在首届进博会上，参展企业首次发布的新技术、新产品超过300项，第二届进博会超过400项，第三届进博会达到411项，第四届进博会达到422项，第五届进博会进一步上升到438项（见表10）。

表10　历届进博会首发的代表性新产品、新技术和新服务

年份	数量	代表性项目
2018	超过300项	斯洛伐克AeroMobil公司第四代飞行汽车概念车等
2019	超过400项	高附加值系列美容液，进行皮肤抗老化护理；帕博利珠单抗注射液，开启针对多种癌症的创新免疫疗法；新一代氢燃料电动车，加氢3分钟，在上一代的600公里续航基础上，续航性能提高30%

年份	数量	代表性项目
2020	411 项,其中全球首发73 项	折叠后仅有背包大小的充气皮划艇、全自动仓储配送系统等
2021	422 项,其中全球首发88 项	泰国多品种植物基仿造肉、移动出行概念车、协作机器人、仅重 200 克的随身除菌净味仪、经支气管诊疗肺癌的数字化手术平台、全球供应链数智解决方案等
2022	438 项,其中全球首发115 项	佳农菲律宾黑钻凤梨、凯迪拉克 CELESTIQ 超豪华纯电旗舰车型、YSL 圣罗兰美妆 Scent-Sation、邓白氏数字化全球市场拓展解决方案等

资料来源：根据进博会企业商业展展后报告整理。

（五）促进了相关制度创新和政策突破

为保障进博会"越办越好"，上海市人大常委会于 2022 年 9 月通过了《上海市服务办好中国国际进口博览会条例》，这也是全国首个为展会而进行的专门立法。该条例从工作机制、支持办展办会、服务与保障、综合效应四个方面做出明确规定，特别是进一步提炼固化了出入境便利化、交通出行、志愿者服务、知识产权保障等服务保障机制和举措，有利于充分发挥法治的引领、规范和保障作用。

同时，上海还在国家有关部委的支持下，有针对性地探索了多项便利化举措和创新做法，提升了上海国际消费中心城市建设的政策引领度，为消费领域外资企业在华发展和全球优质消费品进入中国市场提供了很大便利。例如，在第五届进博会召开前，海关总署发布了 16 项具体支持措施，包括：发布通关须知，提供详细通关指引，以检验检疫《禁止清单》和《限制清单》的方式，明确了参加展览和销售商品的条件以及商品名录；设立上海会展中心海关作为进博会常态化机构，统筹国际会展监管资源，随时响应需求；强化科技化应用手段，打造智能化监管服务模式；派员入驻现场，为企业提供关税、展品监管、留购等业务的政策咨询服务；允许办展方统一提供税款担保，减轻境外参展企业负担；就近开展验核，提升参展便利化水平；

设置专门通道，优先办理手续，确保即到即报，即查即放；固化监管措施，延长 ATA 单证册项下展览品暂时进境期限，为参展商在展后最大限度扩大参展效应提供便利；加强与参展国家或地区检疫准入谈判，扩大进境展览品种类；简化监管手续，方便特殊物品进境；简化入境手续，方便食品、化妆品参展；简化出境手续，便利展览品展后处置；支持保税展示展销常态化，扩大展会溢出效应；支持跨境电商业务，推进线上线下融合；支持文物展品参展，办理展后留购手续；对符合条件的参展车辆优先检测、出具相关证明。[①]

三 充分发挥进博会对加快上海国际消费中心城市建设的作用

充分发挥进博会在国际采购、投资促进、人文交流、开放合作四个方面的功能作用，放大溢出效应，为上海加快建设具有全球影响力、竞争力、美誉度的国际消费中心城市提供有力支撑。

（一）强化进博会与消费服务行业的有效联动

国际消费中心城市建设需要强化支柱行业的牵引带动作用，营造多行业融合互动的消费生态，促进商业、旅游、文化、体育、会展等诸多行业的联动发展，实现规模效应，从而形成对国内外消费者的足够吸引力。[②]

为此，可将进博会作为主要抓手，加快提升上海会展业配置全球资源的能力，加强进博会展览模式、技术及机制创新，大力发展绿色会展、智慧会展，培育具有国际竞争力的大型会展业市场主体，完善会展业标准化体系，拓展境外经贸合作伙伴网络，完善消费品进口、分拨配送、零售推广服务链

[①] 《海关总署关于发布〈2022 年第五届中国国际进口博览会海关通关须知〉和〈海关支持 2022 年第五届中国国际进口博览会便利措施〉的公告》，http://www.customs.gov.cn//customs/302249/302266/302267/4482211/index.html，最后访问日期：2023 年 7 月 1 日。

[②] 王微、王青、刘涛等：《国际消费中心城市：理论、政策与实践》，中国发展出版社，2021。

条，做大常设交易平台规模。同时，进一步强化进博会与主要消费服务行业的融合互动，培育"会商旅文体"融合发展的新业态和新模式，推动进博会旅游线路的精品化发展，提高集会展、旅游、休闲、购物于一体的消费新地标的吸引力和影响力。加强"上海服务""上海制造""上海购物""上海文化"的品牌联动，放大消费促进的规模效应和整体优势。

（二）进一步完善首发经济产业链

首发经济是国际消费中心城市商业活跃度和创新力的重要体现，也是引领和定义国际时尚潮流的重要载体。目前，全球一流的国际消费中心城市已经形成从新品发布到首店、总部相对健全的首发经济产业链，国内的北京、广州等城市也在积极促进首发经济加快发展。

对于上海而言，可考虑在进博会期间增设"全球首发节"主题活动，与现有上半年举办的"上海全球新品首发季"相呼应，围绕化妆品、智能家电、黄金珠宝、汽车等消费升级热点，打造具有国际影响和国内示范效应的中高端品牌首发、首秀、首展，进一步强化进博会作为全球新品首发地、前沿技术首选地、创新服务首推地的功能，引领全球智能、绿色生活方式。适应时尚类零售品牌轻资产的特点，完善总部企业认定和支持标准，加大对跨国公司在上海设立地区总部的政策支持力度，对国内外知名品牌亚洲首店、中国首店的店面装修和房租等给予一定的资金支持。

（三）加大国内消费品牌推介力度

国际消费中心城市不仅是全球知名消费品牌、各类消费资源的主要集聚地，还是一国对外展示和输出本国特色消费品牌、消费文化的首要门户。

为此，可重点利用进博会平台，加大对老字号等国内消费品牌的宣传推广力度，积极打造一批具有创新性、引领性和带动性的本土品牌，培育城市定制商品和高级定制品牌，让中国文化、中国元素更多出现在进博会上。进一步发展免退税经济，提高免税购物额度，推动国货品牌入驻免税店，提高国潮新品的影响力和美誉度。

（四）构建长三角区域消费联动发展新格局

国际消费中心城市建设要突出"中心"功能，建立健全"以周边支撑中心、以中心带动周边"的区域联动机制，形成共建共享国际消费中心城市的培育模式。

上海作为长三角地区的核心城市，可积极利用进博会平台，集聚整合区域消费资源，促进资金、技术、人才、信息在区域范围内合理配置，建立长三角促消费的联动机制。同时，发挥辐射带动作用，开展城市推介、投资对接等活动，将更多优质消费品、中高端品牌以及新业态、新模式向区域辐射，推进长三角消费相关产业和功能的协同布局，打造联动长三角、服务全国的进口商品集散中心。

（五）进一步探索消费相关政策创新

国际消费中心城市在我国是新生事物，要在加强顶层设计的同时，充分调动培育建设城市的积极性、主动性，支持地方改革创新和大胆探索。

对上海而言，可进一步加强保税展示交易政策创新，推动将进博会期间的展品通关监管、人员出入境、资金结算等短期措施转化为常态化制度安排，畅通进口商品进入国内市场的渠道，加大知识产权保护力度，便利入境旅客数字化支付，推动将更多展品变商品、参展商变投资商。同时，积极推进内外贸一体化，探索内外贸制度规则有效衔接，建立健全服装类新品第三方采信制度，提高时尚消费品牌新品通关速度。加快国际标准与国内标准的转换，提升标准一致性，推进国内标准体系建设，补齐国内标准短板。

B.11
进博会对上海城市品牌的影响
及提升路径研究

刘彦平 刘睿仪*

摘 要： 本文由上海城市品牌检视切入，探讨进博会对上海城市品牌建设的影响因素，重点基于城市品牌影响力指数（CBII）评价体系对上海及其所在城市群、都市圈的品牌影响力进行对标分析，从中推导进博会对上海城市品牌建设的发力点，同时分析进博会对上海城市品牌系统性建构的作用机制与路径，以及今后进一步优化的方向。最后就利用进博会推动上海城市品牌建设的重点和突破点提出若干策略建议，包括城市品牌规划先行、国家品牌背书与反哺、城市品牌合作平台创新、城市超级 IP 及 IP 体系打造、城市品牌治理体系建设等。

关键词： 进博会 城市品牌 城市治理

一 进博会与上海城市品牌：问题的提出

品牌是企业、地区乃至国家竞争力的重要体现，也是赢得世界市场的重要资源。在国内外的城市品牌化实践中，重大节事活动已成为带动城市品牌建设的一条重要途径，并催生了诸多成功的案例，相关的研究也不胜枚举。

* 刘彦平，中国社会科学院财经战略研究院研究员，主要研究方向为城市品牌、创新发展；刘睿仪，中国社会科学院大学商学院 2022 级硕士研究生，主要研究方向为区域经济与旅游发展。

美国大都市委员会在《重大节事对大城市的影响》专题报告中提出重大节事的五个标准，分别是节事的独特性、大量的投资、影响城市持续的转变、吸引大量游客以及吸引大量国际媒体报道①，无一不与城市品牌的塑造息息相关。从宏观角度看，奥运会、世界杯、世博会等各种类型的重大节事活动可提升城市的品牌影响力，优化城市的社会经济与文化环境，创造城市的经济价值。从微观角度看，重大节事活动的传播能提升受众对城市的认知，特别是与重大节事相伴的各类大型活动，能够极大丰富受众对城市的情感体验，建立受众对城市的好感度，形成城市形象的张力与辐射力，进而为城市的发展提供更多吸引高端要素的机会。迄今重大节事活动已在世界城市版图上点亮诸多城市品牌，其中既有伦敦、巴黎、北京等大城市，也有达沃斯、戛纳、博鳌等中小城市，上海就是得益于重大节事活动的典型超大城市之一。

作为国家中心城市、中国历史文化名城以及长三角城市群和上海大都市圈的核心城市，上海历来是各类经济文化盛事云集的活力城市。特别是 2010 年举办的上海世界博览会，让上海在全球聚光灯下熠熠生辉。同时，上海世博会主题口号"城市，让生活更美好"引发全球共鸣并产生深远影响，成为今天上海打造人民城市品牌的重要无形资产。而从 2018 年起，永久落户上海的中国国际进口博览会（以下简称"进博会"）作为世界上第一个以进口为主题的国家级展会，又把上海城市品牌建设推到一个新高度。进博会致力于打造国际采购、投资促进、人文交流、开放合作四大平台，在我国构建新发展格局、推动高质量发展的进程中发挥着不可替代的重要作用。同时，作为全球共享的重要国际公共产品，一年一度的进博会为世界经济复苏与发展持续注入中国开放新动能，引发全球关注并得到一致好评。其中，进博会的立意、宗旨及其不断扩大的影响力，与上海强化国际经济、金融、贸易、航运、科技创新中心等城市功能，加快建设令人向往的创新之城、人文之城、生态之城，进而打造卓越全球城市的愿景深度契合。近年来，围绕进博会与上海

---

① Metropolis Commission, "The Impact of Major Events on the Development of Large Cities", *Working Paper*, 2002.

城市形象提升及城市品牌打造的讨论和研究日渐增多。比如梅明丽和刘曦琳探讨了主流媒体的进博会报道对上海城市形象建构的影响①；臧志彭和张文娟以进博会为案例，对公众感知、媒介效果与城市形象三者关系机理进行了初步探索②；徐梦英基于百度和谷歌的新闻搜索引擎数据分析了进博会中英文新闻报道中上海城市形象的分异③；刘菁等基于中外"进博会"报道语料库分析，探讨了上海城市形象在中外媒体关注中的差异和共性④；等等。总体来看，现有相关研究文献主要从传播角度来研究进博会对上海城市品牌的影响和贡献，而立足国家战略、区域战略和城市发展战略，从城市品牌的结构性建设和城市品牌治理现代化角度的研究还较为匮乏。

鉴于进博会作为国家级展会的重要战略意义及其对上海城市品牌建设的历史性机遇和使命，本文拟引入近年来的城市品牌影响力指数（CBII）相关数据，通过与国内其他超大城市和国际性城市进行对比来分析和研判上海利用进博会推动品牌建设的优势和不足，进而探讨其影响因素和内在机理，并在此基础上研究提出在进博会"越办越好"的进程中上海城市品牌、长三角区域品牌和中国国家品牌的优化和提升路径。

二　探寻进博会的城市品牌发力点：
上海城市品牌检视

作为中国超大城市⑤之一的上海以科技创新水平、自然资源禀赋和现代化治理能力吸引着大量人口，带来了超高的资源集聚效应、资源利用效率以

---

① 梅明丽、刘曦琳：《主流媒体进博会报道中的上海城市形象建构》，《新闻前哨》2022年第23期，第29~32页。
② 臧志彭、张文娟：《重大活动背景下的公众感知、媒介效果与城市形象——基于中国国际进口博览会的实证研究》，《国际传播》2020年第6期，第13页。
③ 徐梦英：《搜索引擎中的双重上海城市形象——基于百度和谷歌的新闻搜索研究》，《新闻研究导刊》2020年第18期，第2页。
④ 刘菁、谭善琦、贾卉：《基于语料库的中外"进博会"报道中的上海形象研究》，《外语教育与翻译发展创新研究》（第八卷），2019。
⑤ 据国家统计局说明，城区常住人口在1000万人以上的城市为超大城市。

及更大的创新可能性。作为一个全球性城市,上海在商业、文化、金融、媒体、时尚、技术和交通等领域都具有强大的影响力。为深入探究上海城市品牌影响力的发展态势,以更好地发挥进博会对上海城市品牌的带动作用,本文选取上海、北京、深圳、重庆、广州、成都、天津、武汉、香港作为对比分析的样本城市,引入中国社会科学院中国城市品牌影响力报告课题组发布的 CBII 数据来进行研究。该课题组构建了符合我国国情的 CBII 评价体系,包括城市文化品牌影响力指数、城市旅游品牌影响力指数、城市投资品牌影响力指数、城市宜居品牌影响力指数和城市品牌传播影响力指数等 5 个结构化维度的 20 多个二级指标和 70 多个三级指标。同时,为考察城市与区域发展的关系,该课题组还提出了与 CBII 同构的城市群品牌影响力指数(ABII)和省域品牌影响力指数(PBII)模型,并依据上述指数框架持续展开对中国城市品牌影响力指数的年度测评。该成果被收入中社智库及国家智库报告系列并已连续公开出版和发行多年,指数数据被收入每年的《中国城市年鉴》,其数据可靠性获得各界认可,本文选取 2018~2022 年数据进行分析。

(一)上海城市品牌影响力分析

1. 上海城市品牌影响力的对标分析

2018~2022 年,上海 CBII 稳步提高,与全国均值之差由 2018 年的+0.381逐步攀升至 2022 年的+0.497,与北京 CBII 的差值由 2018 年的 0.094 逐步缩小至 2022 年的 0.045(见表 1、图 1)。这说明上海城市品牌影响力表现出色,在全国城市品牌化竞争中已形成稳固的领先地位,由此可推测进博会在带动上海城市品牌影响力提升方面有显著正向作用。

表 1   2018~2022 年上海和对标城市 CBII 及其与全国均值对比

城市	2018 年	与全国均值差	2019 年	与全国均值差	2020 年	与全国均值差	2021 年	与全国均值差	2022 年	与全国均值差
上海	0.659	+0.381	0.774	+0.464	0.741	+0.446	0.776	+0.499	0.796	+0.497
北京	0.753	+0.475	0.864	+0.553	0.835	+0.539	0.855	+0.577	0.841	+0.542

续表

城市	2018年	与全国均值差	2019年	与全国均值差	2020年	与全国均值差	2021年	与全国均值差	2022年	与全国均值差
深圳	0.555	+0.277	0.649	+0.338	0.645	+0.350	0.622	+0.344	0.630	+0.331
重庆	0.547	+0.269	0.651	+0.341	0.626	+0.331	0.609	+0.332	0.665	+0.366
广州	0.556	+0.278	0.642	+0.332	0.630	+0.334	0.606	+0.329	0.657	+0.359
成都	0.560	+0.282	0.663	+0.352	0.642	+0.346	0.599	+0.322	0.659	+0.361
天津	0.525	+0.247	0.616	+0.305	0.568	+0.273	0.563	+0.286	0.607	+0.308
武汉	0.505	+0.227	0.591	+0.281	0.607	+0.311	0.584	+0.306	0.593	+0.295
香港	0.610	+0.332	0.682	+0.372	0.624	+0.329	0.561	+0.284	0.623	+0.324

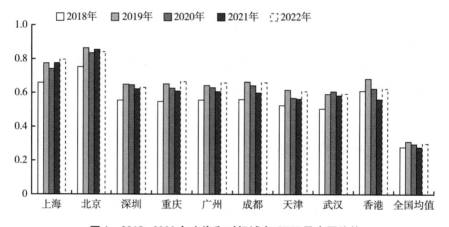

图1　2018~2022年上海和对标城市CBII及全国均值

2. 上海城市文化品牌影响力的对标分析

上海作为一个外来文化与本土文化多元融合的国际大都会,海纳百川、兼容并包是其文化底色,江南文化绵延至今,海派文化特色鲜明,这些特征赋予了上海城市文化品牌源源不断的活力。上海在城市文化品牌建设方面已经积聚了深厚的基础和优势,2018~2022年,上海的城市文化品牌影响力指数走势较为稳定,尽管在2022年有小幅下滑,但整体上均比全国城市文化品牌影响力指数高0.444及以上,表明上海的城市文化品牌建设与城市品牌影响力发展步伐较为一致。整体上看,北京与上海两座城市的文化品牌指数与其他对标城市已拉开较大的差距（见表2、图2）。可以推测，进博会及其一系列活动不仅丰富了市民的文化生活，也提升了上海城市文化的品位和关注度，为上海城市文化可持续发展注入了新的活力。然而上海城市文化品牌建设在引领和带动城市品牌建设方面，特别是文化独特性和文化吸引力方面尚有进一步提升的空间。以2022年CBII数据为例，上海城市文化品牌影响力指数为0.706，排名全国第2，但文化独特性（文化渊源、特色和独特性感知等维度）和文化潜力（城市产业及文化氛围等维度）指数分别为0.559（排名第10）和0.525（排名第5），对整体城市文化品牌表现形成掣肘。这表明进一步彰显文化独特性和发掘文化发展潜力，应是上海文化品牌建设的主要发力点。以进博会为展示平台，上海今后应用好用足江南文化资源，加强对文化遗产的保护和传承，推动文化遗产的创造性转化和创新性发展，鼓励和支持文化创意产业的发展，办好上海国际电影节、上海书展、上海文化节等各类文化交流活动，营造富有特色的城市文化景观，充分展现上海城市的魅力和文化内涵，切实增强市民文化归属感，进一步提升城市文化品位和文化软实力。

表2　2018~2022年上海和对标城市文化品牌影响力指数及其与全国均值对比

城市	2018年	与全国均值差	2019年	与全国均值差	2020年	与全国均值差	2021年	与全国均值差	2022年	与全国均值差
上海	0.681	+0.444	0.729	+0.486	0.720	+0.497	0.800	+0.527	0.706	+0.487
北京	0.787	+0.550	0.922	+0.678	0.903	+0.680	0.905	+0.631	0.855	+0.636
深圳	0.495	+0.258	0.550	+0.307	0.525	+0.302	0.579	+0.305	0.490	+0.271
重庆	0.554	+0.317	0.595	+0.351	0.575	+0.352	0.632	+0.358	0.531	+0.312
广州	0.542	+0.305	0.621	+0.377	0.595	+0.372	0.671	+0.397	0.590	+0.371
成都	0.584	+0.347	0.634	+0.390	0.607	+0.384	0.717	+0.443	0.664	+0.445
天津	0.547	+0.310	0.567	+0.323	0.534	+0.311	0.619	+0.345	0.522	+0.303
武汉	0.497	+0.260	0.531	+0.287	0.585	+0.362	0.644	+0.371	0.547	+0.328
香港	0.575	+0.338	0.676	+0.432	0.675	+0.452	0.671	+0.397	0.694	+0.475

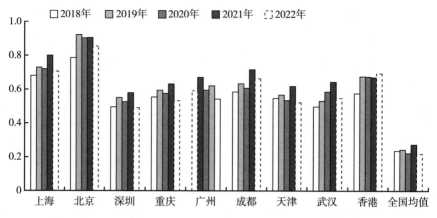

图2　2018～2022年上海和对标城市文化品牌影响力指数及全国均值

3. 上海城市旅游品牌影响力的对标分析

2018～2022年，上海城市旅游品牌影响力指数同样强势领先于全国平均水平，旅游品牌的带动作用明显。特别是2021～2022年上海城市旅游品牌影响力指数明显提升，2022年上海城市旅游品牌影响力指数为0.828，比全国均值高0.537（见表3、图3），表明上海旅游业在疫情中展现出强大的韧性。然而上海在旅游目的地人气（2022年该指数为0.778，排名第6）方面与西安、成都、重庆和北京存在一定差距，这说明进博会的运作和传播在旅游方面的主题及项目建设还不够丰富。今后应考虑进博会这个超级IP及其潜在的吸引力效应，提升旅游景点的硬件设施和服务水平，加大对文旅融合项目的投资力度，拓展旅游主题的展示和活动板块，加强多元渠道的媒体宣传等，提升上海的旅游吸引力和竞争力（见表3、图3）。

表3　2018～2022年上海和对标城市旅游品牌影响力指数及其与全国均值对比

城市	2018年	与全国均值差	2019年	与全国均值差	2020年	与全国均值差	2021年	与全国均值差	2022年	与全国均值差
上海	0.689	+0.320	0.708	+0.369	0.687	+0.358	0.707	+0.392	0.828	+0.537
北京	0.791	+0.422	0.881	+0.543	0.869	+0.541	0.867	+0.552	0.855	+0.563
深圳	0.526	+0.157	0.533	+0.195	0.546	+0.218	0.532	+0.217	0.521	+0.229

城市	2018 年	与全国均值差	2019 年	与全国均值差	2020 年	与全国均值差	2021 年	与全国均值差	2022 年	与全国均值差
重庆	0.741	+0.372	0.737	+0.399	0.718	+0.390	0.658	+0.343	0.745	+0.453
广州	0.608	+0.239	0.580	+0.242	0.584	+0.256	0.564	+0.248	0.553	+0.261
成都	0.633	+0.264	0.644	+0.306	0.629	+0.300	0.629	+0.313	0.711	+0.419
天津	0.611	+0.242	0.580	+0.241	0.556	+0.227	0.505	+0.190	0.542	+0.250
武汉	0.585	+0.216	0.557	+0.219	0.618	+0.290	0.591	+0.276	0.550	+0.258
香港	0.534	+0.165	0.558	+0.219	0.506	+0.178	0.401	+0.085	0.308	+0.017

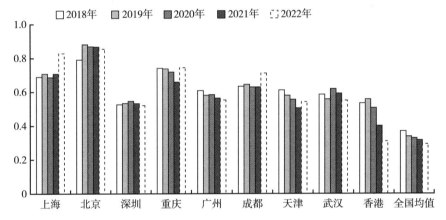

图 3　2018~2022 年上海和对标城市旅游品牌影响力指数及全国均值

4. 上海城市投资品牌影响力的对标分析

上海城市投资品牌影响力发展势头强劲。特别是从 2022 年数据来看，上海城市投资品牌影响力指数为 0.843，较全国均值高 0.532（见表 4、图 4），营商环境品牌及投资吸引力领跑全国。从 2018~2022 年发展趋势来看，上海城市投资品牌影响力指数稳步上升，特别是投资活力表现优异，综合相关统计数据和舆情数据来看，进博会对上海投资品牌的拉动较为直接和明显，但在展示本地区企业质量和国际化营商环境声望方面，仍有进一步提升空间。比如 2022 年上海投资品牌影响力指数居全国榜首，但因 500 强企业

数量、上市公司数量及营商环境口碑等指标的影响,其经济基础、创新创业和投资营销传播等指数均低于北京,排名第 2。

表4 2018～2022 年上海和对标城市投资品牌影响力指数及其与全国均值对比

城市	2018 年	与全国均值差	2019 年	与全国均值差	2020 年	与全国均值差	2021 年	与全国均值差	2022 年	与全国均值差
上海	0.634	+0.411	0.877	+0.599	0.858	+0.586	0.856	+0.576	0.843	+0.532
北京	0.705	+0.482	0.881	+0.603	0.870	+0.599	0.894	+0.614	0.794	+0.483
深圳	0.642	+0.419	0.745	+0.467	0.772	+0.501	0.751	+0.471	0.699	+0.388
重庆	0.478	+0.256	0.667	+0.389	0.652	+0.381	0.617	+0.337	0.703	+0.392
广州	0.551	+0.328	0.668	+0.390	0.663	+0.392	0.631	+0.351	0.722	+0.411
成都	0.481	+0.259	0.651	+0.372	0.635	+0.363	0.567	+0.288	0.639	+0.328
天津	0.502	+0.280	0.632	+0.354	0.614	+0.343	0.602	+0.323	0.668	+0.357
武汉	0.486	+0.263	0.629	+0.351	0.637	+0.366	0.567	+0.288	0.639	+0.328
香港	0.675	+0.453	0.680	+0.402	0.647	+0.376	0.618	+0.339	0.632	+0.321

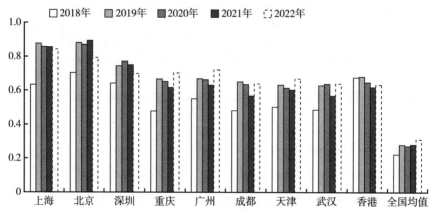

图4 2018～2022 年上海和对标城市投资品牌影响力指数及全国均值

5. 上海城市宜居品牌影响力的对标分析

2018～2022 年数据显示,在全国宜居品牌影响力指数呈现先下降后上升的总体态势下,上海城市宜居品牌影响力指数走势整体呈上升趋势,与全国城市宜居品牌影响力指数均值之差由 2018 年的+0.248 攀升至 2022 年的+0.459，宜居品牌影响力表现出强大的韧性。2018~2019 年，上海城市宜居品牌影响力指数与北京和香港还存在一定差距，但 2020~2022 年有稳定上升趋势（见表 5、图 5），城市宜居建设对总体城市品牌影响力的带动效应初步显现，也表明围绕进博会的城市基础设施建设和城市更新与空间活化等行动对城市宜居建设和宜居口碑起到了积极的促进作用。以 2022 年数据为例，上海的宜居声望指标（包括美丽城市口碑、美食城市口碑、和谐城市口碑和生活品质口碑等）表现突出，指数为 0.961，排名全国第 2，但城市活力、生态环境和民生质量三个指标指数分别为 0.835、0.515 和 0.832，排名均为全国第 3，还应进一步加强。今后上海应以办好进博会为契机和抓手，做好顶层规划和设计，重点通过城市更新来实现人居基础设施和街区功能的优化和升级，不断提升市民的人居满意度和幸福感。

表 5 2018~2022 年上海和对标城市宜居品牌影响力指数及其与全国均值对比

城市	2018 年	与全国均值差	2019 年	与全国均值差	2020 年	与全国均值差	2021 年	与全国均值差	2022 年	与全国均值差
上海	0.564	+0.248	0.659	+0.358	0.630	+0.359	0.667	+0.421	0.786	+0.459
北京	0.594	+0.277	0.705	+0.404	0.673	+0.402	0.699	+0.453	0.847	+0.520
深圳	0.541	+0.224	0.639	+0.338	0.592	+0.321	0.612	+0.366	0.709	+0.382
重庆	0.476	+0.159	0.541	+0.240	0.534	+0.263	0.542	+0.296	0.640	+0.313
广州	0.506	+0.189	0.574	+0.273	0.531	+0.260	0.541	+0.295	0.700	+0.373
成都	0.502	+0.185	0.558	+0.257	0.515	+0.244	0.521	+0.275	0.637	+0.310
天津	0.487	+0.170	0.555	+0.254	0.509	+0.238	0.529	+0.282	0.645	+0.318
武汉	0.438	+0.121	0.502	+0.201	0.474	+0.204	0.476	+0.229	0.609	+0.282
香港	0.607	+0.291	0.690	+0.390	0.550	+0.279	0.559	+0.313	0.638	+0.311

6. 上海城市品牌传播影响力的对标分析

2018~2022 年，在全国城市品牌传播影响力指数表现起伏较大的背景之

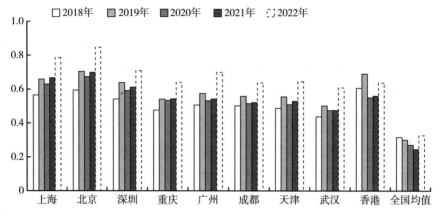

图5 2018～2022年上海和对标城市宜居品牌影响力指数及全国均值

下，北京和上海的城市品牌传播影响力指数强势领先，尽管呈现先上升后下降的趋势，但整体上波动较小。以2022年数据来看，北京城市品牌传播影响力指数为0.856，比全国均值高0.511，上海城市品牌传播影响力指数为0.816，比全国均值高0.471，均与其他对标城市拉开较大差距（见表6、图6）。结合全年数据来看，进博会对上海城市品牌传播有积极的贡献。值得关注的是，上海尽管已做出诸多出色的探索和努力，但在讲好城市故事的主题丰富性和内容张力方面还有较大提升空间。例如，上海作为全球知名的国际化大都市，其2022年中英文新闻搜索数量指数尚不及北京、广州、深圳、香港，今后上海在讲好城市故事的议题设置和加大传播力度方面应进一步加强。

表6 2018～2022年上海和对标城市品牌传播影响力指数及其与全国均值对比

城市	2018年	与全国均值差	2019年	与全国均值差	2020年	与全国均值差	2021年	与全国均值差	2022年	与全国均值差
上海	0.728	+0.483	0.900	+0.508	0.811	+0.578	0.848	+0.578	0.816	+0.471
北京	0.889	+0.644	0.930	+0.538	0.860	+0.637	0.908	+0.637	0.856	+0.511
深圳	0.570	+0.325	0.775	+0.384	0.790	+0.364	0.634	+0.364	0.731	+0.386
重庆	0.488	+0.243	0.718	+0.326	0.652	+0.324	0.595	+0.324	0.704	+0.359
广州	0.574	+0.329	0.768	+0.376	0.775	+0.354	0.624	+0.354	0.722	+0.378

续表

城市	2018 年	与全国均值差	2019 年	与全国均值差	2020 年	与全国均值差	2021 年	与全国均值差	2022 年	与全国均值差
成都	0.599	+0.354	0.828	+0.436	0.823	+0.292	0.563	+0.292	0.646	+0.301
天津	0.477	+0.232	0.746	+0.355	0.629	+0.289	0.559	+0.289	0.659	+0.315
武汉	0.520	+0.275	0.739	+0.347	0.719	+0.368	0.639	+0.368	0.621	+0.276
香港	0.658	+0.413	0.807	+0.416	0.745	+0.360	0.554	+0.284	0.840	+0.495

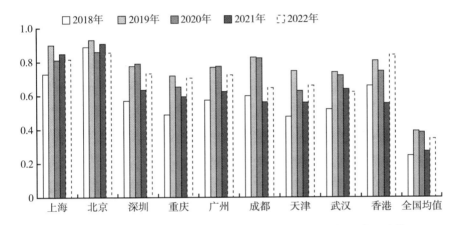

图 6　2018~2022 年上海和对标城市品牌传播影响力指数及全国均值

（二）区域品牌对城市品牌的背书与支持：对比分析

1. 城市群品牌效应对比分析

城市群是我国经济和人口的主要承载空间，以目前 8 个超大城市为核心所形成的 5 个城市群分别为北京和天津所属的京津冀城市群、上海所属的长三角城市群、深圳和广州所属的珠三角城市群、重庆和成都所属的成渝城市群以及武汉所属的长江中游城市群。此外，香港是粤港澳大湾区的中心城市之一。其中，长三角、珠三角和京津冀城市群均为国家科技创新高地：长三角城市群拥有云计算、人工智能等世界级数字产业集群；京津冀城市群汇聚了全国顶尖的科研院所和国家实验室等研究平台；珠三角城市群毗邻港澳，具有强大研发和产业化优势，是创新创业高地。长江中游城市群则是支撑中部地区崛起、推动长江经济带建设的重要力量。成渝城市群是推进成渝一体化发展、培育经济发展"第四增长极"的重要区域。粤港澳大湾区在全国新发展格局中具有重要的战略地位，是新发展格局的战略支点、高质量发展的示范地、中国式现代化的引领地。这6个城市群均肩负着高质量发展的重要使命，不仅是扩大中等收入群体的主要阵地，更是我国打造世界级城市群的重要力量。

在历届进博会中，长三角城市群表现出旺盛的参与热情和协同发展的活力，特别是2018~2022年长三角G60科创走廊九城市组团"五刷"进博会，在第五届进博会上推出长三角G60科创之眼首秀，标志着带动区域协同发展已成为进博会突出的外溢效应。同时，其他城市群集结亮相进博会的趋势也日渐显露。2022年的ABII数据显示，粤港澳大湾区、长三角城市群和珠三角城市群位居前3，其中，粤港澳大湾区、长三角城市群ABII领先优势较为稳定，进博会对长三角区域品牌的带动作用不容忽视，但未来尚需着力打造区域江南文化品牌优势、进一步提升长三角城市群投资品牌影响力的合力。相比之下，长江中游城市群和成渝城市群ABII在我国20个城市群中虽位居前10，但与粤港澳大湾区、长三角、珠三角和京津冀等头部城市群有不小的差距（见图7）。

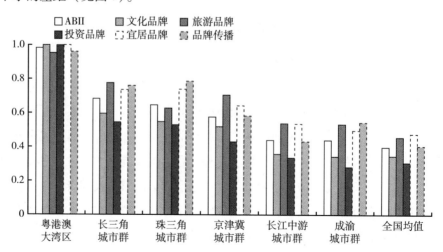

图7　2022年上海和对标城市所属城市群ABII及全国均值

2. 都市圈品牌协同力潜力观察

都市圈对于区域协调和一体化发展具有重要的示范作用，是高质量发展过程中的关键一环。进博会与区域品牌的互动更直接地表现为对上海大都市圈的带动作用。2022 年我国 30 个主要都市圈样本的内部城市品牌影响力均值，可在一定程度上反映都市圈品牌协同力潜力。计算结果表明，我国 8 个超大城市所属都市圈的品牌协同力水平总体差异较大，整体呈东高西低的空间分布格局，还有较大的提升空间。在纳入评测的 30 个都市圈中，品牌协同力表现最好的是上海都市圈，其城市品牌影响力指数均值为 0.488（见表 7），表明上海在都市圈品牌影响力方面发挥着重要的引领和支撑作用。具体来看，上海都市圈投资品牌影响力指数表现最好，但文化品牌影响力指数和旅游品牌影响力指数均值相对略低，宜居品牌影响力指数和品牌传播影响力指数被深圳都市圈反超。依托进博会平台加强上海都市圈文旅品牌、宜居品牌和品牌传播的协同建设，应是今后聚焦的重点。

表 7 2022 年我国主要都市圈的区域品牌协同力表现

都市圈	中心城市	都市圈内其他城市	都市圈 CBII 均值	中心城市 CBII
上海都市圈	上海市	苏州、无锡、常州、南通、嘉兴、宁波、舟山、湖州	0.488	0.796
深圳都市圈	深圳市	东莞、惠州	0.480	0.630
重庆都市圈	重庆市	广安	0.443	0.665
北京都市圈	北京市	张家口、保定、廊坊、承德	0.440	0.841
天津都市圈	天津市	廊坊、沧州、唐山、秦皇岛	0.384	0.607
广州都市圈	广州市	佛山、肇庆、清远、云浮、韶关	0.348	0.657
成都都市圈	成都市	德阳、眉山、资阳	0.341	0.659
武汉都市圈	武汉市	鄂州、黄冈、黄石、仙桃、咸宁、孝感、潜江、天门	0.300	0.593

三 进博会对上海城市品牌的作用机制与路径解析

（一）城市品牌的系统化建构：赋能城市高质量发展的作用机制

城市影响力是在特定地理空间和认知空间范围内，一个城市在经济、文旅、产业、环境（宜居）和形象等方面的特征、能力、话语权、吸引力和辐射力的综合表现①，而城市品牌影响力是城市影响力的高度凝结和最典型的体现。基于研究文献，刘彦平、王明康提出城市品牌系统化建构与城市高质量发展相互影响、相互促进的基本机制与观察框架（见图8）。首先，城市品牌建设面向人民对美好生活的需要，是一种需求导向的城市品牌规划、建设和治理努力，其目标是从满足人民细分需求出发，贯彻新发展理念，践行"五位一体"发展模式，打造强势、正面的城市品牌体系，其实质是对满足人民美好生活需要的承诺，包括城市文化、旅游、投资、宜居等子品牌，以及优化城市品牌传播、打造区域品牌等，这就提出了一个城市品牌结构化和系统建构的问题。也可以说，人民对美好生活的需要是城市品牌建设的拉动和牵引力量。其次，城市品牌系统化、结构性力量，以及相应的治理体系和治理能力建设，能够推动城市加快构建新发展格局，进而迈向更高品质和更富特色的高质量发展道路。反过来看，城市的高质量发展又进一步为城市品牌建设注入更多的资源和提供更大的动力，表现为供给侧结构性改革所释放的品牌建设动能，以更

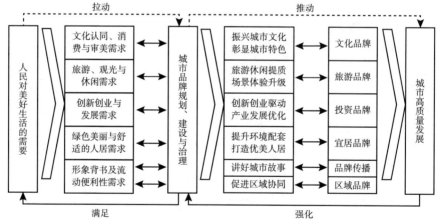

图8 需求导向的城市品牌结构与高质量发展的互动逻辑

资料来源：参见刘彦平、王明康《中国城市品牌高质量发展及其影响因素研究——基于协调发展理念的视角》，《中国软科学》2021年第3期。

---

① 刘彦平：《城市影响力及其测度——基于200个中国城市的实证考察》，《城市与环境研究》2017年第1期，第17页。

加切实地满足对人民对美好生活的向往和需要，从而使城市发展的需求侧和供给侧不断达成更高水平的动态平衡。由此可见，城市品牌的系统化建设以满足人民对美好生活的需要为旨归，是城市高质量发展的助推器，也是城市高质量发展的重要表征。

如前所述，迄今为止关于进博会与上海城市品牌塑造的研究和实践，大多集中在媒体传播和形象塑造领域，其目标也多聚焦在城市知名度和美誉度的提升方面，而这只是城市品牌结构中的单一维度和诉求。今后上海应在加强城市品牌系统性顶层设计的前提下，借助进博会来打造更加饱满、立体的城市品牌，推动上海实现高质量发展的战略性目标。

（二）进博会对上海城市品牌系统化建构的作用机制与路径

重大节事是提升城市知名度、展示城市新形象的重要契机，在优化提升城市基础设施水平、市容市貌、治理能力等方面具有重要意义。作为世界上第一个以进口为主题的大型国家级展会，进博会发挥着国际采购、投资促进、人文交流、开放合作"四大平台"的作用，是贯穿并推动城市营销乃至国家营销的重大节事，不仅为全球企业提供了一个平等对话、公平交易的平台，促进了中国与世界各国的贸易往来和经济合作、信息沟通和技术交流，也为提升举办地的城市形象和产业能级带来了新的契机。上海是中国的国际经济中心、金融中心、贸易中心、航运中心和科技创新中心，具有强大的全球资源配置能力。作为进博会的永久举办城市，上海城市品牌已与进博会紧密相连。积极主动的策略性行动，能够进一步放大进博会对上海城市品牌的带动作用。

1. 从商品贸易平台到多元文化展示平台，升华城市文化营销

文化"走出去"是上海文化品牌建设的目标之一，经贸与文化是相伴相生、一体两面的关系。作为不同行业、不同国家之间交流合作的重大经贸会展平台，进博会不仅是商品贸易的重要平台，也是多元文化交流的重要平台。进博会促进了城市与其他地区、其他国家之间的文化交流和经济合作，这种文化交流不仅可以带来经济效益，还可以丰富城市的文化内涵，推动上

海在开放中挖掘自身新的文化定位，开拓城市对外开放和人文交流的新空间。进博会中出现了不少"文化+"营销形式，打造了蕴含中国元素独特魅力的文化品牌，这对于提升城市文化品牌的美誉度有重要意义。第四届进博会中，上海场馆通过陈列展示具有较高文化传承价值的老字号品牌和设计师品牌等，体现了海派坚守匠心传承、引领新尚消费的文化底蕴和独特魅力。第五届进博会设置虹桥国际城市会客厅展示区，以及中华老字号、非物质文化遗产、国家级步行街、中国旅游四大展示专区，将老字号品牌作为"上海礼物"引入上海馆，围绕海派文化的核心价值理念，实现品牌发展与城市协同共进的双赢效果。自首届进博会起，"非遗客厅"集结了上海市非物质文化遗产保护协会的多项优秀作品，涵盖传统美术、传统技艺、传统医药等多种门类，以场景化、生活化的方式展示上海非遗在融入现代生活过程中的创造性转化、创新性发展成果，弘扬了江南文化与海派文化。第五届进博会的"非遗客厅"在延续以往整体风格的基础上，创新了互动体验，如非遗传承人、手艺人亲临现场传授非遗技艺，"艺术书吧"展示上海大剧院艺术中心旗下杂志，"音乐午茶"传承东方意象与民族风俗，吸引各大媒体以文字、图片、短视频、直播等多种形式的新闻报道传播上海城市文化。进博会不仅展示了城市的创新能力和科技成果，还发展和弘扬了海派文化、江南文化等独具特色的上海文化资源，各种展品充分体现了中国包容吸收人类文明发展优秀成果的广阔气度，进一步提升了上海文化品牌的标识度，丰富了人民精神文化生活，也彰显了海纳百川的上海城市精神，凸显"海纳百川"的城市底色，契合"大气谦和"的城市气质，给进博会的各国宾朋带来宾至如归的文化体验。

2. 以节事形象的塑造推动建立和提升目的地旅游形象

重大节事提供了一个向公众展示主办城市、地区和国家的平台，其所产生的社会曝光度将推动建立或提升游客对目的地形象的认识，进而对游客的出游行为产生影响。城市在举办重大节事时，可以将重大节事与目的地品牌战略联系起来，通过塑造良好的节事形象来提升旅游目的地形象。首先，目的地独特的生活方式、风情习俗以及独有的城市历史文化遗迹都会对游客产生较大的吸引力。上海是世界观察中国的重要窗口，也是出入境旅游的重要口岸，既有美丽风景，更有美好生活的特质，兼具都市型、综合型、国际化，契合人们对诗与远方的向往与追求。参展商和观众在参观展览、参与论坛等活动的同时深入感受和体验了上海城市文化，引发到上海及周边地区游览的旅游动机。其次，进博会为上海国家会展中心吸引了大量的参展商和观众，增加了城市的人流和物流，带来了集聚效应，推动了产业链条的延伸，进一步提升了上海的酒店、餐饮、交通等旅游接待服务的标准化、规范化、智慧化、精细化水平。第五届进博会吸引了 145 个国家、地区和国际组织参展①，有来自 127 个国家和地区的 2800 多家企业参加企业商业展，累计进场 46.1 万人次，参展的世界 500 强和行业龙头企业共有 284 家，意向成交金额较上届增长 3.9%②。在交通出行方面，上海航空、铁路设置了进博会专用通道和接待服务中心，为参展团体提供重点迎送、便捷候乘等全流程服务；在住宿餐饮方面，上海文旅部门推动接待宾馆酒店优化在线预订服务，提升平台与治安系统、大数据系统、酒店管理系统数据互通互联水平，简化入住流程；在文旅推广方面，通过在酒店大堂、宾馆客房引入进博会文创产品、"上海礼物"等，让游客在进博会期间沉浸式体验上海都市旅游的独特魅力。这些举措不仅有利于进博会顺利开展，也为城市居民创造了更加舒适的生活环境，有助于提升游客对于目的地的形象感知。进博会的长尾效应将在会展结束之后持续吸引更多游客，为目的地带来经济效益，深度激活城市旅游经济活力。

3. 以展商互通、数字赋能、政策优化持续放大投资促进效应

进博会不断推动"展品变商品、展商变投资商"，借助进博会为贸易和投资注入活力，让中国大市场成为世界大机遇，同时给上海的投资促进和产

---

① 《【国际锐评】"共享未来"的进博故事仍在续写》，https：//news. cctv.com/2022/11/11/ARTIKLiVpSuJTGHIGO70x03Q221111. shtml，最后访问日期：2023 年 9 月 14 日。

② 《第五届进博会参展企业回头率达 90% 意向成交金额 735.2 亿美元比上届增长 3.9%》，https：//baijiahao. baidu. com/s？id = 174915480529 5376349&wfr = spider&for = pc，最后访问日期：2023 年 9 月 14 日。

业发展带来新机遇。

首先，进博会为企业提供了产品集中展销的平台。进博会作为全球高端资源集聚的贸易平台，汇集了各行业的最新成果、技术、服务与模式，促使优势生产要素实现异地组合，加强了参展商之间的交流互通，采购商通过现场咨询、体验、试用等途径全面深入了解参展产品，与供应商面对面沟通和洽谈，降低了企业的时间成本、洽谈成本等进口前期成本，提高签约效率。中国主动将国外的优质消费及服务引入国内，有助于国内企业了解行业发展动态及前沿技术，促使企业提升国际竞争力和生产能力，积极寻求国际合作和内部整合升级，在短期内有利于推动产业间资源整合、优化产业内部结构，完善国内消费供给体系，为国内企业的生产性消费提质增效，提升城市消费能级。

其次，进博会通过数字经济拓宽了交易边界，打破了时间与空间壁垒。近年来，移动互联、大数据、云计算、物联网等数字技术高速发展，第一届进博会抓住线上消费的趋势，一批产品通过跨境电商平台热销。第二届进博会期间，越来越多的参展企业实行线上线下双向布局拓展中国市场。疫情影响下的"云展会"成为第三届进博会的一大特色，各方通过"云端"洽谈合作成为进博会的创新之举。第五届进博会首次尝试推行"数字进博"理念，设置了云展示、云发布、云直播和云洽谈四大板块，通过"云端"在线展示300多家技术装备领域的新产品、推动进博会商品与数字消费加速融合，开拓新市场，赋能精准对接，并借助跨境电商、保税展销等创新打造兼具国别特色和智慧功能的消费新业态，为上海商贸高质量发展增添亮色。

最后，进博会通过一系列政策措施提升投资效率。以第五届进博会为例，为提升进博会的交易效率和贸易通关效率，上海进一步完善了立体交通网络设施，在主要口岸设置专门礼遇通道、简化参展手续、支持保税展示交易、免除非洲最不发达国家的参展费用等，通过增加信贷、降低税收以及提供无息贷款，推动人民币跨境贸易结算，加快人民币离岸市场的建立，支持自由贸易账户的开立，缓解了贸易企业融资难、融资贵等问题，实现交易过程的高效率和低成本，使企业更全面且深入地了解上海投资环境和发展潜力，坚定投资的信心，推动市场焕发强大的生机与活力。

4. 以举办重大节事推动旧城改造和城市更新，提升城市宜居水平

重大节事是促进城市经济发展和提升城市宜居水平的重要手段，其产生的外部效应将对举办地的未来发展产生长远影响，如推动城市基础设施的更新、城市规划的升级以及城市形象和品牌的重塑。进博会的举办对上海城市宜居水平提出了更高的要求。为了保障进博会的顺利开展，上海必然要提升环境、交通、管理、经济、文化水平，推动旧城改造和城市更新，确保城市环境干净整洁、有序安全、文明和谐。例如，在城市基础设施方面，为了适应主场外交、满足参观者的需求，上海在进博会举办期间实施了一批重大项目建设，包括展场馆修建和完善及软装设计、环境整治与绿化提升、交通资源优化配置，这些举措不仅可以提升城市的硬件水平，还改善了城市的基础设施和公共服务。进博会为上海生态环境的改善提供了经验与灵感，上海海事局、上海市交通委员会、上海市公安局联合开展黄浦江水域通航安全集中治理行动，不断改善黄浦江水域通航环境，2018 年上海全面消除黑臭河道，截至 2021 年底，上海主要河湖断面已无劣 V 类，80.6% 的断面水质已达 Ⅱ 类至 Ⅲ 类。当前，上海各项智慧城市技术在供水等领域的应用范围不断扩大，惠及越来越多市民。在环境整治与绿化提升方面，减污降碳是进博会始终倡导的主题，进博会通过其强大的平台效应，聚集众多提供绿色创新技术、零碳解决方案的参展商，为高效建设低碳城市、引领绿色美好生活提供了一系列科技创新原动力。从第四届起，进博会禁止使用一次性不可降解餐具，大量减少塑料废物产生。第五届进博会以"零碳进博"为办展理念，推广零塑标准，"零碳进博，零塑办博"的宣传语随处可见，文创产品外包装、手提袋以及餐具等均使用可降解、可循环利用材料。展馆内不少企业将展台的主色调选为绿色，突出低碳环保理念。此外，会展作为一个重要的社交平台，可以促进城市居民之间的交流和互动。举办会展可以增加城市居民的社交活动，提高城市的社会影响力和凝聚力，增强城市居民的归属感和幸福感，提升城市宜居水平。

5. 信息化推动重大节事的传播圈层扩大，提升城市影响力

城市品牌形象的塑造与传播，需要整合重大节事和举办地之间存在的共同要素，将城市引入全球网络进行联合营销传播。随着信息技术的飞速发展，众多企事业单位、媒体等积极参与进博会宣传、运营，通过构建多语种、多样化的传播矩阵，提升了上海城市影响力。五年来，进博会在传播理念和形式上下功夫，在国内外各渠道传播总量超百亿次。在海外社交媒体账号发帖 2 万余条，传播量达 3 亿次，总粉丝量超 150 万。在多家国际主流通讯社发布稿件，带动新闻网站、行业媒体转载报道，覆盖 100 多个国家和地区的数十亿受众。第五届进博会虹桥经济论坛以"激发全球开放新动能共享合作发展新机遇"为主题，通过更多鲜活的故事展现进博会的国际影响力，专业化、国际化程度持续提升，共计 9 个中央部委、4 个地方省市、3 个专业智库参与主办专业领域分论坛，通过境内外主流媒体多种传播形式放大虹桥声音。[①] 此外，英语新闻资讯服务平台 City News Service（CNS）以及上海权威信息海外发布英文账号@Shanghai let's meet 的上线致力于为外国朋友提供城市要闻、政策服务信息和实用的文化生活咨讯等，解决各种问题，让世界各国朋友更加了解上海、融入上海，进一步提升上海的国际影响力、传播力，助力上海建设具有世界影响力的社会主义现代化国际大都市。此外，为打破展会在时间和空间上的限制，进博会推出了"6 天+365 天"常年展示交易服务平台[②]，以"参展一周，服务一年"的辐射效应进一步推动国际经贸合作，坚持聚焦主题、改革创新，不断拓展传播路径。

6. 形成区域合力，助推区域协同发展

进博会自开展以来，已逐渐成为长三角乃至国内其他区域组团发展、展示区域形象合力的重要平台。首先，进博会已成为长三角打造世界级城市群的重要动力源。借力进博会，"一体两翼"核心引擎业已形成，包括长三角

① 《聚势发力，持续做好进博会国际传播工作》，https：//baijiahao. baidu. com/s？id＝1759986244645097392&wfr＝spider&for＝pc，最后访问日期：2023 年 9 月 14 日。

② 《上海：打造"6 天+365 天"常年展示交易平台》，https：// www. gov. cn/xinwen/2018－04/11/content_5281766. htm，最后访问日期：2023 年 9 月 14 日。

G60科创走廊的"政产学研用金"一体化发展引擎以及虹桥国际开放枢纽的总部经济、流动经济与合作经济引擎,形成带动长三角区域协同发展的强大动能。加之进博会带动上海城市首位度、城市能级和影响力的不断提升,以及进博会制度红利的不断释放,进博会推动长三角协同发展的效应正逐步加强。其次,进博会成为国内其他区域合力发展的助推器。如区域组团展区的设置,第五届进博会期间首场招商路演(成渝地区双城经济圈专场)活动,以及"粤港澳对话长三角"企业发展论坛等活动的举办,都凸显区域组团发力和互动的新气象。

总之,进博会对上海城市品牌建设的作用机制与路径已初步形成,今后应着力优化、拓展和完善。从前文的指数分析来看,进博会对上海城市品牌建设的作用仍应进一步凸显,特别是城市品牌结构的均衡性尤需进一步加强。今后应围绕进博会带动上海城市品牌建设议题,摸底、梳理需求清单,论证、入库项目清单,进而形成借力进博会提升上海城市品牌的专项策略规划和行动计划,打造传播与管理并重的城市品牌建设新格局。

四 进博会推动上海城市品牌建设的重点及策略建议

不断优化和强化进博会对上海城市品牌的作用机制是今后要持续努力的基本方向。在此基础上,结合国家战略和时代特征的需要选择重点领域进行突破,则更能体现问题导向的城市营销策略因应,带来事半功倍的效果。

(一)规划先行,明确城市品牌塑造的时间表、路线图

上海应面向高质量发展和城市远景目标来制定城市品牌建设策略规划,如包括推动城市文化、旅游休闲、营商环境与产业发展、宜居环境发展、品牌形象传播以及区域品牌打造等在内的城市品牌系统化、结构性发展策略及相应的资源配置方案。同时,聚焦进博会带动作用的城市品牌专项规划也应秉承同样的系统发展与结构均衡思维,明确专项规划的时间表和路线图导引,以形成项目驱动、结构化发力和均衡建设的城市品牌发展新格局。

（二）用好、用足国家形象的强大背书，同时反哺国家形象建设

良好的国家品牌形象，能够为服务国际市场竞争赢得更好的环境和更长久的支持。比如加拿大、新加坡、挪威、澳大利亚等都是国家品牌塑造的受益者。卓越的国家品牌管理具有溢出效应，能够在国际旅游、教育、人才流动、投资等领域产生国家品牌形象红利，对本国参与国际竞争形成有力的支撑和保障。近年来，在变动不居的国际环境中，我国不断推动高水平对外开放，"一带一路"合作持续深化、自贸试验区等开放平台日益成熟。其中，进博会作为全球首个以进口为主题的国家级博览会，是我国进一步扩大对外开放、致力于推动全球经济合作互利共赢的标志性平台，也是讲好中国故事，展现可信、可爱、可敬的中国形象的重要窗口。上海应充分利用国家形象的强大背书，彰显自己作为国家中心城市、全球城市、人民城市以及中国开放门户枢纽的特殊地位。此外，应通过进博会平台，运用多角度、多渠道的策划和设计来提升中国价值的感知品质和中国故事的传播质量，同时加强进博会品牌及上海自身品牌的设计、建设与推广，形成城市品牌反哺国家品牌的有效途径，力争形成国家品牌、城市品牌和会展品牌相互支撑、良性互动的新格局。

（三）汇聚合作之力，创新城市品牌合作平台

开放型经济是上海城市精神所内蕴的价值主张。作为集展会、论坛、文化活动、城市合作等于一身的综合性、国际性大型活动，进博会的连续举办推动了全球经贸交往与合作，成为中国构建新发展格局的窗口、推动高水平对外开放的平台，其辐射效应为其他国内外城市经济社会发展提供了新的契机。因此，进博会可创新合作机制与运营机制，打造城市品牌价值的合作展示平台。首先，创设海外城市品牌的展示平台。城市是企业、科创和文化的综合性载体，城市作为参会主体更具单元整合的意义。通过吸引城市实体的参与，进博会"四大平台"功能会更加彰显。建议选择若干有影响力、有合作基础的国际性城市如巴黎、柏林等，以及若干上海市及各区的友好城市

先行先试，以设立城市品牌独立展区的形式综合引进该地区企业、科技、文化等项目展演，同时对部分企业可保留其在行业展区的接口。这一展示和运作机制的创新，不仅可以强化进博会作为商品进口国际性平台的作用，也可让进博会成为国际城市品牌走进中国、相互交流的重要国际交往与交流平台。为此，可增设国际城市品牌论坛、国际城市品牌宣传片网友评选、国际城市品牌报告发布等活动项目，营造城市品牌汇聚和交流的氛围。其次，打造国内城市品牌和区域品牌的展示平台。目前进博会在国内城市组团参会方面，特别是长三角城市合作和国内主要城市群参与方面有一定的基础，今后应进一步通过拓展主题活动、创新专区等形式，持续放大进博会在投资对接、投资推介、科技交流、人才引进、文旅推广等领域的运行机制和载体，创造国内城市品牌和区域品牌的参与和展示机会。同样，可增设城市品牌优秀案例报告发布、中外城市品牌交流专场等活动，强化对国内城市品牌的支持，把进博会打造为城市品牌襄助进口主题的盛会，并以此凸显上海海纳百川的全球城市形象和胸怀。

（四）借力进博会，打造上海超级 IP 和 IP 矩阵

品牌 IP 是城市品牌的核心资产，也是最具文化柔性、沟通亲和力和战略价值的品牌活力因子。其中，超级 IP 是具有极高辨识度、极高专属性和极大价值的形象符号，具有主题鲜明和趣味性强的故事散发能力及价值共鸣能力，自带身份势能和流量，能够形成城市品牌的强大影响力，是 IP 中的"明星 IP"。在国内外的城市品牌化实践中，借助超级 IP 效应实现城市品牌一鸣惊人、持续提升的案例不胜枚举，如成都的大熊猫、日本的熊本熊、柏林的红绿灯小人和北京的"冰墩墩"等。依托进博会创制上海的超级 IP 并打造城市 IP 体系，可作为城市品牌塑造的一个重要突破点。

首先，"进博会"本身就是一个超级 IP，应进一步赋予其上海城市品牌联想。连续五届进博会的成功举办，使进博会与上海城市形象的关系日益紧密，但相关的品牌联想资产还不够丰富。今后应针对不同的受众，进一步拓展进博会的上海品牌联想，包括世界一流的贸易便利化和营商环境的联想，

国际国内城市品牌交流大平台的联想，长三角一体化、高质量发展引擎的联想，全球机遇下的投资促进超级机制联想，全球高端人才宜居宜业乐土的联想，会商文旅深度融合的联想，以及数字和智能城市的联想等，通过载体建设、内容创新、数字化表达、创意活动支撑等方式，逐步加以深化和传播。

其次，将"虹桥国际经济论坛"（虹桥论坛）打造成媲美达沃斯论坛的超级IP。目前虹桥论坛已形成初步影响力，应精心策划、稳妥运营，设置多元议题的分论坛，包容不同发展水平国家的诉求和不同观点主张的政经人士和专家学者充分讨论。活动进程多语种、多渠道广泛传播，并出品一系列有价值的知识产品，如组织高水平专家力量，编写和发布年度虹桥论坛世界经济报告等，力争将虹桥论坛打造成全球关注的顶级经济论坛之一，并成为上海的超级IP之一。

最后，通过对产业、科创、文旅和人居等场景的发掘，借助虚拟人、元宇宙等手段，打造一批能够烘托和参与进博会的上海城市IP，逐步形成基于进博会的上海城市IP矩阵，以持续带动进博会的关注度、影响力和参展商参与热情。比如目前进博会吉祥物"进宝"的影响力还有较大提升空间，应赋予其更多故事性和趣味性，以更好地承载进博会的价值命题。其他各类城市功能的场景化空间、活动、文化和产业的IP，目前基本上还处于空白状态，未来有极大的拓展空间。

（五）打造进博会城市品牌治理体系，提升城市城市治理绩效

目前进博会已形成较为完善的治理体系，但就上海城市品牌塑造，尚无对应的治理组织和机制。一个强大且有魅力的上海城市形象，能够使进博会这一国家级盛事发挥更加出色的作用，应将上海城市品牌营销作为进博会的一项重要议题和任务。首先，要发挥政府的主导和监管作用，为城市品牌营销提供法律、政策、组织和资源等方面的保障。其次，建议在进博会组织体系中，组建和嵌入上海城市品牌工作坊等协调机构，制定工作规范，形成协同进博会会务组、上海相关政府部门、协会、媒体和企业等城市品牌营销主体的工作机制。通过进博会城市品牌营销治理机制创新，拓展进博会筹办和

运营视野，以形成机会界定更加清晰、受众识别更加精准、营销资源乘数放大、创意内容更加丰富、营销生态自我演进的城市营销发展新局面。最后，尊重和吸纳相关地区政府部门、企业、社会团体和媒体乃至国际机构等多元主体的参与，围绕进博会开创多元协同、有序行动的生动局面，同时加强长三角地区营销协同治理，规避恶性竞争，提升效益。

B.12
进博会服务新发展格局"双循环"窗口作用研究

——基于本土企业国际化视角

张 娟*

摘　要:　作为新发展格局"双循环"窗口,进博会的持续举办有效推动了中国本土企业国际化。进博会为本土企业国际化提供了公共和专业服务支撑,推动了本土企业通过贸易、投资、技术形式实现了内向和外向国际化。本土企业在国际化空间选择上更多倾向于将欧洲作为投资和技术国际化的区域,且倾向于选择中国香港和新加坡作为国际化的中转平台。进博会对本土企业国际化的促进效应,为国际投资理论创新提供了中国实践经验。

关键词:　进博会　"双循环"　本土企业　国际化

一　进博会作为新发展格局"双循环"窗口促进本土企业国际化的机制分析

(一)进博会链接国内国际循环的机制

中国国际进口博览会(以下简称"进博会")有针对性地引进和展示

---

*　张娟,世界经济学博士,上海市商务发展研究中心副主任,研究员、正高级经济师,主要研究方向为跨国公司、国际贸易和开放型经济政策。

国际先进产品、技术和服务，累计意向成交额从首届的 578.3 亿美元①增至 2022 年第五届的 735.2 亿美元②，为展商搭建了广阔的市场推广平台。进博会还通过搭建国家馆，引进世界非物质文化遗产和中华老字号，促进了各国文化理念交流和文明互鉴。进博会作为开放型合作平台，其功能主要体现在国际采购、投资促进、人文交流、开放合作四大平台，是联结中国和世界的桥梁和纽带。习近平主席在第三届进博会开幕式上指出："中国决胜全面建成小康社会、决战脱贫攻坚的目标即将实现，从明年起将开启全面建设社会主义现代化国家新征程，中国将进入一个新发展阶段。适应新形势新要求，我们提出构建以国内大循环为主体、国内国际双循环相互促进的新发展格局。"③进博会由此被赋予了新发展格局"双循环"窗口的定位。进博会从开放平台到新发展格局"双循环"窗口在不同阶段的不同定位并不是彼此替代，而是延伸拓展，致力于实现以国内大循环为主体、国内国际双循环相互促进。

1. 实现国内国际供给的循环

提升消费规模和优化消费结构表面看是需求侧问题，但其根源是我国倚重"两头在外"的国际市场而忽略了国内市场，因而国内市场在经济增长模式下形成了供给侧问题，表现为国内市场的供给规模和结构长期不能适应需求规模和结构的变化。一般而言可以通过两种途径解决供需不平衡的问题：一是在供给方面加大投资，促进生产能力的提升；二是打开国门直接进口。作为开放的平台，进博会让国际上更新和更具有技术含量的产品和服务更快、更直接地对接中国消费需求，以国际供给促进国内供给结构优化。国际循环尤其是以发达国家为代表的国际市场仍然是全球市场发展的引领者，进博会参展企业主要是世界 500 强和行业龙头，能够推动国内企业提升研发能力、质量控制能力及品牌营造能力，促进国内循环的结构优化和质量升

---

① 《首届进博会累计意向成交 578.3 亿美元》，https：//baijiahao.baidu.com/s? id = 1616772945369586111&wfr=spider&for=pc，最后访问日期：2023 年 9 月 15 日。

② 《意向成交 735.2 亿美元 进博会推动合作共赢》，https：//baijiahao.baidu.com/s? id = 1749175243770324754&wfr=spider&for=pc，最后访问日期：2023 年 9 月 15 日。

③ 《习近平在第三届中国国际进口博览会开幕式上的主旨演讲（全文）》，https：// www.gov.cn/xinwen/2020-11/04/content_5557392.htm，最后访问日期：2023 年 9 月 16 日。

级。而国内循环又给参展企业提供了广阔的市场，使其产品获得规模经济和范围经济优势，进而降低成本、提升质量和优化服务，促进国际循环供给优化。

2. 引导国际需求结构的调整

党的二十大报告指出，要增强消费对经济的基础性作用。进博会设置了消费品馆，旨在更好满足人民日益增长的美好生活需要。进博会还设置了服务贸易馆，近年来我国服务消费规模持续扩大，几乎占据居民消费的半壁江山。这与消费者需求层次从满足衣食住行的传统消费，逐渐转向教育娱乐、旅游休闲、医疗保健等服务消费的趋势吻合。从需求侧来看，进博会上来自国外的优质商品和服务供给在满足国内高端需求的同时，也在积极推动国内需求结构升级，如进博会展出大量全球首发新产品和新技术，国际采购商可以依托中国市场了解产品和技术的市场潜力，再向全球市场推广，引导国际需求结构调整。

3. 推动国内国际市场制度的衔接

过去40余年，我国经济融入经济全球化进程，构建了有利于扩大出口和吸收外资的体制机制。在新发展阶段，我国外贸发展从出口导向转向进出口平衡，外贸管理制度从出口的便利化和自由化转向出口和进口的便利化和自由化。我国投资发展从侧重吸收外资转向"引进来"和"走出去"双向平衡，投资管理制度从对外资的促进、保护和管理转向双向投资的促进、保护和管理。外资外贸管理制度调整过程中，不可避免会涉及管理思维和管理路径的碰撞。进博会作为服务新发展格局"双循环"窗口，是进口、出口及双向投资管理制度碰撞的交会点，通过"展品变商品""展商变投资商"的实践来推动国内国际市场的衔接，进而实现内外贸一体化和双向投资一体化。

（二）进博会推动本土企业国际化的机制

企业国际化是指企业从本土走向海外，参与国际投资、贸易等国际生产分工的过程。根据实现国际化的方式，企业国际化主要通过国际贸易和国际投资两种形式实现，而国际贸易与国际投资路径存在一定的差异。企业通过国际贸易进入国际市场通常需要较少的资源投入，但以国际投资方式进入国际市场则较为复杂，需要具有更多的独占优势、掌握东道国信息和具备较强的学习能力。根据实现国际化的方向，企业国际化可以分为内向国际化和外向国际化。内向国际化是指本土企业在进口贸易环节，通过在境内成立境外公司的子公司、分公司或者合资合作形式实现与国际市场对接。外向国际化是指本土企业在出口贸易环节，通过在境外成立子公司、办事处或者收购境外主体等形式参与境外市场。

1. 进博会推动本土企业内向国际化的机制

改革开放 40 多年来，中国劳动力和土地要素成本上升，同时居民收入水平也在不断提高。2021 年中国最终消费支出对经济增长的贡献率达65.4%，比资本形成总额的贡献率高 51.7 个百分点，是经济增长的第一驱动力。2022 年居民消费意愿虽有下降，但在 2023 年上半年回弹。① 随着消费规模持续增长，中国已成为全球仅次于美国的第二大消费市场。进博会作为开放平台，向跨国公司展示了 14 亿多人口消费规模和需求升级的潜力，超 36 万平方米、40 万注册采购商的国际展会，覆盖农产品等初级产品、医疗器械等制成品，以及汽车、化妆品等最终消费品，向企业展示了中国超大规模市场需求。一方面，进博会展商所展示的优质产品和服务，给本土企业提供了优质的供给选择。本土企业通过与展商发生采购交易，参与国际贸易的进口环节，进入国际供应链体系，遵循国际贸易监管制度，从而获得国际化能力。另一方面，企业通过采购进博会展品，融入跨国品牌商国际营销体系，成为其经销商或分销商。跨国品牌商进一步扩大本土市场份额，采取收购本地采购商或者合资合作形式以更加贴近本地需求，本土企业进入跨国品牌商的投资管理体系，进而提升其国际化能力。

2. 进博会推动本土企业外向国际化的机制

进博会定位为国际公共产品，遵循并且高于国际展会的一般要求。不仅

---

① 《国新办举行 2022 年国民经济运行情况新闻发布会》，https：//www.gov.cn/xinwen/2023-01/17/content_5737611.htm，最后访问日期：2023 年 9 月 15 日。

要求境外展品占比不低于30%，而且参展企业和展品都来自境外，即"双境外"标准。根据该原则，《中国国际进口博览会参展商手册》对境外商品进一步明确"国际展品是指原产于中国大陆以外其他国家和地区（包含港澳台地区），为参加展会以暂时进出境方式申报出入境的展品"。为符合参展要求，展商参加进博会的展品须为进口展品。一方面，进博会参展的"双境外"要求，意味着境内的企业不能直接参展，一批本土企业通过在境外设立公司或者收购境外企业参展，这在一定程度上推动了本土企业境外投资的外向国际化。另一方面，进博会新技术、新产品首发的定位，推动企业通过国际化来获取境外先进的技术资源，这与新兴经济体企业国际化理论中的跳板理论接近，即新兴经济体企业国际化动机是以追求先进的技术诀窍为目的而采取激进、冒险的主动收购策略，以获取境外关键资产。当这些企业国际化以后，尤其是建立国际生产体系以后，其国际化行为也有可能从境外投资拓展到出口贸易，如为配合境外生产需要，从国内市场出口相关的原料和中间产品。根据"出口中学习"理论，在这个过程中企业积累了丰富的境外市场运营经验及与消费者偏好一致的知识，因而更有可能在未来的出口和投资活动中获得成功。

3. 进博会推动本土企业国际化的学习机制

习近平主席在四届进博会开幕式主旨演讲中都提到"交流合作"，其核心内涵是通过理念认同实现利益契合、增强链接纽带，这与"一带一路"的民心相通实践创新内涵一致，更加强调"双循环"的韧性。进博会四个平台定位之一为人文交流，进博会是商品和服务的交易，也是文化和理念的交流，而文化和理念的交流不仅让世界各国了解中国同世界分享市场的决心和行动，而且促进了国内循环和国际循环链接韧性。企业国际化理论强调了企业从其他组织或同行经验中学习的重要性，即外部搜寻学习。进博会作为人文交流平台的独特性还在于其同时是重大展会平台，集聚的主体是展商和采购商，包括世界500强和龙头企业，以及一批"隐形冠军"和"小而美"的中小企业。这些企业对新技术、产品的展示及宣传营销策略等都成为本土企业国际化获得经验的途径。中国本土企业通过进博会提供的学习平台，学习跨国公司对保护品牌形象、隐性知识、专有技术的知识，维护消费者和分销渠道的经验。

按照传统国际化理论，企业国际化应该遵循一定的路径，即初期以出口为主，在拥有内部优势和所有权优势以后逐渐国际化，以增强其国际化发展的持续性。但是作为全球化进程中新的国际化主体，我国企业并没有完全遵循这一路径，尤其是在 2008 年国际金融危机以后，本土企业通过绿地投资或者收购兼并的方式迅速实现国际化。近年来，在更加复杂的全球化形势中，本土企业积极在多个国家或市场寻求机会和战略资产。国际化理论的基本假设与底层逻辑，同中国企业境外投资模式和路径并不相符，无法很好地解释中国企业的境外投资策略。进博会对本土企业国际化的促进机制，可以在一定程度上解释中国企业跳跃式国际化的逻辑，即中国本土企业国际化的动机和目的是以服务超大规模的国内市场需求，在更宽广的国内和国际市场中打造全球化竞争优势并获得领先地位。而超大规模的国内市场需求，在东道国和全球发生政治、经济、自然、卫生等危机时刻，对本土企业国际化起到了缓冲作用，因此中国本土企业敢于跳出传统国际化理论，克服所有权优势（国际生产折中理论中的"ownership advantage"）不足而采取跳跃式的国际化路径。

二 进博会作为服务新发展格局"双循环"窗口促进本土企业国际化的效应分析

（一）进博会为本土企业国际化提供的服务

1. 提供公共服务

不同国家和地区在推动企业"走出去"的过程中，一般通过投资促进机构来提供公共服务，同时提供境外投资、吸引外资和对外贸易促进公共服务。进博会在此方面提供如下支持。

一是提供市场信息、投资咨询等公共服务。虹桥国际经济论坛作为进博会期间的重要活动，每年都设置相关投资分论坛或者主题。这可以推动本地

企业密切关注世界经济动向和当地经济、贸易、投资制度变化，如第一届的"贸易与投资平行论坛"、第二届的"开放、规制与营商环境——政府角色与跨国公司视角"，都是与企业国际化相关的主题。此外，进博会现场和官网每年会发布相关的展商具体信息，包括展区位置、国别、展商名称等，为本土采购商提供了准确的对接信息。

二是举办各类撮合、匹配和协调活动。第五届进博会配套活动有90多场[①]，包括政策解读、对接签约、文化交流和研究发布等活动，以及各种对接会、技术转让会议、研讨会、展示会，成为促进投资合作的重要渠道。此外，还有研讨会和专题会议，促进本土企业与其他相关组织间的信息沟通与共享，如从2019年第二届进博会开始连续举办"一带一路"沿线国家与地方政府双向合作论坛[②]，为有意愿开展对外直接投资的企业提供相关项目信息。

2. 集聚专业服务机构

进博会设置了服务贸易展区，每年吸引约250家展商，如第四届、第五届展商分别为286家和248家，包括汇丰、欧力士、南洋商业银行、渣打银行、邓白氏、中审众环、瑞穗金融、三井住友海上火灾保险、星展银行、安永、普华永道、德勤、毕马威、亚马逊等专业服务商。这些专业服务商在促进公共服务之外，为企业"走出去"提供更为专业、细分的服务。

一是为本土企业国际化提供了专业服务支持。企业国际化需要法律、会计、人力资源、咨询等服务支撑，为企业提供更全面的专业服务指引。进博会服务贸易展区吸引了安永、毕马威、普华永道、德勤四大会计师事务所，还有邓白氏等商业咨询公司参展，不仅能为本土企业境外投资、生产和经营活动提供线下实体咨询服务，促进项目或咨询，还能为本土企业海外投资提供东道国行业准入、经营资质、市场风险和防范的调研和咨询，为海外办事

---

① 《第五届进博会所有配套活动全部结束溢出效应明显》，https：//baijiahao. baidu. com/s？id=1749028282188577310&wfr=spider&for=pc，最后访问日期：2023年9月15日。

② 《第五届进博会配套现场活动抢先看："一带一路"沿线国家与地方政府双向合作论坛》，https：//www. ciie. org/zbh/bqgffb/20221023/34647. html，最后访问日期：2023年9月15日。

机构提供更具体、更个性化、更专业的服务。

二是促进本土专业服务机构组团合作。前四届进博会服务贸易展商以单个专业服务机构参展为主。在第五届进博会上,由中国上海人力资源服务出口基地首次携手12家人力资源服务机构,包括米高蒲志、瀚纳仕、华德士、万宝盛华、科锐国际、力德人才等,共同组建"全球人力资源服务联合展区",涵盖高级人才寻访、人才招聘、人力资源服务外包、人力资源信息软件服务、人力资源管理咨询等人力资源服务中高端业态。[1] 这种展示服务不仅为本土专业服务机构展商提供了示范,进一步推动专业服务机构为本土企业国际化提供组团服务,而且使得本土企业在国际化过程中获得更有效率和专业化的网络式服务。

(二)进博会促进本土企业国际化的内容

1. 贸易双向国际化

2020年9月9日,习近平总书记在中央财经委员会第八次会议强调,构建新发展格局,必须把建设现代流通体系作为一项重要战略任务来抓。[2] 2020年8月24日,习近平总书记在经济社会领域专家代表座谈会上强调,构建新发展格局,加快科技创新是关键。[3] 进博会吸引了世界500强和龙头企业超250家,以及一批"隐形冠军"和"小而美"的中小企业参展,吸引了全球范围内优质、多元化的产品,为科技创新持续引进先进技术、设备和关键零部件,为消费升级提供了优质、科技含量高、新潮的消费品。为充分利用进博会对国内供给和消费升级的优化作用,各地通过探索"6天+365

---

[1] 《对外展示静安人力资源产业的优势,助力人才服务企业一站式出海这个人力资源服务出口基地首次组团参加进博会收获大》,https://baijiahao.baidu.com/s?id=174919689342999997&wfr=spider&for=pc,最后访问日期:2023年9月15日。

[2] 《中国经济深度看 | 高质量推进现代流通体系建设 服务构建新发展格局》,https://www.ndrc.gov.cn/fggz/fgzy/shgqhy/202202/t20220207_1314375_ext.html,最后访问日期:2023年9月16日。

[3] 《习近平主持召开经济社会领域专家座谈会并发表重要讲话》,https://www.gov.cn/xinwen/2020-08/24/content_5537091.htm,最后访问日期:2023年9月16日。

天"常年展示交易平台（以下简称"'6 天+365 天'平台"）、发展进口跨境电商实现内向国际化。

（1）本土企业通过打造"6 天+365 天"平台集聚进口资源实现国际化

进博会展期只有短短 6 天，为打造"永不落幕的博览会"，按照"政府主导、企业主体、市场化经营"的原则，上海启动了"6 天+365 天"平台建设，包括综合服务、跨境电商、专业贸易和国别商品中心四个类型，旨在通过平台专业服务，帮助全球商品、服务、技术顺利进入中国市场。其中，综合服务平台为展品进入上海乃至全国市场提供政策咨询、进出口代理、交易、物流、仓储、采购、展示推介、媒体宣传、商务对接等综合服务；跨境电商平台为进博会展品和国外优质商品进入中国提供线上服务；专业贸易平台为化妆品、酒类、宝玉石、机械设备、农产品等细分领域展品提供长期展示、产品推广、专业培训、产品发布、贸易洽谈等服务；国别商品中心主要以特定国别和地区展品为服务对象。截至 2022 年，上海累计搭建 60 个进博"6 天+365 天"平台，引入进口商品金额 3230.7 亿元，引进进博会展品 27 万种，[1] 推动打造联动长三角、服务全国、辐射亚太的进口商品集散地。通过为参展商及优质商品进入中国市场提供全方位、多渠道、多模式的交易促进服务，推动全球更多的新产品、新技术、新服务在上海进行展示、交易和转化，培育连接国内国际两个市场、两种资源的贸易主体，更好服务长三角、全国乃至亚太地区的进口贸易。

"6 天+365 天"平台作为承接进博会国际采购效应的重要探索，推动了一系列本土平台类企业的国际化。以虹桥品汇为例，东方国际集团、光明食品集团、百联集团、东浩兰生集团、南虹桥投资开发集团共同开发投资上海虹桥国际进口商品展销有限公司，作为虹桥品汇的主要投资主体。东方国际集团是综合性外贸企业，以出口和进口一般贸易为主，进博会举办以来，东方国际集团通过虹桥品汇平台扩大进口贸易、服务国内大循环，是典型的内

---

[1]《自贸朋友圈 | 上海进博会上好经验："6 天+365 天"平台扩容持续放大展会溢出效应》，https：//new.qq.com/rain/a/20221113A0694T00，最后访问日期：2023 年 9 月 15 日。

向国际化。虹桥品汇精选进博会热点产品，在进博会召开之后对展品进行展览展示，推动展品展示转化为进口贸易。第五届进博会之后，虹桥品汇累计汇集了来自 90 多个国家和地区的 6000 多个品牌、70000 多款商品展示销售，[①] 并且通过"上海国际友城港"平台机制，组织 59 个国家和地区的 92 个友好城市[②]进行常年动态主题展示、商品展销、商贸对接、文化交流等。虹桥品汇还配套建设了 B 型保税物流中心，创新宝玉石展品的展示模式，采取保税展示方式以促成交易。除了推动展品转为保税品，还推动展品转为跨境进口商品，促进进博会展品从展览展示转化为进口贸易行为。目前已经具有一定进口贸易量的展品主要是咖啡、酒品等。

（2）本土企业发展进口跨境电商平台实现国际化

进博会成为"全球首发、中国首展"新品的试验田，进口跨境电商可以通过进博会把握供给渠道和消费趋势，更好地选择品类，加快国际化发展。同时，进博会也是跨境物流企业拓展业务的平台，这些企业可以跟随进口跨境电商进入进口贸易物流服务链，或者强化国际物流业务，从而实现国际化发展。一是本土跨境电商通过进博会引进全球品牌。中国巨大的消费市场成为海外品牌不可忽视的阵地。通过进博会平台进入中国市场，跨境进口电商加速引进全球品牌，更好布局中国市场，如京东宣布近三年采购额达 5000 亿元。[③] 二是进博会成为本土跨境电商品牌营销的学习平台。进博会为中国品牌出海及国际化品牌塑造提供了学习环境，企业可以通过进博会学习海外先进的品牌营销及供应链管理模式。例如，以本土物流为主的圆通集团，通过进博会打造进口全链路解决方案。三是进博会成为本土跨境电商企业能力的展示平台。进博会已举办五届，吸引了京东、天猫国际、拼多多等龙头跨境电商企业参加。各大跨境电

---

① 《高质量发展调研行：探访上海虹桥品汇》，https：//baijiahao. baidu. com/s？id = 1765868026705105594&wfr=spider&for=pc，最后访问日期：2023 年 9 月 15 日。

② 《拓展国际友城合作新平台　上海国际友城港开港仪式在沪举行》，https：// www. sohu. com/a/589218840_120823584，最后访问日期：2023 年 9 月 15 日。

③ 《京东采购额达 5000 亿元揭秘进博会跨境电商"朋友圈"……》，https：//roll. sohu. com/ a/603705214_120491808，最后访问日期：2023 年 9 月 15 日。

商企业利用进博会进行平台和品牌推广。例如，拼多多联合央视推广品牌，引入强生、资生堂、LG 生活健康、爱茉莉等知名化妆品集团开设旗舰店。①

2. 投资双向国际化

在过去的十几年，中国企业"出海"一直方兴未艾。中国对外投资在2016 年达到高位，而后逐步下降，从 2020 年开始又持续攀升。2021 年，中国对外投资总额已经超过 1136 亿美元（见图 1），经过在海外市场的多年耕耘，很多中国企业已经在海外扎根。根据商务部的统计，2016 年以来，中国对外投资中当期利润再投资的比例从 15.6% 上升到 55.5%，表明很多中国企业在海外已经形成成熟的盈利模式。

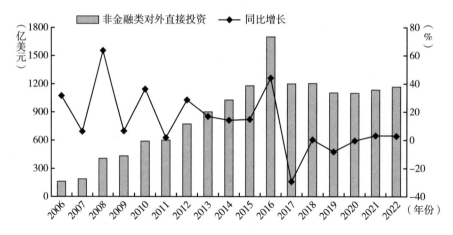

图 1　2006~2022 年中国非金融类对外直接投资情况

资料来源：根据商务部数据整理。

一是进博会为"走出去"企业提供了内向国际化的平台。进博会不仅为跨国公司提供了进入中国的平台，而且为"走出去"本土企业提供了内向国际化的平台。2015 年，大商集团跨出国门寻求国际合作，2018 年开始

① 《京东采购额达 5000 亿元揭秘进博会跨境电商"朋友圈"……》，https://roll.sohu.com/a/603705214_120491808，最后访问日期：2023 年 9 月 15 日。

在进博会上展示了其和牛产品，利用进博会平台检验市场效果。① 2014 年，上海布鲁威尔食品公司投资新西兰绵羊奶牧场，研发高产奶绵羊的种群，通过进博会打开中国国内市场。② 进博会上的食品、农产品、医药器械、家居产品等与民生息息相关，高品质进口商品参展扩大了商贸类本土企业采购范围，有助于进一步提升本土企业采购的规模能级，增加消费供给，满足国内市场个性化、多样化消费需求。

二是进博会进一步推动本土企业投资外向国际化。进博会参展企业的"双境外"要求，意味着境内的企业不能直接参展，部分企业通过在境外设立公司或者以境外收购企业名义参展，进一步推动了本土企业国际化进程。自 2018 年首届进博会以来，我国企业境外投资呈阶段性上升趋势（见图2）。根据进博会展商境外投资情况也可以观察到相关案例。例如，苏州冠韵威电子技术有限公司通过在马来西亚设立子公司参加进博会；第二届进博会举办后，豫园股份控股法国设计师珠宝品牌 DJULA；第四届进博会举办后，中牧集团与 A2 牛奶公司合作，将新西兰南岛马陶拉乳业打造成生产高品质 A2 型蛋白质乳制品的世界级生产运作平台。③ 中国家电巨头不仅深度参与进博会，更是早已在智能化方面发力全球布局。例如，美的集团全屋智能已经成为全球投资热点，计划通过收购入股等方式在全球资本层面寻找机会；复星国际收购奥地利福伊特起重机有限公司，推动完善产业配套、形成产业核心竞争力。

三是进博会推动本土投资的双向国际化。中国本土企业国际化战略是为了整合全球资源、开拓境外市场，但又不止步于此。本土企业在对外贸易或从事境外研发、生产、销售、服务等经营活动的同时，也在扩大国内市场的成长空间和提升价值创造能力，促进内向国际化，简言之，本土企业实现了

① 《引进来走出去进博会上看中国农业发展新"格局"》，https：//m. huanqiu. com/article/9CaKrnKeDL4，最后访问日期：2023 年 9 月 15 日。
② 《沿着一带一路，中国企业把羊养到了新西兰》，https：//www. 163. com/dy/article/ECQENUC10523L47B. html，最后访问日期：2023 年 9 月 15 日。
③ 《a2 牛奶公司与中牧集团就马陶拉乳业达成合作》，https：//baijiahao. baidu. com/s？id =1707148324651492609&wfr＝spider&for＝pc，最后访问日期：2023 年 9 月 15 日。

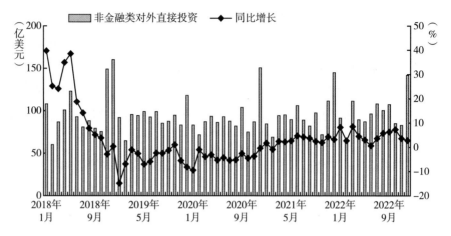

图2 2018年~2020年中国月度非金融类对外直接投资情况

资料来源：根据商务部数据整理。

双向国际化。进博会服务新发展格局"双循环"窗口定位，恰恰为企业提供了双向国际化的促进平台。2008年国际金融危机以后，中国企业加快了"走出去"步伐。2010年，上海必博人力资源服务有限公司成立，并定位于为"走出去"企业提供薪酬规划服务。"一带一路"倡议实施以来，中国企业"出海"趋势越发明显，上海必博人力资源服务有限公司顺应该趋势，为中国企业"出海"提供人力资源服务支持，成为亚洲领先的一站式人力资源服务商。进博会举办以来，上海必博人力资源服务有限公司每年都参展，进一步扩大了其在人力资源服务领域的知名度，境外服务网络更加完善，为更多中国企业"出海"提供全球一站式服务和支持。

3. 技术双向国际化

从历届进博会的举办情况来看，本土企业主要通过加大采购力度，实现内向国际化，但是随着进口展品、展商和国内采购商之间联系的加强，进博会不仅成为进口和投资"引进来""走出去"的平台，而且成为企业技术"引进来""走出去"的平台。

本土企业实现国际化以后，境外机构作为联结东道国多种新技术的前哨，需要积极回应不同地域的制度要求，并与不同技术所有者保持有效的沟通协调，提高学习先进知识和经验的能力，进而实现境外子公司与母公司之间的知识共享和转移。中国本土企业在多样化知识的探索整合过程中嵌入全球技术网络并形成优势，获取了更多资源的本土企业将技术创新应用到本土市场，有效识别并吸收关键的经验和知识，对国际市场的技术资源和国内市场跨国公司的技术导向资源、信息和经验进行多样化组合。在历届进博会的汽车展区，中国本土企业展商更多展示的是新能源汽车及其理念，汽车展商首发、首展产品数量在第五届进博会达到历史最高水平。其中，丰田、通用等多家传统全球车企通过新品展示、技术交流表达了其在新能源时代的新思考，而大众、宝马、本田等展台上所有参展车辆均为纯电汽车。通过进博会提供的交流机会，中国新能源汽车技术、产品融入跨国企业的发展战略，如在进博会上发布的丰田 bZ3 就汇集了丰田、比亚迪和一汽丰田三方的技术，尤其是在搭载比亚迪动力电池、电机后，其最大续航可超过 600 公里。除此之外，吉利还反向输出 CMA 架构给雷诺使用，联合开发混合动力车型，同时将与奔驰合作开发用于下一代混动车型技术的高效动力系统。宁德时代、远景动力等展商更是长期为跨国车企提供电池产品。当前，跨国车企和中国车企早已改变了过去单一方向的技术交流，更多的是形成了双向互动、共同发展的模式，尤其是在智能化和电动化领域。[①]

（三）进博会促进本土企业外向国际化的区域分布

在企业国际化模式和路径中，以国际投资实现的外向国际化更为复杂。本部分通过参加进博会的展商地域分布情况来分析企业国际化路径选择的逻辑。

1. 在境外开展投资的本土企业展商主要分布在欧洲

在境外开展投资的本土企业展商样本为 65 家，主要分布在欧洲（26家）。其中，来自德国的有 10 家，例如中航工业机电系统有限公司、中远

---

① 《丰田身 比亚迪芯 进博会实拍丰田 bZ3》，https：//www.163.com/dy/article/HLGOGTGI 05279745.html，最后访问日期：2023 年 9 月 15 日。

海运（集运）、上海欧坚网络发展集团股份有限公司、创维电视、中国福建泉工股份有限公司、中国中材国际工程股份有限公司、东北工业集团有限公司、深圳市大族机器人有限公司、潍柴动力等企业通过将在境外投资或收购的企业作为展商参加进博会。除了中远海运（集运）、上海欧坚网络发展集团股份有限公司外，其余都是以"走出去"获取技术为导向，主要参加技术装备展。除德国外，法国有3家、西班牙2家、奥地利2家、瑞典2家（见图3）。

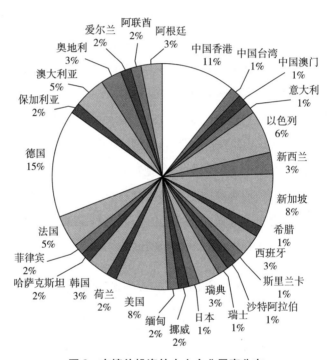

图3　在境外投资的本土企业展商分布

资料来源：笔者根据样本绘制。

2. 本土企业将中国香港和新加坡作为境外投资平台再参加进博会

本土企业将中国香港和新加坡作为境外投资平台参加进博会，分别有11家、8家，这与中国香港、新加坡作为全球投资中转平台的定位基本符合。全球外商直接投资通过中转平台的占比在30%以上，中国香港、新加坡是全球重要的外资中转平台，2021 年中国香港对外投资为 870 亿美元，位列全球第 7；新加坡对外投资达 470 亿美元。中国香港和新加坡是国际资本进入中国内地的重要通道，2021 年中国香港对外投资的近一半（428 亿美元）流向内地。这与中国香港和新加坡具有良好的金融环境、优惠的税收政策和相对宽松的政策环境以及跨境迁移注册地制度等有很大关系。

三 发挥进博会服务新发展格局"双循环"窗口作用，促进本土企业国际化的建议

（一）发挥进博会作为经验学习平台作用

为应对西方国家的技术封锁，中国企业必须认真思考国际秩序演化带来的全球化机遇与风险，发挥进博会作为经验学习和专业服务平台作用，制定更有效的全球化战略，核心是通过国内国际市场的连接获得更为广阔的市场空间，并在此过程中加强全球化竞争合作优势。改革开放 40 多年，跨国公司从利用中国劳动力、土地等要素低成本优势，到利用中国的市场规模和供应链配套优势，再到利用中国人力资源规模和素质优势，从出口导向到国内市场导向，再到创新导向。本土企业"走出去"应从以资源导向、效率导向等获取市场和战略资源的方式布局境外网络，转向学习跨国公司抓住进博会平台机遇并与本土企业开展技术交流，以及抓住进博会政府采购机会。

为助力加快构建以国内大循环为主体、国内国际双循环相互促进的新发展格局，推动"一带一路"高质量发展，我国应提升专业服务国际化水平，强化专业服务对企业国际化经营能力的支撑作用。发达国家和地区"走出去"的公共服务、市场专业服务和跨境监管服务主要由投资促进机构、专业服务企业和政府监管部门分别提供，对我国具有重要的启示意义。

1. 国际经验

发达国家和地区在推动企业"走出去"的过程中，一般通过投资促进机构来提供公共服务。除美国外，发达国家和地区设立投资促进机构，提供

境外投资、吸引外资和促进对外贸易等公共服务，如新加坡企业发展局、韩国贸易投资振兴公社、澳大利亚贸易投资促进委员会、日本贸易振兴机构等。美国海外私人投资公司是一个独立的、自负盈亏的境外投资促进机构。发达国家和地区境外投资公共服务主要包括如下三个方面。

一是提供市场信息、投资咨询等公共服务。各国和地区境外投资促进机构密切关注世界经济动向和当地经济、贸易、投资制度变化，收集境外市场信息，提供信息咨询服务，解读当地法律法规与政策。除了这些共性的信息服务，各国和地区还提供差异化的咨询服务。例如，美国海外私人投资公司提供长期政治风险及追索权等有限的项目融资服务；新加坡企业发展局购买商会服务推出"出海"帮扶计划，聘请当地市场顾问为企业提供免费服务；韩国、德国、日本设立综合贸易信息服务系统或海外信息数据库提供服务。其中日本贸易振兴机构除了提供宏观层面信息，还收集企业投资成本、经营状况、制度瓶颈等微观信息，以及提供海外突发事件的预警信息服务。当企业遇到具体问题时，日本贸易振兴机构在各专业领域还配备有实践经验的专家提供面谈服务，其通用信息服务为免费，而为企业量身定制或者更为具体的事务则收费，如"寻找日本各行业的合作商"（免费）和"海外小型调查服务"（收费）。

二是举办各类撮合、匹配和协调活动。各国和地区境外投资促进机构的主要职能是举办各种对接会、技术转让会议、研讨会、展示会，促进投资合作；举办各类专题会议，促进与其他相关组织间的信息沟通与共享；在发展中国家举办培训，共享国际活动的经验；等等。日本贸易振兴机构针对海外仿制品、盗版等侵犯知识产权问题，积极与政府机构和民间团体开展合作，在构建企业间信息共享系统的同时，帮助企业争取损害赔偿。法国通过组织研讨会和投资洽谈会等方式为本国计划对外直接投资的企业提供服务，或组建赴海外投资考察团，为投资行为牵线搭桥，直接帮助跨国公司寻找投资机会。境外投资促进机构还通过在东道国组织各类庆典、沙龙活动等，为企业提供信息、匹配伙伴。中国香港贸易发展局通过全球性的推广活动，如举办专题论坛、展览会、配合特区政府出访、利用驻境外代表处收集信息，为有需求的企业提供配对服务。

三是定期发布境外投资机遇和环境报告。中国美国商会定期发布《中国商业环境调查报告》《美国企业在中国白皮书》等。新加坡企业发展局和Deal Street Asia 联合发布《新加坡：2021 年后的未来国度》，探讨东南亚地区的初创机遇、趋势和吸引资本的新兴行业。韩国贸易投资振兴公社不定期发布报告，如2022 年7 月联合韩国产业通商资源部、关税厅、韩国贸易协会等专门机构共同发行《利用 RCEP 共同指南》；2022 年8 月发布能源和 IT 人才流动、消费趋势变化、供应链重组、产业数字转型之机下的海外市场的新商机。澳大利亚贸易投资促进委员会与 Intralink 在2022 年8 月联合发布《中国：保健品行业报告》，帮助澳大利亚企业更好地了解中国保健品市场。中国香港贸易发展局的研究部团队，定期至境外考察并出具相关报告，如"一带一路"研究报告。日本贸易振兴机构定期发布《日本关联公司经营状况调查报告》（分为亚洲和大洋洲、北美、拉丁美洲、欧洲、中东、非洲6份不同地区报告）和《日本企业国际经营概况》等。

2. 对策建议

在进博会举办地，虹桥国际中央商务区已经设立了线上线下相结合的企业"走出去"一站式服务窗口，在虹桥海外贸易中心加挂"上海市'一带一路'综合服务中心"牌子。但相较于欧美日以及新加坡、中国香港等国家和地区经验，虹桥"走出去"一站式服务窗口还需进一步完善功能和服务。一是完善境外投资促进网络。发挥投资促进机构境外办事处作用，收集境外市场信息，提供信息咨询，解读当地法律法规与政策环境。二是举办各类撮合、匹配和协调活动。在进博会举办期间，争取中国驻外使领馆和外国驻华使馆商务部门支持，联合举办各类研讨会和专题会议，以及庆典、沙龙等活动，为"走出去"企业项目洽谈、产业对接活动牵线搭桥，解决其境外发展面临的问题。三是定期发布境外投资机遇和环境报告。及时准确向企业提供东道国政治动向、经济政策和投资环境等各类信息，为境外投资企业提供可靠的信息支持，帮助投资者规避境外投资的非商业风险，帮助企业更好地"走出去"。

（二）推动进博会增强专业服务配套

随着本土企业"走出去"的广度和深度的不断拓展，相关专业服务的跟进成为"走出去"的重要支撑。除了公共服务，各国和地区还依托市场化的专业服务为企业"走出去"提供更为专业、细分的服务。各国和地区历史文化、经济发展水平不同，市场专业服务业也呈现不同的特征。

1. 国际经验

一是支持专业服务业企业"走出去"。美国虽然从国家安全与全球战略考虑，对本国对外直接投资进行引导与限制，但在专业服务业领域一直支持跨国公司对外投资，并给予优惠扶持。受益于长期国际化经营经验，美国专业服务业企业已在工程咨询、决策咨询、技术咨询、管理咨询、专业咨询（会计、法律、税务、医药等）等领域具有明显的国际竞争优势。英国专业服务业发展历来受政府重视，早在1913年就成立了"咨询工程师协会"，而英联邦国家体系则是其发展海外咨询的有利条件，已在专业咨询、工程咨询、产品与技术咨询、经营管理咨询等方面具有很强的国际竞争优势。德国政府尤其重视中小企业咨询，为中小企业的咨询业务根据年销售额提供不同数额的补贴，对中小企业的经理进行培训等。德国小型咨询机构由于经营灵活、收费低、具有一定的专业特色，具有一定的国际竞争力。日本与美、英、德不同，主要是由三井、东京、瑞穗等银行提供专业服务。这些银行比较重视发展综合服务能力，率先获得客户境外投资信息后，有专业团队跟进"走出去"企业，为其在东道国投资提供专业服务。

二是建立专业服务商推荐目录。新加坡企业发展局和新加坡律政部、新加坡律师公会、新加坡特许会计师协会于2021年11月联合编撰推出《新加坡专业服务公司指南》，梳理了70多家专业服务公司提供的服务和联络方式，涵盖法律、会计、人力资源和企业秘书等服务，为企业提供更全面的专业服务指引。新加坡企业发展局的线下实体咨询中心客服人员会根据企业的实际需要向其推荐合适的服务、促进项目或咨询师，专业咨询师可以为企业提供在境外设立办事机构等更具体、更个性化、更专业的服务。

三是促进专业服务商组团合作。新加坡鼓励企业抱团出海，原新加坡国际企业发展局设有专门的国际伙伴项目（International Partners Programme），鼓励新加坡公司联合起来"走出去"。新加坡经济发展局扮演桥梁角色，促进本地公司与本区域的公司以及跨国公司合作，在第三国进行投资，同时协助本地中小企业利用自身优势，由若干家企业组成较大的集团，联合"走出去"投资。日本企业与欧美企业国际化程度较高，但是与欧美企业不同的是，日本企业国际化的专业服务机构更多倾向于选择本土专业服务机构在境外提供专业服务。日本专业服务机构多以组合形式抱团"出海"，在制造业企业拓展境外市场的初期，专业服务机构就与其境外投资活动以及上下游配套企业进行协调"走出去"，一般咨询、金融等专业服务机构较早跟随出境。此后，物流、保险等服务企业跟进本土制造业在东道国布局服务网点，一方面为本土制造业企业提供境外服务保障，一方面也与前者共同开拓境外市场。

2. 对策建议

一是加快推动本土专业服务业企业"走出去"。鼓励金融、保险、咨询、法律、会计等专业服务机构"走出去"，为"走出去"企业开展属地化服务。增强专业服务机构和制造业企业之间的互动，可参考新加坡模式，制定"走出去"专业服务机构推荐名单，发挥现有主体"走出去"的经验和优势，形成专业服务机构推荐的认定办法，明确履职要求，符合条件的机构可纳入推荐名单予以发布和宣传，并由投资促进机构向企业进行推荐。二是在虹桥国际中央商务区设立涉外专业服务集聚区。当前，专业服务也呈现规模化、产业化、集聚化的发展趋势，专业服务的聚集区、产业园等概念已成为行业发展现实，由此可以推断专业服务也由分散走向集聚。虹桥国际中央商务区是进博会的举办地，目前已经成立"走出去"服务机构，可以在此基础上进一步提升集聚能力，完善相关功能和政策配套，发展成为涉外专业服务集聚区。①

---

① 《这家律所被称为中国改革开放信号灯　入驻虹桥国际中央法务区！》，https：//mp.weixin.qq.com/s/caN0A9mc05kZwcF8BkMsSQ，最后访问日期：2023年9月15日。

（三）依托政府监管部门提供便利化跨境服务

1. 国际经验

在企业"走出去"生命周期中，除了投资、经营环节需要专业服务力量支撑，在跨境生产经营过程中，还会涉及国际层面的协调，以及资金、人员等跨境流动监管。各国和地区监管部门致力于提供便利化服务。

一是通过签署双边和多边投资协定提供投资自由化便利化服务。美国、日本、韩国、新加坡等通过与他国缔结双边投资协定（BIT）、签署自由贸易协定（FTA）等推进贸易投资自由化，规避因与东道国法律条文或规定存在差异而带来的法律风险，防范资产因东道国没收或国有化而带来的风险，并通过协定的补偿标准获得相应赔偿等。新加坡企业发展局通过"一对一"的上门咨询、讲座、发放出版物和光碟等服务，提高企业对自由贸易协定的认识和利用水平。德国政府通过与发展中国家和新兴国家签订投资促进与保护双边协议保障企业在国外的经济利益，同时对德国企业在国外的政治风险予以担保。美国除利用全球经济霸主地位外，还使用外交手段保护跨国公司的利益等。由于政治经济风险具有不可抗力，英国出口信贷担保署为对外投资提供政治风险保险，日本境外投资保险制度保险也可提供政治风险保险。

二是提供外汇、人员和税收等支持服务。外汇管理方面，美国财政部负责制定资本和外汇的相关规定，对非公民的利润、红利、利息、版税和费用的汇出没有限制。对部分列入名单的国家实施贸易制裁和禁运。所有美国公司的境外分支机构，都要遵守这些制裁和禁运规定。人员流动方面，上海美国商会与美国驻上海总领事馆合作推出上海美国商会公司签证项目，为经过严格审核且拥有良好声誉以及一定规模资产的美资企业会员提供美国签证便利服务。财税优惠方面，新加坡企业发展局利用财税政策支持国际化起步阶段的公司和寻求国际化增长和转型阶段的公司，主要有市场备入援助金（MRA）、企业发展补助金（EDG）（前身为国际企业合作计划津贴GCP）等政府津贴，国际化双倍税务减免计划（DTDi）以及国际化融资计划

（IFS）、贷款保险计划（LIS）、政治风险保险计划（PRIS）等优惠。英国通过建立没有行业或技术领域限制的普惠性税制体系以及消除双重征税，激励研发创新，支持企业"走出去"。

2. 对策建议

《区域全面经济伙伴关系协定》（RCEP）已经全面实施，下一步将进入升级谈判阶段，建议对我国企业国际化现存问题进行梳理，在 RCEP 升级谈判，以及加入《全面与进步跨太平洋伙伴关系协定》（CPTPP）和《数字经济伙伴关系协定》（DEPA）谈判中更多围绕企业国际化中的东道国行业准入、准入后经营限制、跨境资金流动、通关便利化、职业资格互动等问题进行沟通与合作。

参考文献

贾净雪：《进博会溢出效应助力构建双循环新发展格局》，《对外经贸实务》2021 年第 4 期。

鲁桐：《企业国际化阶段、测量方法及案例研究》，《世界经济》2000 年第 3 期。

吕越、盛斌：《融资约束是制造业企业出口和 OFDI 的原因吗？——来自中国微观层面的经验证据》，《世界经济研究》2015 年第 9 期。

王珏等：《经验学习与企业对外直接投资连续性》，《中国工业经济》2023 年第 1 期。

B.13

2018~2022年中国国际进口博览会语言服务状况报告

鹿琦*

摘　要： 语言服务是任何一个大型展会不可或缺的基础服务。本报告从三个维度对2018~2022年进博会的语言服务状况进行总结分析。一是对进博会参展方及其语言服务的基本状况做了整体介绍。既包括参展方，也包括其语言服务涉及的语种，强调了语言服务在进博会中的角色，包括促进参展商和观众之间的交流、提供即时翻译支持等。二是对主要语言服务商的基本状况做了分析，包括相关公司主体、投入服务的翻译队伍的情况等，并对取得的成绩、存在的问题以及下一步对策思路进行相应的评估。三是对智能语言服务（包括人工翻译和机器翻译）进行全面梳理，就进博会语言服务状况提出改进建议。此外，本报告探讨了智能机器翻译的局限性及其面临的挑战。基于研究结果，本报告提出了对未来进博会语言服务的预期和建议。

关键词： 进博会　语言服务　人工翻译　智能机器翻译

---

* 鹿琦，新译研究院高级研究员、院长助理，主要研究方向为语言服务和国际传播、国际关系、国家安全。

一　研究背景

（一）语言服务在进博会①中的作用

进博会国际采购、投资促进、人文交流、开放合作四大平台的定位，高度契合世界开放发展的要求②。进博会既是全球参展商展示产品服务和产业信息、相互对接的平台，也是对外开放和国际贸易的窗口，语言服务在其中发挥着至关重要的作用。为了保证参与伙伴都能够顺利交流合作，解决全球企业代表的沟通问题是重中之重。

1. 搭建沟通桥梁

进博会是一个全球性的活动，吸引了来自世界各地的参展商和观众。这就涉及多种语言的交流，语言服务起到了搭建沟通桥梁的作用，确保不同语言背景的人们能够有效地交流。

2. 促成商业交易

准确、及时的语言服务能够帮助参展商和观众更好地了解对方的产品和服务，从而促成商业交易，确保现场贸易合作的达成。在商务谈判中，专业的翻译人员甚至可以帮助双方克服文化差异带来的沟通困难，达成共识。

3. 保障活动的顺利进行

在举办大型活动时，语言服务是必不可少的。在国家展、企业商业展、虹桥论坛之外，进博会还举办了政策解读、对接签约、新品展示、投资促进等配套现场活动。开幕式、主题论坛、产品发布等环节，都需要翻译人员提供实时的口译服务。此外，所有的活动材料，如指南、公告、演讲稿等也需要翻译成多种语言。

---

① 本部分及下文统称中国国际进口博览会为"进博会"。

② 《王文涛部长〈人民日报〉刊文：坚持扩大开放 推动合作共赢》，http://wangwentao. mofcom. gov. cn/article/activities/202111/20211103218587. shtml，最后访问日期：2023年5月23日。

4. 提升国际形象

优质的语言服务不仅能够提高活动的专业性，也能够提升举办方的国际形象。尤其是对于进博会这样的国家级活动，高水平的语言服务能够展现出中国开放、包容的国际形象，赢得国际社会的尊重和认可。

5. 推动科技创新

近年来，随着人工智能的发展，智能机器翻译也开始在进博会中发挥作用。这不仅能够提高翻译的效率，也是科技创新的体现。

（二）研究的目标和意义

1. 研究目标

（1）理解服务现状：评估进博会语言服务的质量、覆盖范围、效率等方面的现状，了解服务是否满足各方参与者的需求。

（2）发现问题与挑战：通过深入研究，发现并识别在提供语言服务过程中可能遇到的问题和挑战，如语种覆盖不全、翻译精准度和反应速度有待提升等。

（3）评估新技术特别是人工智能技术在语言服务中的应用：考察和评估智能机器翻译在进博会中的应用情况，包括其效率、准确性，以及对参展方需求的满足度等。

（4）提出改进策略和建议：根据研究结果，提出对包括人工翻译和机器翻译在内的智能语言服务的改进策略和建议。

2. 研究意义

（1）提高服务质量：通过研究，可以发现并解决现有服务中的问题和不足，从而提高服务的质量，满足参展商和观众的需求。

（2）推动技术应用：研究智能机器翻译在进博会中的应用，有助于推动该技术的进一步应用和发展。

（3）提升进博会的国际影响力：优质的语言服务能够提升进博会的专业化和国际化程度，从而提升其国际影响力。

（4）为其他大型活动提供参考：研究结果可以为其他大型国际活动在语言服务方面提供宝贵的经验和参考。

二　进博会语言服务的情况

（一）语言服务的历史和发展

1. 语言服务行业概述

就整个语言服务而言，无论是学界，还是实操层面，都还没有达成比较一致的共识，这与国内对于语言服务行业缺乏准确的定义有着直接关联。我国《国家经济行业分类》规定的国民经济 20 个门类及 900 余个小类都未将语言产业或语言服务业列入其中，自然也缺乏相关权威统计数据[1]。综合中国翻译协会、中国翻译行业发展战略研究院[2]等各方对语言服务的定义，王立非教授认为：语言服务是以跨语言能力为核心，以信息转化、知识转移、文化传播、语言培训为目标，为高新科技、国际经贸、涉外法律、国际传播、政府事务、外语培训等领域提供语言翻译、技术研发、工具应用、资产管理、营销贸易、投资并购、研究咨询、培训与考试等专业化服务的现代服务业[3]。

现代语言服务市场不断壮大，翻译技术发展方兴未艾。根据中国翻译协会发布的《2022 中国翻译及语言服务行业发展报告》，2021 年，全球以语言服务为主营业务的企业总产值首次突破 500 亿美元。其中，开展语言服务业务的中国企业有 423547 家，以语言服务为主营业务的企业达 9656 家，企业 2021 年总产值为 554.48 亿元，相较于 2019 年增长 11.1%。随着人工智能技术不断创新突破，机器翻译在行业的应用越来越广泛，备受市场认可。开展机器翻译与人工智能业务的企业达 252 家，像科大讯飞、网易、搜狗、

---

① 司显柱、郭小洁：《中国翻译服务业研究现状分析》，《北京第二外国语学院学报》2018 年第 3 期，第 17~30 页。

② 中国翻译研究院、中国翻译协会编著《2016 中国语言服务行业发展报告》，外文出版社，2017。

③ 王立非主编《语言服务产业论》，外语教学与研究出版社，2020；王立非：《从语言服务大国迈向语言服务强国——再论语言服务、语言服务学科、语言服务人才》，《北京第二外国语学院学报》2021 年第 1 期，第 3~11 页。

百度、腾讯等都是业内的知名服务商，相关翻译机产品更是层出不穷，以强大的功能占据着全球翻译与语言服务市场的一方阵地。中国翻译协会调研结果显示，超九成企业表示，采用"机器翻译+译后编辑"的模式能提高翻译效率、改善翻译质量和降低翻译成本[①]。在日趋复杂且多元的需求导向下，机器翻译很有可能成为未来翻译与语言服务市场的主流模式，翻译机也将继续在全球经济的大舞台上释放领先的技术效益。2021年，"一带一路"沿线国家的翻译业务量出现了显著增长，阿拉伯语、俄语、德语、英语以及白俄罗斯语成为市场急需的五大语种。

2. 智能机器翻译逐步增加

（1）智能机器翻译的技术特点

智能机器翻译是在无人工参与的情况下，使用人工智能自动将文本从一种语言翻译成另一种语言的流程。智能机器翻译超越了简单的词对词翻译，能以目标语言传达原始语言文本的全部含义。它可以分析所有文本元素并识别单词如何相互影响[②]。在人工智能时代，人类的社会生活经历着深刻改变，呈现出跨界交融、人机协同、万物互联等新特征，推动着经济社会各领域走向智能化。得益于算力、算据和算法上的突破，人工智能技术不仅正在将"世界大同、沟通无碍"的梦想变成现实，也在引发全球各行各业颠覆性的变革。

（2）智能机器翻译在进博会的应用和反馈

相比传统的人工翻译，机器翻译能够提供更快速、高效的翻译服务，尤其是在处理大量书面材料的翻译时具有明显的优势。在进博会中，智能机器翻译主要应用于文本翻译，如资料、公告、指南等的翻译。此外，工作人员也开始在一些场景中尝试使用智能机器翻译进行口译，如在新闻发布会、主题论坛等环节。

---

① 《中国翻译协会发布〈2022中国翻译及语言服务行业发展报告〉》，http：//www.tac-online.org.cn/index.php?m=content&c=index&a=show&catid=395&id=4164，最后访问日期：2023年5月23日。

② 《什么是机器翻译？》，https：//aws.amazon.com/cn/what-is/machine-translation/，最后访问日期：2023年5月23日。

参展商和观众对使用智能机器翻译的反馈如下。

一是效率和便利性。智能机器翻译能够提供快速、即时的翻译，这对于需要沟通的参展商和观众来说非常有用。特别是在处理大量文本或者进行初步的交流时，智能机器翻译的便利性得到积极的反馈，通过智能翻译设备解决语言沟通问题在很多场合也成为应用趋势。进博会参会嘉宾表示，以前出席国际会议最担心的就是语言问题，尽管有翻译人员支持，但主要服务于大会正式流程，想和国际同行自由沟通受到很大限制。有智能机器翻译支持，会大幅拓展自身国际社交面，很有实用价值①。

二是语言覆盖范围。智能机器翻译可以支持多种语言，这对于一个涵盖多种语言的国际活动来说非常有用。参加了多届进博会医疗保障工作的复旦大学附属闵行医院外科副主任医师苏畅曾在"我的进博故事"里提到：就诊的外国患者不一定能熟练使用英语，他把翻译机带到了医疗站，使得彼此交流再无障碍②。

尽管智能机器翻译在进博会中的应用正在加速，但仍面临一些挑战，如机器翻译的准确性、理解复杂语境的能力、处理多元文化差异的敏感度等。对于一些低资源的语言，机器翻译的性能可能不尽如人意。虽然如此，机器翻译的准确性和效率已经得到显著提高，在进博会的语言服务中逐渐成为一个重要补充。

3. 传统的人工翻译面临挑战，但仍是进博会主要的语言服务方式

（1）进博会翻译服务的类型

一是口译服务，包括同声传译和交替传译，用于各种现场活动，如开闭幕式、虹桥论坛、新闻发布会、商务会谈、需求对接会、供应商对接会、贸易投资对接会、人文交流会等活动；此外，主办方还需要为展期中与参展商的互动

---

① 《翻译神器拓宽语言沟通边界 传神 TransnBox、T1 惊艳中国企业互联网 CEO 峰会》，https：//www.icloudnews.net/a/13296.html，最后访问日期：2023 年 5 月 23 日。

② 《我的进博故事·大机遇 ｜ 苏畅：从"保障新手"到"进博老兵"的蜕变》，https：//www.ciie.org/zbh/cn/news/report/story/article/20221009/34321.html，最后访问日期：2023 年 5 月 23 日。

等活动提供商务陪同翻译服务。二是书面翻译，用于各种文本资料的翻译，如宣传册、指南、公告、合同等；参展商同样有多样化的语言服务需求，如新品发布、贸易投资接洽、产品展示等，不仅需要中英文同声传译，也需要笔译服务以及多语化的公司介绍和产品介绍的翻译服务。这些服务都由专业的翻译人员提供，他们具备较高水平的语言技能和专业知识。三是翻译志愿者，他们在展会中提供语言支持，为参展人员提供强有力的保障。他们多是学生、政府和事业单位工作人员或其他有语言技能的人。四是智能机器翻译。硬件语言服务也在进博会中扮演着非常重要的角色，工作人员使用智能翻译机来辅助人工翻译，或将其用于会场的语音识别与翻译。

（2）面对挑战，人工翻译服务仍具优势

随着进博会规模的扩大和国际化程度的提高，人工翻译服务也面临一些挑战。首先，服务需求的增长对翻译人员的数量和质量提出了更高的要求。其次，随着语种的增多，如何保证所有语种都有足够的翻译人员成为一个问题。最后，高强度的工作也可能影响翻译人员的工作效率和翻译质量。为了应对这些挑战，人工翻译服务在进博会中不断发展和改进。一方面，加强翻译人员的培训和管理，以提高服务质量；另一方面，引入翻译软件等技术，以提高工作效率。当前，进博会仍主要依赖人工翻译服务满足跨语言沟通需要。

人工翻译服务在一些专业和特殊的场合中具有不可替代的优势。首先，对于涉及专业知识、文化背景、语境理解等复杂因素的翻译任务，人工翻译能够理解和提供准确、贴近语境、更符合人类语言习惯的翻译。其次，人工翻译能够应对各种情况，如即兴的发言、口音的差异等。最后，人工翻译能够为参展商和观众提供个性化的服务。在进博会这样的场合，可能会有各种类型的翻译需求，包括新闻、法律文档、产品说明书等，这些内容可能包含复杂的语境和专业术语。

此外，在对外传播方面，具备全球话语能力的人工翻译服务仍有独特优势。在第四届进博会上，除了在国家会展中心内持续提供外语服务外，上海外国语大学（以下简称"上外"）志愿者还组成了一支具备对外传播和全球话语能力的 25 人多语种"体验官"队伍，在上海市人民政府新闻办公室对外宣传处的指导下，以"Z世代"年轻人视角和多语种短视频方式聚焦外籍人士参加进博会、融入上海这座全球城市、在中国"遇见世界"的经历与体验，展现了中国高水平对外开放的姿态和推动构建人类命运共同体的理念，为进博会溢出效应的扩大和上海文化软实力的提升提供了外宣支持①。

（二）进博会的组织体系和语言服务呈现形式

1. 进博会的组织体系

进博会是由商务部和上海市人民政府主办，中国国际进口博览局（以下简称"进博局"）和国家会展中心（上海）承办的一项重要展会，进博会组委会统一领导进博会筹办工作，研究协调筹办工作中的重大事项，办公室设在商务部②。

2. 进博会的协调单位与重要角色

进博局和上海市商委进博会协调处是具体负责进博会组织工作的两个部门。总的来说，进博局主要负责具体展会组织，而上海市商委进博会协调处则负责为企业提供展会支持和服务，促进展会商贸合作。

进博局与国家会展中心（上海）主要负责进博会的组织和承办工作，包括展馆的设计和搭建、展品的招展、展览宣传和推广等工作，还负责与国内外各级政府（特别是外办、海关）、企业和组织进行沟通、协调以及涉外培训，以确保进博会的顺利举办。

上海市商委进博会协调处主要负责与上海市人民政府相关部门和各地市场监管部门进行协调，协助进口企业获得进口许可证和相关证照，并提供展会服务、会议组织、采购配对等一系列服务和支持，开展城市服务统筹工作，以推动进博会的规模进一步扩大、质量进一步提升。

上海市团委与展商联盟（以下简称"展盟"）也是与进博会语言服务工作有关的两个重要角色。

---

① 《上外青年志愿者多语种服务第四届中国国际进口博览会》，https：//wmcj.shisu.edu.cn/42/e1/c990a148193/page.htm，最后访问日期：2023年5月23日。
② 《组织机构》，https：//www.ciie.org/zbh/cn/19us/ORG/，最后访问日期：2023年5月23日。

进博会的志愿者团队由进博会组委会负责组织与管理。志愿者团队主要由学生志愿者、专业志愿者和社会志愿者组成，其中学生志愿者为主体，负责接待、引导、安保、翻译、签到、礼仪等方面的工作。上海市团委作为主管部门，负责协调组织与培训，选拔、管理和指导志愿者工作。具体职责分工包括策划方案、招募培训、组织管理、协作服务等。在志愿者工作中，进博会组委会志愿者部门、各级团组织和志愿者先锋队等的参与和配合也十分重要。

展盟是由进博会组委会领导的一个综合性服务机构，主要职责是为参展企业提供展会服务及推广、营销服务。展盟的主要职责包括以下几方面。一是组织展会。展盟负责组织展区的规划、设计和布展工作，为参展企业提供展台搭建、装修等多种服务。二是推广营销。展盟负责通过各种渠道对进博会进行宣传和推广，为参展企业吸引更多的观众和采购商。三是展会服务。展盟负责为参展企业提供多项展会服务，包括接待、翻译、咨询、航空酒店预订等服务，协助企业解决展会期间的各种问题。四是活动策划。展盟负责协助参展企业策划和组织各种宣传推广活动，增强企业的品牌影响力。五是数据信息管理。展盟负责收集整理参展企业的产品信息和相关数据，以便协助企业进行推广和营销。六是合作伙伴和资源拓展。展盟负责拓展合作伙伴和各种资源，为参展企业提供更好的服务和支持。展盟的职责与分工有助于为参展企业提供全方位、高效率的展览服务，增强企业在进博会期间的参展体验和营销效果。

3. 语言服务在进博会中的呈现形式

进博会主办方先通过招标方式选定6家语言服务供应商，并进行议价和定价。然后，主办方将所有语言服务的价格整合成一份对外统一报价单公示在网站上，6家语言服务供应商的名称、对接人及联系方式也一并公示，供参展商选择。参展商可以自行安排翻译并提前办理必要的证件，或在网站公示列表中选择喜欢的语言服务供应商。此外，网站上设有联系人，参展商有任何问题和需求都可以联系工作人员。主办方也会帮忙寻找和推荐语言服务商。参展商使用语言服务遵循"谁使用谁联系，谁使用谁付款"的原则。

进博会的展馆较大，人群熙攘，几乎每一家参展商都设有推介洽谈区，每个洽谈桌旁都配备翻译人员。不少采购商在参观完展品后，便直接在推介洽谈区与参展商面对面洽谈①。

随着科技的发展，硬件与语言服务的结合在进博会期间发挥着至关重要的作用。主办方提前采购语言硬件服务，并将其搭建在场馆内，布设多个点位，将志愿者与点位有机结合，为参展商提供即时的跨语言沟通。当需求发生时，洽谈的双方走到硬件布点前，开启设备即可实现洽谈。口译人员与硬件设备的有机结合加速了语言服务的高效供给。

为满足展会期间频繁的即时性语言服务需求，主办方设立了语言服务专区，并为每个语言服务供应商提供了一个展台，语言服务供应商自行布置自家展台。同时，语言服务供应商自备翻译群以便随时调用。所有提供语言服务的人员都办理工作证件，可自由进馆。参展商有临时需求时，可以随时走到展台前并与语言服务供应商自行洽谈语言服务合作。

由于进博会规模较大，各层面人员管理也相对复杂，主办方通过前期审核办证的办法来保证参展安全。主办方会对每个参展单元的语言服务企业、参展商、搭建公司等各环节人员做人员信息提前报备并办证。在办证过程中，主办方会通过提报信息、审核、发证等环节来确保资质，同时会对每个参展单元的办证数量做必要的限制，从而保证展会质量。

三　2018～2022年进博会的语言服务概览

（一）第一届至第五届进博会的语言服务情况

语言服务是每一届进博会不可或缺的重要环节，其作用是为境内外客商提供多语种的翻译和口译服务，确保参展者能够顺利进行商业洽谈。

---

① 《再见，"四叶草"！东风不虚此行!》，https：//www. sohu. com/a/274862776_121854，最后访问日期：2023 年 5 月 23 日。

1. 第一届进博会的语言服务情况

2018年，第一届进博会主要提供中英文双语服务。首先，进博会组委会在展馆内设置了多个语言服务站点，覆盖展馆的各个区域。会场内广播及展台上的展品介绍、观众问询、安保服务等均配备了中英文翻译和口译服务。其次，进博会组委会还配备了300名中英文双语志愿者，专门为展商和参观者提供翻译服务和咨询服务。最后，进博会组委会也提供其他语言的翻译服务，包括俄语、法语、德语、日语和韩语等；为展商提供了口译、同声传译、交替传译等多种语言服务，以及翻译设备、头戴式翻译耳机、手持式翻译机等多种语音设备，以满足展商在展会期间的翻译需求。

2. 第二届进博会的语言服务情况

2019年，第二届进博会进一步加大了语言服务的力度。此届进博会同样提供了中英双语服务，同时增加了更多语言的翻译服务，进博会组委会在展馆内增设了多个多语种服务站点，包括中英双语、法英双语、西英双语等。同时，展馆内的安保人员都配备了多种语言的翻译设备，以满足参观者的翻译需求。此届进博会还引入了人工智能语音交互服务，由机器人提供智能翻译服务，提高了翻译效率和质量；邀请了众多国际知名机构和专家，为参展商提供更专业的语言服务。国际贸易中心联合会、国际商会等组织都派出了专业团队，为参展商提供翻译、咨询和培训等服务。

3. 第三届进博会的语言服务情况

受新冠疫情的影响，2020年，第三届进博会改为线上展会。针对这一特殊情况，进博会组委会开发了多种在线语言服务工具，以提高展会的互动性和参与度。例如，进博会组委会开发了远程翻译系统，为参观者和展商提供远程翻译服务。同时，展会还配备了在线视频翻译设备和语音识别系统，以便参与者互动和交流。

此届进博会沿袭了前两届的语言服务，并且增加了泰语、意大利语、印度尼西亚语、马来语等多种语言的翻译服务。此外，此届进博会引入了5G技术支持的人工智能呼叫翻译机器人，提供更快速、准确的语言服务。

4. 第四届进博会的语言服务情况

2021年，第四届进博会以线上与线下相结合的方式举办。此届进博会同样提供了多种语言的翻译服务，包括俄语、法语、德语、日语、韩语、西班牙语、意大利语、葡萄牙语、阿拉伯语等，提高了观众的参与度。此届进博会还推出了"直播+翻译"模式，为观众提供了更为贴心的语言服务。

为了提高展会的国际化水平，进博会组委会在展馆内增设了更多多语种服务站点和翻译设备，引入了更多智能化的语音服务工具，如智能翻译机器人、语音识别技术等。这些工具和技术的引入，不仅提高了展会的效率与便利性，还进一步加强了展会对于智能化技术的应用。

5. 第五届进博会的语言服务情况

2022年，第五届进博会继续提供多语言服务，并增加了匈牙利语、荷兰语、瑞典语、波兰语等语言的翻译服务。此外，此届进博会进一步推进了数字化服务，提供了更加智能化和便捷的翻译服务，如利用人工智能技术提供语音实时翻译服务、VR展览和远程翻译等。

（二）进博会主要语言服务商概述

进博会对于语言服务有"品质高""效率高""响应快"的需求。语言服务供应商为进博会提供全程双语讲解、多语种翻译、应急服务等多场景、多类型的语言服务，为进博会的成功举办提供了便捷、优质的语言服务保障。

1. 传神联合（北京）信息技术有限公司（传神语联）

传神语联依托人工智能及大数据等技术，利用自身语言服务能力和资源汇聚能力，自2018年起连续5年为进博会提供多元化、智能化、数字化的语言服务[1]。

---

[1] 《传神语联五入进博会，以专业、高效的语言服务搭建企业沟通桥梁》，https://news.iresearch.cn/yx/2022/11/453648.shtml，最后访问日期：2023年5月23日。

传神语联为进博会提供的多元化语言保障方案中涵盖交传、笔译、商务陪同口译等业务。传神语联派出专业的口笔译团队，结合自研智能翻译设备，为多样化、碎片化的语言沟通场景提供解决方案。在笔译方面，涵盖进博会场馆基础设施说明、展台设计与搭建说明、公益演出活动说明等多个项目。在口译同传方面，涵盖进博会多项会议论坛，提供译员或设备。在服务解决方案方面，传神语联为各类会议提供云同传服务，为展区内多语种咨询提供服务保障。

智能硬件支持满足进博会多语信息转化需求。传神语联为现场的所有参展商提供智能化硬件语言服务解决方案，设有传神语联智能翻译设备——TransnBox 和 T1 翻译机。在第五届进博会现场，传神语联为所有的参展商提供了智能翻译设备，同时设立了 42 个语言服务点。

2. 甲骨易（北京）语言科技股份有限公司（甲骨易）

甲骨易深耕多语服务 20 多年，获得 ISO9001 质量体系认证、中国笔译服务认证，在境内外拥有 14 家分支机构，涵盖全球 80 多种语言，服务类型包含口译会展服务（同声传译、交替传译、陪同翻译）、笔译服务、本地化服务、影视译制。甲骨易为众多中国企业与机构成功"出海"搭建桥梁，同时在外资企业的国际化市场布局中发挥作用，为中国对外经济合作以及中西方语言与文化交流做出贡献。

3. 北京思必锐翻译有限责任公司（思必锐）

思必锐成立于 1996 年，是中国翻译协会理事单位，拥有 ISO9001 认证和国家笔译服务 4A 级证书。思必锐专注为客户提供多领域、多语种口笔译及会务等优质服务。思必锐拥有可处理 80 多个语种的一流翻译团队，擅长外事外交、法律法规、金融商贸、机械制造、科学技术、生物医药、文化体育及食品、日用品等领域，为商务部、农业农村部、海关总署以及联合国机构、使领馆和众多国内外企业及个人提供语言服务。在进博会中，思必锐为来自各国的展商提供语言服务，积累了大量成功经验，口译、笔译服务得到客户的高度好评及进博会组委会的表彰。

4. 北京中外翻译咨询有限公司（中外翻译）

中外翻译是中国外文出版发行事业局下属国有企业、中国翻译协会理事单位，专注于翻译事业、专心于服务体验、专业于定制行业解决方案。中外翻译前身是中国翻译工作者协会（现中国译协）翻译服务部，办公机构设在中国外文出版发行事业局。中外翻译为进博会提供了中英口译翻译服务，涵盖活动发布会、高端论坛、展商洽谈等场景。

5. 中译语通科技股份有限公司（中译语通）

中译语通是中国对外翻译有限公司所属的大数据和人工智能公司，直属于中宣部主管的中国出版集团有限公司。除了传统的语言服务，中译语通还通过运用人工智能、大数据技术对亿万级高质量专业语料数据进行深度挖掘分析，助力语言服务行业的转型。自首届进博会举办以来，中译语通作为语言与科技服务供应商连续助力进博会。以第三届进博会为例，中译语通为第十三届"一带一路"生态农业与食品安全论坛，"一带一路"文旅产业国际合作论坛暨中国文旅产品国际营销年会，"迎进博品质生活节"启动仪式暨"新模式、新进口、新消费"发布会等多场论坛活动提供专业的语言科技解决方案。同时，中译语通还为进博会新闻中心的会外参访、云采访提供口译服务[1]。此外，中译语通推出了 LanguageBox 智能语言盒子、悦译智能同传耳机等语言科技应用产品。

6. 语言桥翻译集团（语言桥）

语言桥现已成为中国服务网点最多、专职团队最大、增长速度最快的多语言综合服务商，现有 20 个提供本地化服务的国内外分公司以及 600 人的多语种专职团队、100 多人的客户服务团队，能解决国际沟通中的多数问题。作为进博会的官方语言服务供应商，语言桥自首届进博会起就为 600 余家参展商提供语言服务，每天派遣各语种译员 500 余人，被授予进博会翻译服务团队先进集体。语言桥不仅在上海设立了专门项目组，与进博会组委会各个

---

[1] 《中译语通语言科技全力保障第三届进博会顺利召开》，https：//www.gtcom.com.cn/？c=news&a=view&id=1498，最后访问日期：2023 年 5 月 23 日。

部门对接，同时按照进博会的需求交叉成立了多个项目组。

7. 上海外服（集团）有限公司（上海外服）

上海外服隶属东浩兰生集团，为国内外政府、企业提供人才培训、组织发展、翻译服务，是教育部备案的涉外翻译机构，连续为多届进博会提供翻译保障服务。2018年首届进博会期间，上海外服的"译心译意突击队"共派出100余位优秀译员，为前来参会的60多个国家的政要、工商界人士以及120多个国家和地区的企业参展商、专业采购商提供了"一站式"口译和笔译服务，每天协调同传、交传、商务陪同翻译等50余场。除完成既定的翻译任务外，译员们还完成了12场临时任务。2019年，上海外服依托"内部全职管理团队+外部翻译团队+专家顾问团队"的服务模式，为第二届进博会提供全方位、"一站式"的翻译服务。完成各类参展合同、参展商手册等7种语言约120万字的文本翻译。在口译方面，驻场翻译超过200人，同传、交传、陪同服务超过150场，满足参展商的现场翻译需求。2020年，在第三届进博会上，上海外服共派出100余位优秀译员，展会前期共完成约10万字的文本翻译服务；展会期间共提供翻译服务500人次，服务总时长达5000小时。上海外服还根据参展商需要提供在线翻译服务，便于不能亲临现场的海外展商沟通交流。2021年，在第四届进博会上，"译心译意突击队"采用了线上线下相结合的方式，主动承担场内外临时增加的任务，包括文化宣传、会务保障、服务礼仪、翻译主持等①。

8. 策马集团

策马集团是联合国官方翻译服务供应商、联合国全球契约组织成员以及亚太经合组织（APEC）峰会、博鳌亚洲论坛等活动的官方翻译服务供应商。2018年，策马集团中标成为进博会官方翻译服务供应商。策马集团为首届进博会提供了从笔译服务（国际往来公函、进博会官方网站、各类商

---

① 《上海外服组建"译心译意"青年突击队 第四年为进博会提供翻译服务》，https://www.prnasia.com/story/341455-1.shtml，最后访问日期：2023年5月23日。

业文件的翻译）到口译服务（国际组织会见、高端系列论坛、各国展商洽谈的陪同口译、交替传译、同声传译）的全面解决方案，共涉及英语、法语、俄语、日语、韩语、西班牙语等19个语种，累计调动译员700人次。策马集团在进博会会场的综合服务区设立了专门的翻译服务接待站，用于现场调度多语种译员，随时响应紧急需求并提供专业的语言支持。策马翻译不仅为相关国际会议、论坛提供了同声传译和交替传译服务，还为参展商提供了展台翻译、专业观众和志愿者服务①。

9. 腾讯智能翻译

腾讯智能翻译连续为多届进博会提供了人工智能同声传译服务，成为各国与会嘉宾及企业跨语言商业沟通的辅助工具。腾讯人工智能同传为新闻发布厅和企业签约厅提供全程即时的中英双语同传服务。面对复杂的会场环境和不断变换的语言输入，腾讯人工智能同传在去口语化、智能断句等方面表现优异。此外，腾讯人工智能同传还针对会议纪要提供及时输出及回顾②。

在"中国国际进口博览会"微信小程序中，"腾讯翻译君"提供了英语、日语、韩语、西班牙语、俄语、法语、德语、泰语、越南语、葡萄牙语、印度尼西亚语、马来语、土耳其语等13个语种的语音翻译，帮助参展商、采购商实现无障碍沟通。除了实时翻译，腾讯人工智能同传还能针对会议场景构建全新的同传会议服务解决方案，为大型会议提供全流程、多终端的人工智能同传服务，从现场投屏、移动端、语音播报、会议纪要输出等方面形成专业的会议同传闭环③。

10. 科大讯飞

科大讯飞已成为国家首批人工智能四大平台之一。自2016年推出翻译机产品以来，科大讯飞已支持中文对58种外语的实时翻译，语种涵盖全球

---

① 《策马翻译作为官方翻译服务供应商为"进博会"保驾护航》，http://www.grouphorse.com/Index/show/catid/49/id/1017.html，最后访问日期：2023年5月23日。

② 《第四届进博会成功举办 腾讯同传连续4年提供AI翻译服务》，https://www.doit.com.cn/p/475419.html，最后访问日期：2023年5月23日。

③ 《揭秘进博会同声传译背后：除了翻译员之外，还有机器人!》，http://china.chinadaily.com.cn/2018-11/06/content_37212033.htm，最后访问日期：2023年5月23日。

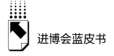

233个国家和地区，还支持金融、医疗、体育、外贸和计算机等专业词语的翻译，并能翻译国内的粤语等方言以及藏语、蒙古语等民族语言，国外的口音也能识别翻译。科大讯飞联合黄浦区人民政府、上海市人民政府、上海市文化和旅游局向部分进博会接待酒店、A级旅游景区以及黄浦区旅游咨询服务中心发放翻译机。科大讯飞目前已实现"多模态、多语言、多场景、多行业"翻译布局，结合语音合成、识别等技术提供翻译服务。科大讯飞还研发了基于语篇约束解码的流式语音字幕同传技术，其会议系统及翻译连续多年支持进博会等国内外大型会展服务。

11. 百度

百度已连续为多届进博会的多场新闻发布会提供人工智能同声传译和转写服务，助力无障碍交流。百度翻译发布了覆盖线下会议、远程会议、线上线下融合会议以及主题演讲、多人讨论等全场景、高质量、低时延的人工智能同传解决方案①。在第三届进博会期间，为了保障与会嘉宾的跨语言交流，百度翻译为工信部主办的"智能科技与产业国际合作论坛"和上海市公共卫生临床中心主办的"上海丝路方舟健康论坛"提供了人工智能同传服务，在现场大屏幕和直播画面下方实时展示演讲者的发言内容和译文，对于专业性较强的不同领域内容，百度人工智能同传可以帮助与会嘉宾与观众实时准确理解。此外，百度人工智能同传也为与会者提供了手机端的人工智能同传服务，百度"人工智能大屏同传+手机服务"的创新模式能有效减少关键信息的遗漏。

12. 中国银行

作为进博会唯一的银行类综合服务支持企业，在首届进博会期间，中国银行利用境外业务优势，深度参与了境外招展、境内招商、金融服务、会展服务等各项工作。在第二届进博会期间，中国银行为进博会筹办各方、展商和采购商提供多种基础服务，如涵盖了小语种翻译等的

---

① 《进博会召开汇聚全球商机 百度AI同传搭建沟通桥梁》，https：//ai.baidu.com/support/news?action=detail&id=2250，最后访问日期：2023年5月23日。

"一站式"服务,选拔了 100 余位英语翻译人员,满足企业及个人展会期间各个环节的常规业务需求。除大量英语人才外,中国银行还统筹安排德语、韩语、西班牙语等 30 余个小语种的专业人才[①],为进口展商和采购商做好现场翻译工作。在第三届进博会贸易投资对接会上,在中国银行日语翻译志愿者的协助下,日本一家食品公司通过线上对接,与炫烁贸易(上海)有限公司达成合作意向,依托"中银跨境撮合系统"完成"云签约",成为该届对接会线上签约的首单[②]。

(三)上海提供语言服务的基本状况

1. 推进多语种语言服务,优化城市社会语言文字环境

做好语言服务是当前上海语言文字工作的重要理念。频繁的国际会议及世博会、进博会等国际性博览活动的开展,乃至海派文化"走出去"等都需要语言服务助力[③]。上海早在 2001 年承办亚太经合组织会议期间就开始探讨提升市民英语能力和储备多语种外语人才的问题,并开展了积极实践。2005 年,在上海市语委举办的"世博会语言环境建设"国际论坛上,有关专家正式提出"语言服务"概念;历经世博会、进博会等一系列多边外事活动和大型国际会展,上海包括多语种翻译专业服务和志愿者服务的语言服务机制日臻成熟[④]。

2018 年,首届进博会展会主办部门巧用语言元素宣传进博会,多措并举推进多语种语言服务。首届进博会于 2018 年 11 月举办,而 24 小时服务热线"021-968888"于 2018 年 1 月就已上线。进博会对参展商和展品有"双外"(中国境外法人企业以及在境外生产的产品)的要求,因此对接线

---

① 《再赴不变之约——中国银行连续四年"护航"进博会》,http://www.eeo.com.cn/2021/1105/510259.shtml,最后访问日期:2023 年 5 月 23 日。
② 《中国再次向世界展示了一届高水平、高质量的进博会》,http://finance.people.com.cn/n1/2020/1109/c1004-31923123.html,最后访问日期:2023 年 5 月 23 日。
③ 田红春、卢子涵、张笑立:《上海语言服务机构调研分析》,《语言学》2020 年第 3 期,第 139~150 页。
④ 《〈上海语言生活状况报告(2020)〉有关情况》,http://www.moe.gov.cn/fbh/live/2020/52038/sfcl/202006/t20200602_461640.html,最后访问日期:2023 年 5 月 23 日。

员有很高的外语要求。接线的 22 位话务员全部需要中英文双语作答。除中英文外，进博会还招募了具备法语、俄语、阿拉伯语、西班牙语、日语、韩语等语言能力的话务员，以充实话务员队伍，满足进博会规格高、涉及面广、语言诉求多的实际需求。国家会展中心（上海）引进多语种翻译平台，覆盖不少于 50 个服务点，通过远程通信设备连接游客与同声传译人员，提供实时的服务①。

上海有关部门积极落实进博会期间城市管理中的外语服务，努力优化社会语言文字环境，在语言文字方面做好服务保障工作。每届进博会的语言服务在服务范围、服务质量、服务需求、技术应用、人力资源等方面都不断取得进步，带动进博会的语言服务水平不断提升，由最初的中英文双语服务升级到现在的多语种服务和智能化服务。这些举措有效提高了进博会的国际影响力和参与度，也使进博会更好地服务参展商和参观者。

2. 实施"六个一"工程，增设翻译服务点并增加翻译设备

第二届进博会吸引了来自 150 多个国家和地区的 3000 多家企业参展。上海各接待酒店全力以赴，大力实施"六个一"工程，努力实现服务质量再提升。"六个一"其中之一是提供一件翻译设备。上海纳入进博会住宿保障工作的千余家酒店以及重点景区、游客往来密集的旅游咨询服务中心、境外来宾最青睐的黄浦江游船游览项目等均提供翻译机，可翻译 58 种语言②，涵盖英语、法语、日语、西班牙语、俄语等，还能识别中国一些地区的方言。上海浦东国际机场在航站楼到达区域分别设置了 4 个进博会接待服务中心，推出了多国语言翻译和手语同声翻译设备。听障人士可以使用手语同声翻译设备，即时接通后台专业翻译团队，实现手语实时在线翻译，建立有效的沟通③。第二届进博会场馆内服务点位和翻译设备也大幅增加：在首届 12

① 《"内外"兼修"绣花"正忙——进口博览会配套服务有序推进》，https：//www.ciie.org/zbh/bqxwbd/20190314/12211.html，最后访问日期：2023 年 5 月 23 日。

② 《上海迎进博会 服务质量再提升》，https：//www.mct.gov.cn/whzx/qgwhxxlb/sh/201911/t20191106_848708.htm，最后访问日期：2023 年 5 月 23 日。

③ 《【特写】无缝连接进博会，上海两大机场专设服务中心》，https：//www.jiemian.com/article/3643207.html，最后访问日期：2023 年 5 月 23 日。

个翻译服务点位、32台翻译机的基础上，第二届增设到83个翻译服务点位、83台翻译机，打造了全方位、多角度、立体式的服务保障体系，成为第二届进博会服务的一大亮点①。翻译机可以提供12种语言的交传翻译服务，为多语种咨询、指引和商务洽谈提供多重保障；服务过程中，志愿者将进行使用指导。考虑到疫情使部分展商未能成行，第三届进博会在会场设立了视频洽谈室，配备翻译，便于全球各地的客户线上对接②。

铁路相关单位加强重点岗位多语种培训，确保员工熟练掌握基础英语、简单掌握其他语种，并在重点车站"雷锋服务站"、京沪高铁复兴号列车上增设多语种翻译设备，提高服务外国宾客的水平③。

3. 增派翻译人员，青年志愿者成为城市语言服务坚实力量

第二届进博会展客商选择的翻译人员共有1061位，较首届增长了近20%；主办方还增派180位翻译人员进行现场保障，涉及汉语、英语、法语、俄语、阿拉伯语、西班牙语、韩语等；此外，上海市团委也在现场的33个咨询处增派80位专职翻译志愿者④。青年志愿者的身影活跃在进博会各处，他们发挥外语优势，成为对外宣传进博会、上海城市语言服务、上海城市精神的坚实力量。第五届进博会从全市40所高校招募志愿者3591人，其中，"00后"志愿者共3192人，占总人数的近九成⑤。

以志愿者总人数在上海市高校排首位的上外为例，到第三届进博会时，该校在官方志愿服务系统中注册的志愿者总人数已经达到9281人，占全校学生总数的97.7%，每年可以提供至少15万个小时的服务，各项数据均位

① 《我的进博故事·大机遇｜王昕云：为"一切圆满"，做"守护者"》，https://www.ciie.org/zbh/cn/news/report/story/article/20221019/34567.html，最后访问日期：2023年5月23日。
② 《中国再次向世界展示了一届高水平、高质量的进博会》，http://finance.people.com.cn/n1/2020/1109/c1004-31923123.html，最后访问日期：2023年5月23日。
③ 《坐上"进博直通车"，从虹桥站到进博会现场最快只需6分钟》，https://www.thepaper.cn/newsDetail_forward_9743623，最后访问日期：2023年5月23日。
④ 《上海提升语言服务让进博会来宾畅聊畅游》，http://www.xinhuanet.com/world/2019-11/02/c_1125184659.htm，最后访问日期：2023年5月23日。
⑤ 《细读传播影响力报告（十一）｜支持企业、服务保障工作热度排行榜》，https://www.ciie.org/zbh/bqgffb/20230129/36139.html，最后访问日期：2023年5月23日。

居上海高校前列。第三届进博会上，196 位来自上外的志愿者中，1/6 有进博会服务经历，掌握 3 门及以上外语的志愿者达到 18%，75% 的志愿者掌握两门外语，可提供 19 个语种的外语服务①。第四届进博会上，上外志愿者队伍覆盖 23 个语种②，外语能力均达到或接近专业水平（基本均持有专业四级及以上证书）。

前四届进博会，上外累计派出志愿者 1800 余人，平均每届可提供 20 余个语种的涉外服务，历届派出志愿者总数居全市高校首位③。其他大学的志愿服务队也在准确、及时、高效地为进博会做好语言服务工作：有的志愿者助力进博会服务热线英语专线的志愿服务工作④；翻译岗位志愿者运用扎实的外语知识，熟练操作翻译器，解决来宾的语言障碍⑤；上海电力大学、华东理工大学、上海海关学院、华东政法大学志愿者分布在外语翻译等岗位上，华东师范大学志愿者负责外宾接待等工作⑥。

进博会永久举办地上海市青浦区在第五届进博会期间招募了 1082 位志愿者，累计提供包含语言翻译在内的志愿服务近 7 万人次，为四方宾客提供"温暖家"的贴心服务⑦。

4. 建设基础语料库，支持上海城市外语服务能力常态化建设

上海各区逐步根据《公共服务领域英文译写规范》《上海市公共场所外

---

① 《超七成掌握两门外语，上外小叶子将为进博提供 19 种语言服务》，https：//www.thepaper. cn/newsDetail_forward_9770144，最后访问日期：2023 年 5 月 23 日。
② 包括英语、法语、俄语、阿拉伯语、西班牙语、德语、日语、朝鲜语、意大利语、希腊语、葡萄牙语、荷兰语、波斯语、泰语、土耳其语、印度尼西亚语、斯瓦希里语、匈牙利语、乌克兰语、乌兹别克语、塞尔维亚语、捷克语、瑞典语。
③ 《上外青年志愿者多语种服务第四届中国国际进口博览会》，https：//wmcj. shisu. edu. cn/42/e1/c990a148193/page. htm，最后访问日期：2023 年 5 月 23 日。
④ 《语言服务进博会，语院学子有担当》，https：//www. shupl. edu. cn/yywhxy/2020/1105/c1631a84000/page. htm，最后访问日期：2023 年 5 月 23 日。
⑤ 《100 名交大"小叶子"圆满完成进博服务任务》，https：//news. sjtu. edu. cn/jdyw/20221112/176286. html，最后访问日期：2023 年 5 月 23 日。
⑥ 《进博会中的"小叶子"来啦！一起认识他们吧 | 进博的热度 上海的温度》，https：//www. thepaper. cn/newsDetail_forward_15242155，最后访问日期：2023 年 5 月 23 日。
⑦ 《五届进博会五年"答卷"上海青浦晒出服务保障进博会的成绩单》，http：//business. china. com. cn/2022-11/14/content_42168879. html，最后访问日期：2023 年 5 月 23 日。

国文字使用规定》等提高公共场所文字使用规范性，方便中外宾客在沪生活、自助游览。第三届进博会启动了多语种座席服务，并探索国际服务专线和语料库的启动建设。结合进博会"越办越好"的要求，上外充分依托语言研究优势，整合知识库、政策法规库、口径库等工具建设基础语料库，通过培养多语种人才，为提升城市外语水平提供学习支持、终端响应、外语译介、城市品牌涉外传播、城市外事支撑配套等常态服务项目，探索城市应急外语广播系统、应急管理外语资料库等应急服务的建设需求。

四　未来展望与建议

（一）研究的主要发现和结论

1. 语言服务的重要性

作为全球最大规模的进口主题博览会，进博会吸引了来自世界各地的参展商和观众。因此，高效准确的语言服务在促进全球贸易和文化交流中起着至关重要的作用。

2. 人工翻译和智能机器翻译的结合

人工翻译因其准确度和灵活性在进博会中一直发挥着重要作用。然而，智能机器翻译已经在快速增长的翻译需求中显示出其优势。

3. 智能机器翻译的引入和效果

从第一届到第五届进博会，智能机器翻译的使用越来越广泛。尽管在一些复杂语境和专业术语的翻译上仍有改进空间，但其对服务质量和效率的提升作用已经得到广泛认可。

4. 参展商和观众的反馈

大多数参展商和观众对智能机器翻译的使用表示满意。他们认为这种服务提高了交流的效率，减少了语言障碍带来的困扰。但同时，有反馈指出智能机器翻译在处理一些复杂语境或者特定领域术语时存在不足。

5.智能机器翻译面临的挑战和应对策略

智能机器翻译在实际应用中还面临准确性、语言覆盖、用户习惯等方面的挑战。针对这些挑战，本报告提出了一系列的应对策略和建议，包括提高翻译准确性、扩大语言覆盖面、提供用户培训等。

6.智能机器翻译的未来发展趋势和机遇

智能机器翻译的发展趋势和机遇包括提高翻译质量、扩大语言覆盖面、提供更自然的语音交互、保护用户隐私和数据安全等。进博会逐渐采用智能机器翻译技术来提供更准确、实时的翻译服务，以加强跨语言交流。智能机器翻译的应用可能涉及语音识别、自动翻译和语义理解等技术。

以上发现和结论显示，智能机器翻译已在进博会的语言服务中发挥了重要作用，未来有望在提高服务质量和效率方面发挥更大的作用。但同时，需要关注并解决它在实际应用中的挑战，以更好地满足贸易和文化交流的需求。

（二）存在的困难与发现的问题

随着各项工作趋于完善，进博会对于语言服务本身的重要性的认识也更加清晰，在服务质量、解决实际问题方面每年都有巨大进步。特别是到了第三届以后，在技术应用方面有明显的提升。但仍存在以下几个方面的问题。

一是对于语言服务对进博会本身的价值意义的认知高度不够。只是以翻译服务代替整个语言服务，可以适当地将语言服务的范围、性质进行延展。

二是缺乏统筹布局。除了一些传统翻译解决的问题，对于文本、语音、图像等领域的需求，主管方尚未掌握具体数据，无法对每一种具体服务进行评估，这也形成了研究者的难题。

三是在行动层面缺乏统一的规划。对参展方的需求没有做到全方位的满足，对新技术特别是人工智能技术的应用不足。无论是场内，还是场外，都还有较大的盲点或空白，还有填补、充实和提升的空间。

（三）未来展望

1. 进博会语言服务的发展趋势

（1）智能机器翻译的广泛应用

随着科技的发展，机器翻译的能力不断提升，特别是对于简单的对话和文字信息，机器翻译已经能提供较为准确的服务。因此可以预见，在未来的进博会上，机器翻译可能会被更广泛地应用于各种语言服务中，如即时对话翻译、文档翻译等。

（2）人工翻译的深度参与

尽管机器翻译的能力在提升，但在处理复杂的专业术语和语境时，人工翻译仍然具有无可替代的优势。因此，未来的进博会上，人工翻译可能会更深度地参与各种语言服务，如官方演讲的同声传译、专业论坛的翻译等。

（3）多语种服务的继续增加

进博会是一个全球性的活动，涉及的语种非常多。因此，未来的语言服务可能涵盖更多的语种，以满足来自不同国家和地区的参展商和观众的需求。

（4）在线和远程语言服务的发展

随着互联网技术的发展，在线和远程语言服务可能会成为一种趋势。这不仅可以提高语言服务的效率，还可以在特殊情况下，保证语言服务的正常进行。

以上预测基于对过去五届进博会的了解，以及对语言服务行业发展趋势的理解。实际的情况可能会受到很多因素的影响，包括但不限于科技发展、全球经济情况、国际政治环境等。随着 GPT 技术的异军突起，对于大语言模型，政府可能会提供更多支持。

2. 对进博会语言服务的建议

一是统筹规划。通过语言服务对办好进博会，提升上海的开放水平，打通语言障碍，搭建通畅、便捷的沟通无障碍城市提出更高的目标与要求，需要有一个整体统筹的规划。进博会的具体承办机构应该将其列为一项重要的任务。

二是花力气对整个参展商、服务商和提供商对语言服务的需求进行全面

的梳理和采集。相关的事实如果不清楚，下一步工作就无从着手。

三是进博会相关部门应该针对语言服务需求，搭建语言公共服务的技术平台。

四是进一步提升志愿者和基层社会组织提供语言服务的能力。组织各种志愿者语言服务团队，提升服务质量。

五是充分重视新技术的应用。在智能语言服务的模型搭建方面，让有突出能力的企业参与建设工作。硬件设备制造商和软件、数据模型服务商要扮演更为重要的角色。以新译科技（深圳）有限公司为代表的首批国家语言服务出口示范基地为例，它们在底层技术和语料上有突出优势，可以为进博会及至"一带一路"和人类命运共同体建设发挥作用，还可以为志愿者配备相关智能机翻设备，如提供智能指环。

六是政府、社会和企业应该有一套动员机制，协同发力。

3. 对智能机器翻译技术发展的预测

（1）更高的准确性

随着深度学习和人工智能技术的进步，智能机器翻译的准确性有望进一步提高。这包括对复杂语境和特定领域的术语的理解，以及对俚语和习语的翻译。机器翻译系统采用更先进的机器学习和深度学习算法，能够更好地理解上下文和语境，提供更准确、流畅的翻译结果。语言模型的改进和数据训练的增加将有助于解决一些语言和文化差异所带来的问题。

（2）更广泛的语言支持

随着更多的语言数据被收集和处理，智能机器翻译能够支持更多的语言，包括一些当前被视为"低资源"的语言。

（3）更自然的交互

随着语音识别和语音合成技术的进步，智能机器翻译能够提供更自然的语音翻译服务，使用户可以通过语音进行交互，而不仅仅是通过文字。

（4）实时翻译

实时翻译技术将得到进一步的提升，使人们可以在进行跨语言交流时得到即时的翻译，无论是电话会议、视频聊天，还是现场交谈。智能机器翻译将在进博会的现场提供更加实时的翻译服务。参展商和观众可以通过移动设备或现场设备与机器翻译系统进行实时交互，获得即时的翻译结果。这将加快信息交流和商务谈判的速度，提高参与者之间的沟通效率。

（5）更好的隐私保护

随着人们对隐私保护的重视度不断提高，将会有更多的方法被开发出来，以保护用户在使用智能机器翻译时的数据安全。

（6）人工智能和人工翻译的融合

智能机器翻译并不会完全取代人工翻译，而是将与人工翻译更好地融合，共同提高翻译的效率和质量。例如，智能机器翻译可以为人工翻译提供初步的翻译，然后由人工翻译进行校对和修改。

（7）个性化定制和行业特定翻译

随着大数据和人工智能的发展，未来的机器翻译可能会更加个性化，能够根据用户的语言习惯、文化背景等因素，提供更加贴近用户的翻译结果。根据参展商和观众的需求，系统可以提供特定行业领域的术语和表达的翻译，确保准确性和专业性。

（8）语音翻译和语音合成

未来的智能机器翻译系统可能会更加注重语音翻译和语音合成的应用。参展商和观众可以通过语音输入将口头表达转换为文字，并获得实时的翻译结果。同时，智能机器翻译系统也可以将文字翻译结果通过语音合成技术转化为口头表达，方便交流和沟通。

（9）多模态翻译

未来的智能机器翻译系统可能会融合多种输入和输出模态，如文本、图像和语音。参展商和观众可以通过拍摄照片或扫描二维码等方式获取文本或图像信息，并通过智能机器翻译系统进行翻译。这样的多模态翻译将更加全面地满足不同参与者的需求。

以上预测基于当前的技术趋势和市场需求，但未来的发展可能会受到许多不可预见的因素的影响，包括新技术的出现、政策环境的变化、用户需求的变化等。

（四）对进博会语言服务的研究的建议

1.语言服务质量评估

对过去五届进博会的语言服务质量进行评估，包括口译和翻译的准确性、流畅度以及与参展商和观众的沟通效果等方面。可以通过调查问卷、访谈或语料库分析等方式进行研究。

2.技术应用效果分析

进一步研究智能机器翻译技术在过去五届进博会中的应用情况和效果。通过对智能机器翻译的准确性、实时性以及用户满意度进行评估，了解技术在促进跨语言交流方面的优势和限制。

3.参与者体验研究

通过深入访谈参展商和观众，了解他们对语言服务的体验和需求。研究参展商和观众对于口译和翻译服务的意见和改进建议，以提升未来进博会的语言服务质量，并推动建设沟通无障碍城市。

4.多媒体语言服务研究

研究如何运用多媒体技术改进语言服务体验，在 GPT 和多模态 AIGC 崛起的背景下，探索使用虚拟现实、增强现实、人工智能直播等技术，提供实时字幕、视觉辅助等，改善跨语言交流的效果。

5.跨文化交流研究

研究不同文化背景下的语言服务需求和交流问题。探讨语言和文化之间的关系，以及如何提供更有效的语言服务来促进参展商和观众之间的跨文化交流和合作。

6.翻译技术的持续改进

在智能机器翻译领域，持续的技术改进是至关重要的。研究人员可以致力于改进翻译算法和模型，提高翻译的准确性和流畅度，搭建公共服务平台。特别关注复杂语境和专业领域的翻译质量的提升。

7.语言覆盖范围的扩展

进博会吸引了来自世界各地的参展商和观众，因此语言覆盖范围的扩展非常重要。研究人员可以探索低资源语言的翻译技术，以满足有不同语言需求的参展商和观众。

8. 智能机器翻译与人工翻译的协同使用

智能机器翻译和人工翻译的协同使用可以进一步提高翻译服务的质量和效率。研究人员可以探索如何更好地结合人工智能和人工翻译的优势，构建混合翻译模式，并采用最佳的任务分配和流程设计。

9. 用户体验和满意度研究

用户体验和满意度对于语言服务的成功至关重要。研究人员可以进行用户调研和用户反馈收集，了解参展商和观众对语言服务的期望和需求，以及他们对现有服务的满意度和改进建议。

10. 隐私和数据安全的保护

随着隐私和数据安全的重要性不断提升，研究人员应该关注如何保护用户的数据和隐私，强化数据加密、匿名化处理等技术手段，并遵循相关的法律法规和政策。

11. 跨学科研究的推进

进博会是一个涉及多个领域和专业的国际盛会，因此语言服务的研究也应该是跨学科的。研究人员可以在计算机科学、语言学、翻译学、人机交互等领域展开合作，共同解决语言服务中的挑战。

参考文献

陈琦：《人工智能闯入翻译界，会抢走谁的饭碗？》，《文汇报》2018 年 5 月 4 日。

崔启亮：《语言服务行业的本地化专业建设》，《北京第二外国语学院学报》2021 年第 1 期。

郭望皓、胡富茂：《神经机器翻译译文评测及译后编辑研究》，《北京第二外国语学院学报》2021 年第 5 期。

韩林涛：《语言产业视阈下翻译技术商业伦理的基本原则》，《上海翻译》2019 年第 5 期。

胡富茂、宋江文、王文静：《多模态旅游翻译语料库建设与应用研究》，《上海翻译》2022 年第 5 期。

李宇明：《城市语言规划问题》，《同济大学学报》（社会科学版）2021 年第 1 期。

刘菁、谭善琦、贾卉：《基于语料库的中外"进博会"报道中的上海形象研究》，《外语教育与翻译发展创新研究》（第八卷）2019 年。

潘辉、胡峰：《中国国际进口博览会带动溢出效应研究》，《科技创业月刊》2020 年第 7 期。

任虎林、宋琳琳、王立非：《元宇宙视域下的数字语言服务发展研究》，《北京第二外国语学院学报》2022 年第 4 期。

沈骑：《后疫情时代中国语言安全规划的三大要素》，《当代外语研究》2020 年第 4 期。

沈骑、夏天：《"一带一路"语言战略规划的基本问题》，《新疆师范大学学报》（哲学社会科学版）2018 年第 1 期。

王海兰、郭杰：《第三届语言服务高级论坛在广州大学召开》，《语言文字应用》2019 年第 1 期。

王华树、陈涅奥：《中国语言服务企业机器翻译与译后编辑应用调查研究》，《北京第二外国语学院学报》2021 年第 5 期。

王华树、刘世界：《人工智能时代翻译技术转向研究》，《外语教学》2021 年第 5 期。

王华树、刘世界：《大数据时代翻译数据伦理研究：概念，问题与建议》，《上海翻译》2022 年第 2 期。

郑思思：《"四叶草"全力冲刺背后的故事》，《上海支部生活》2019 年第 11 期。

郑咏滟：《新冠疫情中上海危机沟通语言管理过程研究》，《语言战略研究》2021 年第 3 期。

B.14
以进博会促进内外贸一体化发展的
机制和效应

廖 璇[*]

摘 要： 进博会自 2018 年以来已成功举办 5 届。作为全球第一个以进口为主题的国家级大型展会，进博会不仅是联通国内国际两个市场和两种资源、加速构建国内产业链的重要纽带，更发展为推动内外贸一体化的重要平台。结合我国内外贸一体化的现实特征来看，进博会促进内外贸一体化的效应主要体现在推动国内消费升级、促进外贸转型升级、加快内外贸融合发展、改善内外贸一体化环境4 个方面。未来，可利用进博会进一步助力内外贸供需互促、增强内外贸一体化发展能力、打造内外贸融合发展平台、完善内外贸一体化制度体系，充分利用进博会的国际影响力，增进国内外市场交流，全面释放进博会在促进内外贸一体化发展方面的溢出和带动效应。

关键词： 进博会 内外贸一体化 内外贸融合

一 内外贸一体化的内涵界定与现实特征

（一）内外贸一体化的内涵界定

1. 内外贸一体化的提出与发展

1986 年，我国学术界首次提出内外贸一体化概念。学者普遍认为沿

---

* 廖璇，上海市商务发展研究中心国际贸易研究部主管，中级经济师，主要研究方向为开放型经济。

海开放城市的贸易并不应该被分割为内贸和外贸，而应该坚持对内外贸进行统一发展与管理。2003 年，《中共中央关于完善社会主义市场经济体制若干问题的决定》指出"要加快内外贸一体化进程"，我国基于形成统一流通市场的需求，首次将内外贸一体化作为一种政策取向。随后，由于我国出口市场繁荣发展，企业对走内外贸一体化之路的反应并不强烈。

我国是世界第二大消费市场和第一大货物贸易国，长期的对外贸易顺差使我国过于依赖国际市场，而难以建立全国统一市场等问题也阻碍了国内贸易的发展。2003 年 3 月，我国成立商务部。自此，我国内外贸一体化开始取得长足发展。尤其是党的十八大以来，国家陆续出台措施，推动内外贸一体化发展。2022 年底，商务部等 14 部门研究确定了 9 个内外贸一体化试点地区，加强促进内外贸一体化发展的顶层设计。当前，内外贸一体化发展所面临的内外部环境都已经发生改变，促进内外贸一体化发展的时机已经到来。

2. 内外贸一体化的内涵界定

对于内外贸一体化的内涵，谭祖谊[1]认为，内外贸一体化指的是以企业为主体，以市场供需和产业分工为基础，以国内外要素和产品市场融合发展为基本内容，以市场竞争为主要推动力，进而推动政府管理体制和政策协同变化的经济发展过程。冯明[2]从理念、制度和运作 3 个层面对内贸一体化进行了总结，即观念一体化、体制一体化和经营一体化。赵萍[3]提出，内贸一体化可以分为两个层次：一是在市场主体层次上，使企业可以更顺畅地进入国内外两个市场，从而培养出更多国际化的企业，使之更好地利用两个市场和两种资源；二是在规则层次上，以更高水平开放为目标，突破体制壁垒，在内部和外部的管理体制上进行整合。

① 谭祖谊：《内外贸一体化的内涵、经济效应及其路径选择》，《北方经贸》2011 年第 8 期。
② 冯明：《内外贸一体化的内涵及发展思路探讨》，《商业时代》2013 年第 23 期。
③ 《中国要做好内外贸一体化文章》，https://m.gmw.cn/baijia/2021-01/06/1302005853.html，最后访问日期：2023 年 8 月 15 日。

对于内贸一体化的路径选择，目前学术界大部分研究从 3 个方面来进行分析：一是统一政府内外贸管理职能，完善内外贸领域法律法规；二是统一内外贸经营主体，通过创新提升竞争力；三是统一内外贸市场，完善市场流通体系，为内贸一体化发展提供理论依据。朱桦[①]从法律法规、商业模式、商业流程、产品标准、营销渠道、支付系统等 6 个方面总结出限制内外贸一体化发展的主要因素。《国务院办公厅关于促进内外贸一体化发展的意见》[②] 明确要求，通过完善内外贸一体化制度体系、增强内外贸一体化发展能力、加快内外贸融合发展等措施，提高统筹利用两个市场、两种资源的能力，促进内贸和外贸、进口和出口协调发展，服务构建新发展格局，实现更高水平开放和更高质量发展。

（二）内外贸一体化的现实特征

内贸和外贸，是连接生产消费、对接国内国际两个市场、建设强大国内市场和形成国际竞争新优势的重要环节。在加快构建新发展格局中，实现内外贸一体化发展已是大势所趋。自改革开放，尤其是党的十八大以来，我国先后出台了一系列支持内外贸一体化发展的政策文件，各地方政府也积极实施推动内外贸一体化的相关举措，大大提升了内外贸企业开拓国内与国外市场的积极性，从而推动了内外贸一体化的高质量发展。

1. 内外贸一体化管理体制基本形成

近几年，我国不断完善内外贸法律法规，逐渐构建了一套能够与国际贸易规则体系相适应的国内经济管理制度，内外贸市场面临的准入阻碍与跨境壁垒大幅减少。一是我国基本形成了内贸一体化的管理体制。2022 年 4 月，商务部牵头与有关部门建立推动内贸一体化的工作机制，推动内贸一体化的进程。二是企业对外贸易和国内贸易面临的准入门槛趋于一致。目前，我国对国内贸易公司、对外贸易公司的登记注册、经营许可等都没有特别的限制

---

① 朱桦：《新形势下需要加强内外贸融合的探索与研究》，《国际市场》2013 年第 1 期。
② 《国务院办公厅关于促进内外贸一体化发展的意见》，https：//www.gov.cn/zhengce/content/2022-01/19/content_5669289.html，最后访问日期：2023 年 8 月 15 日。

措施。2022年底开始实施的修订版《中华人民共和国对外贸易法》明确表示进出口业务企业不需要再办理对外贸易经营者备案登记手续。三是我国在标准与认证方面加大推动国内国际一致化力度。以国家市场监管总局数据为例，截至2022年5月20日，在标准化方面，我家用电器、消费类电子产品等九大重点领域主要消费品与国际标准一致性程度从2016年的81.4%上升到96.1%，全产业领域平均国际标准转化率已达75%，主要装备制造业、重要消费品、新一代信息技术等多个重要产业领域的国际标准转化率超过了90%，有力支撑了内外贸一体化①。在认证认可方面，我国已经与30多个国家或经济体签署127份合作互认类安排文件，加入了21个认证认可国际组织，大大便利了我国与贸易伙伴的经贸发展，如简化出口转内销3C认证程序，在材料备齐的情况下7个工作日就可获得3C证书②。四是内外贸产品"同线同标同质"（以下简称"三同"）全面推进。我国积极采取相关措施，指导企业按照统一的标准、统一的质量要求，由同一个生产厂生产出符合国外特定目标市场需求并能够向国内销售的商品。截至2022年5月20日，"三同"的应用范围已经扩展到普通消费品、工业制品等领域，"三同"公共信息服务平台自2016年上线以来，已覆盖约3000家企业的近1万种"三同"产品。

2. 内外贸融合平台建设取得明显成效

近年来，我国内外贸融合平台建设取得了较为明显的成效。一是自贸试验区等内外贸融合发展制度高地建设促进内外贸融合发展。根据商务部数据，自2013年9月29日上海自贸试验区成立以来，截至2022年底，我国已设立21个自贸试验区及海南自由贸易港，各自贸试验区推出的改革举措累计达3400多项，向全国及特定区域复制推广的制度创新成果278项③，为

① 《打通内外贸 构建双循环》，《中国外资》2022年第11期。
② 《中共中央宣传部举行"打通内外贸，构建双循环"有关情况发布会图文实录》，http：//www.scio.gov.cn/xwfbh/xwbfbh/wqfbh/47673/48300/wz48302/Document/1724637/1724637.htm，最后访问日期：2023年8月15日。
③ 《新时代 新征程 新伟业丨对标更高标准 激发自贸区制度创新动能》，https：//baijiahao.baidu.com/s？id=1766103095090783297&wfr=spider&for=pc，最后访问日期：2023年8月15日。

企业内外贸一体化经营提供了制度便利。同时，国务院已经在 31 个省份建立 165 个跨境电子商务综合试验区，与跨境电子商务有关的企业合计超过 20 万家。2022 年，我国跨境电子商务进出口总额达 2.1 万亿元，同比增长 9.8%，其中各跨境电子商务综合试验区的进出口额占比超过九成。作为跨境电子商务发展的创新高地，跨境电子商务综合试验区对保持外贸规模稳定和结构优化起到了重要作用，对国内小微企业拓展国际市场起到了积极的促进作用。截至 2022 年 11 月，我国进口贸易促进创新示范区已达 43 个，以制度创新激发进口潜力①。截至 2022 年底，我国企业在"一带一路"沿线国家建设的合作区已累计投资 571.3 亿美元，为当地创造了 42.1 万个就业岗位②。二是中国国际进口博览会（以下简称"进博会"）、中国进出口商品交易会（以下简称"广交会"）等内外贸融合发展平台增进国内外市场交流。5 届进博会累计意向交易额超过 3500 亿美元，其中有大约 2000 个首发首展商品，同时引入了各种高质量的消费品和先进技术产品，在供给和需求两个方面发力，有力促进了内外贸良性互动。2022 年 7 月 30 日，根据第二届中国国际消费品博览会（以下简称"消博会"）闭幕通气会介绍，第二届消博会共有来自 61 个国家和地区的 1955 家企业、2800 余个消费精品品牌参展，总进场观众超过 28 万人次③。第 132 届广交会于 2022 年 10 月 15 日在线上举行，在规模与功能上不断拓展，参展商超过 35000 家，较上届新增 1 万多家。举办大规模的国际性展览，不仅为外贸企业出口转内销提供交流机会，而且为国内贸易公司提供了拓展国际市场的平台。

3. 内外贸一体化的营商环境不断改善

近年来，我国内外贸一体化发展的环境不断优化。一是我国市场公平竞

---

① 《我国进口贸易促进创新示范区已达 43 个 促进外贸更加平衡发展》，https：//baijiahao.baidu.com/s？id=1749515934235919389&wfr=spider&for=pc，最后访问日期：2023 年 8 月 15 日。

② 《观博整话发展丨高质量共建"一带一路"经贸合作硕果累累》，https：//baijiahao.baidu.com/s？id=1761617707418479842&wfr=spider&for=pc，最后访问日期：2023 年 8 月 15 日。

③ 《进博会、消博会等重大展会 推动进出口稳中提质（聚焦两会）》，《中国贸易报》2023 年 3 月 7 日，第 A5 版。

争制度不断完善。全国人民代表大会常务委员会对《中华人民共和国反垄断法》《中华人民共和国反不正当竞争法》进行了修改完善，针对市场中存在的垄断以及不正当竞争行为出台 7 项相关法律。同时，针对重点领域的发展，我国在合规方面给出指导意见，颁布《公平竞争审查制度实施细则》。2018 年，反垄断相关职能归属国家市场监管总局；2021 年，国家反垄断局成立，标志着反垄断执法统一。2021 年，中央全面深化改革委员会第二十一次会议审议通过了《关于强化反垄断深入推进公平竞争政策实施的意见》，首次对国家的公平竞争进行顶层设计，并在此基础上提出新的要求。二是全国统一大市场建设不断推进。为从根本上防范各种破坏国家统一市场、破坏市场公平的行为，我国从中央到地方四级政府都建立了公平竞争审查制度。自党的十八大以来，已清理存量政策文件 340.2 万件，审查新出台政策文件 127.8 万件，纠正废止政策文件 5.3 万件。同时，我国继续加大执法力度，对滥用行政权排除和限制竞争行为进行审查，对阻碍商品自由流通行为进行查处，共查处了 363 起违法行为①。三是跨境贸易便利化专项行动持续开展。据海关总署统计，2022 年，我国进口整体通关总用时 32.02 个小时，较 2017 年缩短 67.1%；出口整体通关总用时 1.03 个小时，较 2017 年缩短 91.6%②。海关主动协调相关业务部门，对进出口环节的监管证照进行简化，基本实现了网上查验。与此同时，我国积极压减进口和出口环节合规成本，完成了对所有港口的收费目录清单和标准的公开。

二　以进博会促进内外贸一体化发展的作用机制

近年来，我国内外贸一体化取得积极成效，我国已是世界上第二大消费

---

① 《中共中央宣传部举行"打通内外贸，构建双循环"有关情况发布会图文实录》，http://www.scio.gov.cn/xwfbh/xwbfbh/wqfbh/47673/48300/wz48302/Document/1724637/1724637.htm，最后访问日期：2023 年 8 月 15 日。
② 《"直提直装"零等待　口岸通关再提速》，http://www.zgsyb.com/news.html？aid = 656100，最后访问日期：2023 年 8 月 15 日。

市场、世界上第一大货物贸易国，但在内外贸一体化方面仍面临一些问题，如内外贸融合发展不顺畅、对国内外市场和资源进行统筹利用的能力有待提升等。2018年，我国在世界经济发展低迷、中美经贸摩擦的国际背景下举办了首届进博会，截至2022年已成功举办5届。目前，进博会已成为推动全球商品、服务对接的桥梁和促进国内消费结构、外贸转型升级的重要引擎，并成为中国促进内外贸一体化发展的重要平台。

（一）进博会承"内"接"外"，推动国内消费升级

近年来，我国坚定实施扩大内需战略，积极促进消费，已成为全球第二大消费市场。2022年，我国社会消费品零售总额从1978年的1558.6亿元增至44.0万亿元，比1978年增长281.1倍，年均增长13.7%；比2018年增长16.4%，年均增长3.9%。我国最终消费支出由1978年的2233.6亿元升至2021年的62.0万亿元，增长276.4倍，年均增长14.0%，最终消费支出占GDP的比重由1978年的61.9%波动下降到2021年的54.1%；2021年我国最终消费支出比2018年增长22.4%，年均增长7.0%，2018年最终消费支出占GDP的比重为55.3%。近几年，受新冠疫情冲击，最终消费支出占GDP的比重略有下降，但仍高于50%。改革开放以来，除2010年这一比重降至49.3%外，其他年份均高于50%，消费多年成为我国经济增长的第一拉动力（见图1）。2022年，我国居民恩格尔系数（即食品开支占消费支出的比重）达30.5%，比2012年下降2.5个百分点。2021年人均服务性消费占居民消费比重为43.2%，比2013年提升3.5个百分点。随着我国居民收入水平的不断提高，我国居民消费需求逐渐从以商品消费为主向商品与服务消费并重转变，从注重量的满足向追求质的提升转变，消费结构不断优化升级。

随着国内消费需求的持续释放，我国消费者越来越关注多样化和高质量的进口商品，本土品牌商品供给亟须转型升级。随着我国新型城镇化的持续推进，中等规模收入群体不断扩大，将为消费需求的升级提供有力支撑，助力我国消费品等进口保持平稳增长态势。进博会为内外贸一体化搭建了有利窗口，我国主动扩大进口，将国外优质的消费和服务引入国内，增加国内消

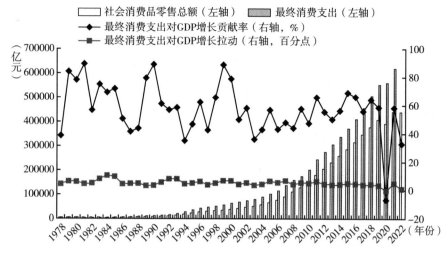

图 1　1978~2022 年中国国内贸易发展情况

资料来源：国家统计局网站。

费商品的品类并提升质量，助力满足消费升级背景下的多元化消费需求。进博会主要通过"展品变商品"促进进口贸易与国内消费的互动，有利于合理扩大高品质消费品和服务的进口，丰富国内的消费选择，有助于进一步释放国内超大规模市场优势和居民内需潜力，在需求侧不断激发内需潜力，持续满足人民日益增长的美好生活需要。激发内需潜力和推动消费升级，虽然表面上是需求侧的问题，但究其根源是供给侧的问题，主要是我国的产业结构和供给侧结构尚不能满足人民日益增长的美好生活需要。利用进博会这一平台，可以通过直接加大进口力度解决国内供需不匹配的问题，让国外优质的商品直接对接国内消费需求，实现多层次供需有效对接。

（二）进博会以"进"促"供"，推动外贸转型升级

近年来，我国着力稳外贸和促增长，推动贸易创新发展，外贸发展取得历史性成就。改革开放之初，我国经济发展模式封闭，外贸规模有限。2001年，我国正式加入世界贸易组织，进出口贸易规模首次超过 4 万亿元，之后除 2009 年金融危机冲击全球经济以及 2015~2016 年内外需持续低迷、传统

优势削弱、大宗商品价格持续下跌、人民币贬值等因素共同施压使进口总额与出口总额均出现下降以外，其余年份的外贸规模均保持高速增长（见图2）。2022年，在全球疫情冲击下，世界贸易低迷，我国外贸逆势增长，进出口总额达42.1万亿元，同比增长7.6%。2001~2022年，我国货物进出口额、出口额、进口额年均增速分别为17.5%、18.0%、16.9%，国际市场份额从2001年的4.0%提升到2022年的12.8%（2021年占13.5%，为历史最高），2017年以来，我国已连续6年保持全球第一大货物贸易国的地位。其中，我国进口规模不断扩大，我国已成为世界第二大进口国，2021年、2022年我国进口对全球进口增长的贡献率分别达到了13.4%、1.3%，在有力促进世界经济走向复苏的同时更好地满足了国内生产和人民生活的需要。

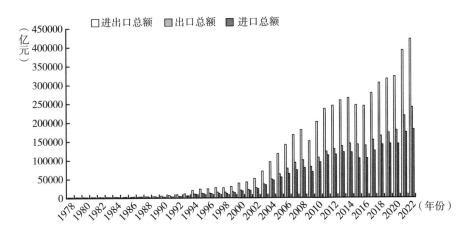

图2　1978~2022年中国货物贸易发展情况

资料来源：国家统计局网站。

一方面，进博会促使我国主动扩大进口，助力提升出口产品附加值。进博会通过内向集成全球优质中间品和要素资源，链接上游来自国外的高质量中间品、关键零部件、重要原材料以及下游的国内生产环节，提升出口产品的国际竞争力，形成产品市场上国内循环与国际循环的良性互动。同时，主动扩大进口会强化国内市场环境的竞争性，倒逼国内企业提升创新发展能

力，外贸企业通过对标国外高水平产品，提升出口产品的质量和增加值，推动外贸转型升级和供给侧结构性改革。另一方面，进博会主要通过采购商变贸易商、参展商变投资商以及连接内外部供应链等，在供给侧助力完善现代化产业体系。进博会不仅是贸易平台，还是投资、信息的集成平台，不仅可以直接引进国外先进的产品、设备、技术和资本，直面国际上产业发展最新趋势和技术前沿，还可以通过协同扩大开放、深化国内供给侧结构性改革，使国内供给体系更好地适应需求结构变化，助力内外贸一体化发展。另外，国内有能力和意愿"走出去"的本土跨国企业还可以通过进博会挖掘在国内有较大市场潜力的海外产品，并通过进口直采和海外投资等方式将这些产品引进国内市场。

（三）进博会以"虚"助"实"，促进内外贸一体化经营

长久以来，我国对外贸易长期呈现"两极分化"的局面，主要面临企业统筹利用国内外市场和资源的能力不强的问题。内贸企业侧重国内市场，外贸企业侧重海外市场，"重外轻内"与我国构建新发展格局不相适应，主要体现为开展内外贸一体化经营的企业主体仍较少。在企业层面，当前有能力开展内外贸一体化经营的内贸企业很少；而外贸企业中，中小企业数量较多，开拓国内市场的能力不足。专注国内市场的企业，面对环境不同的国外市场，仍然会存在诸多问题。由于中国企业与国外企业定位存在较大差异，将出口产品直接转入国内市场并不容易，必须将产品依据中国的市场定位进行设计和生产。标准不同必然导致企业投入更多时间、资金、宣传成本，从而使其在市场竞争中失去优势地位。

近年来，我国在网上购物、移动支付等数字经济领域已形成鲜明优势。上海市紧抓数字经济和进博会发展机遇，集聚和培育了一批能开展内外贸一体化经营的企业主体。例如，上海市通过成立多个"6天+365天"常年展示交易平台，有效延长进博会展示周期、增强进博会展览效应，实现"6天+365天"常年展示和交易，为消费者零距离接触进博会展品、便捷选购进博会进口商品提供常态化的渠道，持续推动展品变商品、采购商变贸易

商、参展商变投资商，打造"永不落幕的进博会"。同时，越来越多的内外贸一体化经营企业利用跨境电子商务平台实现"买全球、卖全球"。自第一届进博会以来，越来越多进博会期间广受欢迎的展品通过对接跨境电子商务平台成为商品。进博会的参展企业尤其是消费品企业积极实行线上线下双向布局，在入驻"6天+365天"常年展示交易平台的同时，积极入驻天猫国际、京东国际等进口跨境电子商务平台，不断促成国内中高端进口商品的供需对接。跨境电子商务已成为企业开展内外贸一体化的重要方式，其出口连接国内生产端，其进口连接国内消费端，通过在生产环节进行商业模式创新、信息技术升级推动外贸产业转型升级，通过在消费环节优化消费结构、提升消费层次推动国内消费升级，从而推动内外贸一体化，助力实现供需互促。截至2022年底，我国跨境电子商务货物进出口规模占外贸的比重由5年前的不足1%上升到5%左右。我国已设立165个跨境电子商务综合试验区，覆盖31个省份，这些试验区成为推动跨境电子商务发展的重要载体和平台；我国跨境电子商务主体已超10万家，成为开展内外贸一体化经营的重要主体①。

（四）进博会以"流"促"改"，推动规则和标准等统一

在很长一段时间里，我国内贸与外贸都是在国际、国内两种不同的制度下开展的。在推动内贸一体化的过程中还存在一些问题，具体表现为以下几点。一是内外贸管理制度仍需优化。在管理中，政府对出口贸易的政策有所倾斜，造成了出口贸易与国内贸易的不平等。相比外贸企业，内贸企业所享受的优惠政策整体上少得多，仅在发展服务业方面享受优惠政策。而外贸企业则享受了出口退税、出口信用保险、对外贸易发展基金、对外经贸发展专项资金等优惠政策。优惠政策不统一，不利于提高企业开拓市场的积极性。二是内外贸标准认证衔接不足。我国内外贸的产品标准与国际通用标准仍然

---

① 《全国跨境电商综试区现场会在杭州召开》，http：//shangwutousu. mofcom. gov. cn/article/xwfb/xwbldhd/202305/20230503413204. shtml，最后访问日期：2023年8月15日。

存有差别，导致相关企业在国内外市场面临不同的标准与要求，大大增加了标准转换的时间成本与制度性成本。同时，标准和合格评定有所差异，也阻碍了企业的内外贸一体化进程。例如，我国的家用电器在获得了 3C 认证之后，如果要进军美国、加拿大、欧洲，还必须通过 UL①、CSA②、CE③ 认证。与此类似，外贸企业在出口转内销的过程中，也需要在国内标准认证中花费大量的时间、资金以及精力成本。

进博会主要通过进一步推动规则、管理、标准等制度型开放，持续打造市场化法治化国际化的营商环境，助力完善内外贸一体化所需的制度体系建设。进博会通过疏通内外"贸易流"、保障"资金流"、挖潜"信息流"、集聚"人才流"等，加强市场规则和标准对接，营造适应内外贸一体化发展的营商环境，助力内外贸一体化发展。进博会主动探索有利于进口商品进入中国市场、降低贸易成本、扩大销售的各项政策措施，保税展示展销加区块链运用、保税延展加跨境电子商务、"前店后库"等模式取得了积极成效，贸易便利化措施在很大程度上帮助国外企业拓展中国乃至亚太市场。进博会积极扩大进口，不断通过监管制度创新推动消除非关税壁垒、推进贸易便利化进程，加快创新跨境电子商务、首发经济等内外贸一体化新模式新业态新平台，不仅能带动国内国际"贸易流"的疏通，还能对国际资本、国际人才等跨境要素起到集聚作用。

三 以进博会促进内外贸一体化发展的效应和不足

进博会自 2018 年以来已成功举办 5 届。作为全球第一个以进口为主题的国家级大型展会，进博会不仅是联通国内国际两个市场和两种资源、加速构建国内产业链的重要纽带，更发展为推动内外贸一体化的重要平台。结合我国内外贸一体化的现实特征来看，进博会促进内外贸一体化的效应主要体

---

① UL 指美国保险商实验室认证。
② CSA 指加拿大标准协会的产品认证。
③ CE 指欧盟市场的强制性认证，表明产品符合欧盟《技术协调与标准化新方法》的要求。

现在促进国内消费升级、促进外贸转型升级、促进内外贸融合发展、改善内外贸一体化环境4个方面。

（一）以进博会促进内外贸一体化的效应

1.进博会促进国内消费升级效应持续增强

（1）进博会助力优化消费结构

进博会已成为观察中国消费趋势的绝佳窗口。在第五届进博会上，"不出国门买遍全球"的国内消费需求不降反升，且不断走深走细，带动进口商品的更新迭代不断加速，助力我国消费结构优化。2022年，我国消费品进口额达到了1.9万亿元，同比增长13.5%，占进口总额的比重达11%，比上年提升约1个百分点。2022年，上海口岸消费品进口总额占全国的比重提高到40%以上，口岸进口服装、化妆品、汽车在全国分别占约70%、41%、37%[①]，上海紧抓进博会发展契机不断提升进口商品集散功能。2018年首届进博会以来，上海累计引入展品近27万种（件），累计进口商品额超3230亿元[②]。连续5届参展进博会的麦德龙，携来自23个国家的170多件进口商品打造欧洲风情集市，90款新品占比过半，展品新品均同比增长。除了酒类、肉类和水产品等传统优势品类，还有德国热红酒、澳洲牛肉、韩国海苔、泰国椰子水等诸多产地直采的"爆款"新品。在第五届进博会上，麦德龙的展品和新品更加丰富，展品和新品数量相比往届分别提升30%和80%。进博会搭建了以进口为主题的高水平开放平台，推动更多国际品牌进入中国市场，加快了国外新品引入中国的速度。欧莱雅、雅诗兰黛、宝洁、联合利华等全球十大化妆品品牌全部亮相，法国奢侈品巨头开云集团携旗下全部品牌四度参展，另一奢侈品巨头LVMH集团则携旗下14个代表品牌参展。联合利华以前在中国只有20多个品牌，品牌想要进来需要接受市场调查，周期较长。经过5届进博会后，联合利华

[①] 顾若尘：《深化探索 助力国际贸易中心建设行稳致远》，《上海人大月刊》2022年第12期。

[②] 《第六届进博会为全球企业搭起"大舞台"》，https://www.gov.cn/yaowen/liebiao/202306/content_6885129.htm，最后访问日期：2023年8月15日。

在中国市场已有40多个品牌。

（2）进博会助力提升消费层次

进博会充分认识到服务消费的重要性，因而专门开设服务贸易展区，在满足人民不断增长的物质需求的同时满足人民对文化、旅游等精神生活消费升级的追求，引领消费结构升级。围绕居民服务消费需求上升的发展趋势，进博会持续丰富文化、养老、医疗等服务消费供给，推进服务消费发展。第一，丰富文化服务消费供给。第四届进博会首次设立文物艺术品专区，第五届接续设立，将全球顶尖的文化服务引入国内。第五届进博会在消费品展区设立文物艺术品专区，佳士得、苏富比、富艺斯等9家境外展商的37件文物艺术品达成购买意向，总成交额达4.9亿元①。同时，我国文化艺术运营商通过参加进博会，与国际文化艺术IP达成合作意向，以跨国合作丰富本土文化服务消费供给。第二，优化养老服务消费供给。自第二届开始，进博会连续四届设置养老康复专区，第五届进博会在医疗器械及医药保健展区设立康复养老专区，集中展示国际领先的康复养老产品、技术和服务，如为轮椅老人量身定制的"全身淋浴器"、老人能自主完成洗浴的步入式浴缸，让老年人生活更舒适、更安全、更智能。第三，增加医疗服务供给。第五届进博会的医疗器械及医药保健展区汇聚全球绝大部分药品和医疗器械领域的世界500强及行业龙头企业，覆盖放疗、基因检测、体外诊断、医学影像、生命科学、肾脏治疗等细分领域②的龙头企业，既有辉瑞、默沙东、葛兰素史克、拜耳、罗氏等连续参展的老朋友，也有安进、赫力昂等新面孔。医疗服务领域全球领先资源的集聚，有助于促进我国医疗服务的创新与发展，更好地满足我国居民的医疗服务需求。

2.进博会推动外贸转型升级效应加快显现

第一，通过进口更好地稳定和优化国内产业链供应链。第五届进博会共

---

① 《4.9亿　第五届中国国际进口博览会文物艺术品交易成交额》，《艺术品鉴》2022年第34期。

② 《好物集结！六张"藏宝图"带你寻宝"四叶草"》，https：//baijiahao.baidu.com/s？id=1748543966039026483&wfr=spider&for=pc，最后访问日期：2023年8月15日。

有来自 127 个国家和地区的 2800 多家企业参加企业商业展，具有代表性的首发新产品新技术新服务共计 438 项，超过上届水平[①]，5 年累计近 2000 项。第五届进博会共有 284 家世界 500 强和行业龙头企业参展，数量超过上届，回头率近 90%[②]，展台特装比例达到 96.1%，均高于上届水平。新品发布专区共有 94 场发布活动，共发布 170 余件新品，涵盖消费品展区、食品及农产品展区、医疗器械及医药保健展区、汽车展区、技术装备展区等，不仅有最新的抗老焕肤"黑科技"产品、轻松 DIY 染色的染发仪等美妆新品，让"小白"秒变熟练技工的"三合一"安装钳，给电梯装"大脑"的楼宇自控系统等前沿技术装备，还有备受关注的靶向药物、角膜塑形镜、外科手术机器人等先进的医疗产品。创新孵化专区 2022 年也首次参加新品发布活动，带来更多前沿科技产品。

第二，进博会主要通过采购商变贸易商、参展商变投资商连接内外部供应链。为了进一步推动创新展品的商业转化，第五届进博会首次设立"展商变投资商"展示区，面积超过 6000 平方米，30 余家参与企业部分是世界名企，包括美好生活、工业制造、健康医疗等板块。该展示区全方位展现了"展品变商品、商品变爆款、参展商变投资商、投资商变合伙人"的合作层级的提升。例如，在专区内，德国清洁品牌卡赫展台以"时间表"呈现了投资中国的历程：2019 年，在江苏常熟成立中国总部；2020 年，打造研发生产制造基地；2022 年，在苏州打造全球研发中心，进博会为卡赫开启了进入中国大市场的机遇之门。再如，诺和诺德参展 5 年间已 5 次投资中国，投资总额超过 25 亿元，公司的创新药从进博会展品变成商品，诺和诺德也从展商变身投资商。5 年间，诺和诺德累计有 18 款创新药、10 款注射装置在进博会展示，其中 10 款在进博会首展。又如，武田制药共有 9 款创新产品在中国获批，4 款在研创新药品在中国被纳入"突破性治疗药物品种"，8 款创新药品纳入海南博鳌乐城国际医疗旅游先行区特许目录。进博会为初创

---

①　徐笑然、方整源：《东方国际集团抓紧进博机遇　加快转型升级》，《东方企业文化》2023 年第 2 期。

②　依绍华：《践行"进博之诺"成效》，《价格理论与实践》2022 年第 11 期。

型企业提供发展机遇,首次参加第五届进博会的清越科技通过进博会不断开拓市场,其畜牧用电化学项目已确定将在湖州、武汉、重庆等地多家规模化养猪场落户。同时,5年来,国际国内资源在对接中形成更多新业态新模式,中外企业与进博会"共生共长共创"。在科思创的展台上,有高合新上市的旗舰轿跑HiPhiZ以及特步跑鞋,这些国产品牌通过引进科思创的工艺技术再本土化利用和制造的产品恰是进博会促进中外企业"共生共长共创"的一个缩影。

3. 进博会促进内外贸融合发展效应持续显现

第一,上海成立常态化展销平台延续进博会溢出效应。2018年以来,上海累计认定60家"6天+365天"常年展示交易平台,其中有多个平台从事进口商品保税线上线下零售、仓储物流及通关服务等业务。通过进博会,进口跨境电子商务平台在丰富国内产品供给、促进新业态新模式发展、吸引消费回流、更好地满足居民需求等方面发挥了积极作用,助力跨境电子商务向精细化、品牌化、本土化以及多元化发展。虹桥进口商品展示交易中心作为"6天+365天"常年展示交易平台之一,共入驻贸易企业607家,成功搭建虹桥国际咖啡港等专业贸易平台,推动展品变商品、展商变投资商,助力产业升级和消费升级,并通过增加高质量商品和服务的进口,推动了国内营销网络的发展。虹桥进口商品展示交易中心累计汇集了来自90多个国家和地区的6000多个品牌,9万多种商品中有7万多款是由展品变为商品的。虹桥进口商品展示中心逐步发展成为广大消费者"家门口的进博会",2022年平台交易额近120亿元①。

第二,进博会助力跨境电子商务展销平台和生态体系不断完善。随着进博会溢出效应持续显现,中国巨大的消费市场潜力加快释放,以天猫国际、京东国际为代表的进口跨境电子商务平台加快打造进口生态体系,助推中国"买全球"动能进一步释放,增强内外贸一体化经营能力。天猫国际不断完善物流、仓储、供应链等进口生态基础设施建设,已在杭州、海口、临汾、

---

① 苏展:《"家门口的进博会"去年交易额近120亿元》,《文汇报》2023年5月31日。

苏州等六大综保区落户投产跨境新模式"新世界工厂",对成熟的跨境零售进口供应链进行流程改造,将海外的成品终端加工、分装环节前置到综保区,通过进口原料生产加工后,实现面向消费者零售和定制化销售,为海外品牌提供极致的供应链服务①,助力海外品牌更便捷、高效地开拓中国市场。

第三,进博会推动具有国际竞争力的内外贸一体化企业做大做强。5年来,进博会已集聚和培育了一批具有进口分拨功能、渠道控制能力的内外贸一体化供应商集群②。例如,连续5届参展进博会的专业零售商麦德龙已经成为"双循环"的重要链接点,通过全球五大采购中心,为中国消费者引入了全球60多个国家的多种进口优质商品,并借助进博会平台打造了诸多从展品到商品再到"爆品"的"高光时刻"。我国很多流通商通过观展进博会并进行境外采购和境外投资,主动将境外新品牌引入国内市场。例如,我国流通企业绿地全球商品贸易港集团通过参加第四届进博会,引进了来自全球32个国家和地区的220个品牌。再如,盒马鲜生通过进博会寻找"有潜力的进口食品",在进博会上"发掘"了越南腰果,并于2019年在越南平福省自建腰果原料加工工厂,腰果原料采收后经加工再经海运抵达国内港口,通关、检疫后被运往杭州盒马坚果加工厂被加工成十几种不同的商品,最终被送到全国各地盒马鲜生的货架上。在这一过程中,越南果农的收益得到了保障,同时促进了中国国内各链条企业的发展,满足了中国消费者的需求。

4. 进博会推动内外贸营商环境效应不断增强

第一,进博会助力内外贸一体化法律、监管制度创新。第五届进博会前夕,《上海市服务办好中国国际进口博览会条例》于2022年10月1日起正式施行,以地方立法为进博会"越办越好"提供制度保障。在5年的服务

---

① 《开放包容 拥抱世界 从进博会看中国"入世"20年》,http://chinawto.mofcom.gov.cn/article/ap/p/202111/20211103216993.shtml,最后访问日期:2023年8月15日。

② 张健、苏涛永:《充分发挥虹桥商务区在虹桥国际开放枢纽中"动力核"作用》,《科学发展》2022年第5期。

保障工作中，上海海关设立进博会常态化监管服务机构，累计出台 79 项海关支持措施，打造数字化、智能化、便利化、集约化的海关监管服务新模式，先后形成展品变商品、文物参展留购、车辆变商品等进博会新亮点；支持建成虹桥商务区保税物流中心（B 型）、绿地全球商品贸易港保税展示展销场所，推动保税展示展销常态化运行，不断增强进博会的溢出和带动效应，支持进博会"越办越好"①，对改善内外贸一体化营商环境起到了积极作用。第五届进博会期间，上海海关设立了 110 个进博会通关专窗和专用通道，全天候服务进博会人员及展品进出②。为支持汽车类展品参展进博会，海关总署出台专门的便利化支持措施，优化进博会汽车展品留购检验程序，为汽车展品开辟"绿色通道"，便利第五届进博会汽车"巨无霸"——戴姆勒牵引车留购进口，促进"展品变商品"。

第二，进博会助力推进内外贸一体化的创新标准和准入评估。例如，联合利华不断升级绿色生产技术，树立业内绿色"智造"标杆，契合高质量发展要求。依托进博会的平台作用，先后有玻利维亚藜麦、意大利榛子和大米等产品完成了输华贸易的准入评估，巴拿马、乌兹别克斯坦、肯尼亚等 23 个国家和地区的 33 种水果获得我国检疫准入③。联合利华（中国）有限公司（合肥家清护理工厂）、宁波沁园水处理科技股份有限公司（慈溪工厂）成为国内首批"六星零碳工厂"。"六星零碳工厂"结合了国内外相关标准特点，代表了国际零碳标准领先发展水平。这体现了联合利华对可持续发展目标的持续助力与贡献，获此认证亦是联合利华完成到 2030 年实现运营端零排放目标的新的里程碑。进博会参展商 TUV 莱茵还联合出口产品内外销"同线同标同质"促进联盟向业界推广"三同"工程，并发布首个"三同"消费品品类毛巾产品的认定标准。

① 《上海海关：服务高水平开放高质量发展》，http：//shanghai. customs. gov. cn/shanghai_customs/423446/423447/4636641/index. html，最后访问日期：2023 年 8 月 15 日。
② 杨斌：《精益求精只为"越办越好"——上海海关全力做好第五届进博会监管服务保障工作》，《中国海关》2022 年第 11 期。
③ 《"金枪鱼王"再次"游进"进博会，上海海关全力做好保障护航》，https：//www. thepaper. cn/newsDetail_forward_20577658，最后访问日期：2023 年 8 月 15 日。

（二）以进博会促进内外贸一体化的不足

1. 激发内需和供给侧结构性改革促进效应有待强化

一是进博会促进消费的功能仍需优化。随着消费结构的不断升级，居民对进口产品的需求日益旺盛。相对来说，进博会的消费促进规模与其影响力还不匹配，特别是进博会带来的首发首店效应尚不明显，对上海市消费市场在时尚引领度、品牌集聚度和消费创新度方面的拉动作用仍需增强。展品变商品、展商变投资商尚有较大提升空间。据调研和分析，约有30%参展商还未转化为投资商，有些展品虽参展，但尚未在国内上市销售。二是进博会促进供给侧结构性改革效应仍需增强。由于各种原因，目前进博会更多以高端商品进口为主，有针对性地引进先进技术的力度还不够，在加强供需双方精准对接、深入开展合作研发上也须进一步加大力度。三是本土企业和进博会参展商合资合作的意向和便利度有待提升。进博会参展企业的"双境外"要求，使一批企业通过在境外设立公司或以境外收购企业名义参展，还有一部分境外参展企业与中资企业合作或被其收购，但由于这类母公司变成中资企业，参展企业在国内投资后不能享受外资企业同等参展待遇。

2. 内外贸常态化展销平台功能和体验有待提升

一是进博会"6天+365天"常年展示交易平台的作用仍有待加强。上海承载内外贸一体化发展的主要平台"6天+365天"常年展示交易平台的货物主要来源于进博会的展品，以及存于海关特殊监管区域和场所的非一线涉证保税货物，但目前进博会"展转保"仍有限制，包括 ATA 单证项下在内的暂时进境货物通过口岸进口后，除在展会中少量消耗外，展会结束后原则上都应在我国海关规定的监管期限内原状复运出境，大多数展品无法进入特殊监管区域内继续开展保税展示①，保税展示交易平台可以对接的进博

---

① 王珉：《打造永不落幕的中国国际进口博览会——保税展示交易制度创新、挑战与因应》，《海关法评论》2019 年第 5 期。

会展品资源有限，商品保税展示期限也存在一定限制，影响打造"永不落幕的进博会"。二是进博会对接跨境电子商务的渠道仍有拓展空间。目前，进博会展品转跨境电子商务（以下简称"展转跨"）通道虽已走通，但仍未形成常态化海关便利化制度，进博会展品申报进境、"展转跨"回区业务等的申请流程仍较烦琐，成功走通的进博会参展企业和参展商品覆盖面仍较小，限制了"保税展示交易+跨境电子商务"等业态创新的规模效应的显现。

3. 促进内外贸融合发展的制度创新仍有待深化

一是进博会助力内外贸顺畅转换的机制尚未形成。作为内外贸一体化的主要内涵，内贸转出口和出口转内销中"转"的关键在于内外贸法律法规、监管体制、经营资质、质量标准、检验检疫、认证认可等方面实现衔接和创新。而进博会对接常态化展销平台以及跨境电子商务平台，作为稳外贸和促进内外贸一体化的"生力军"，虽然已为市场主体提供了"转"的平台和手段，使许多拥有高质量产品的市场主体得以走上内外贸一体化发展之路，但目前进博会的作用主要发挥在进口贸易阶段。作为国家级开放平台，进博会在助力完善内外贸一体化制度体系方面，尤其是在助力内贸转出口以及出口转内销方面尚未发挥更大的作用。二是现有便利化政策的展后延续性不足。为提高境外参展商品以及人员入境的便利性和效率，上海市人民政府与海关等部门协调推出了一系列通关便利化措施，对加快展品和人员通关、尽快完成布展发挥了重要作用。然而，进博会闭幕后，相关商品通关的便利化措施并未延续，转为常态化的制度创新政策仍较少。

四 以进博会促进内外贸一体化发展的对策建议

（一）以进博会助力完善内外贸供需互促

一是进一步强化进博会的消费促进效应。随着消费结构的不断升级，居民对进口产品的需求日益旺盛。支持进博会作为"全球新品首发地"平台，持续增强其溢出效应，加速更多展品变商品、商品变"爆品"，让更多企业共享中国机遇。积极通过进博会这一平台，让更多的国际品牌云集上海，使国际知名高端品牌、新兴时尚品牌能够成为中国消费者青睐的品牌；重振老字号品牌，使老字号品牌走出国门，体现中国特色。进博会可以采取对接京东、天猫、抖音等大型互联网平台的策略，引入国际高端品牌，通过"双十一"等大型购物节有效提高销量，满足国内居民对进口产品的巨大需求。二是持续增强进博会的外贸转型升级效应。组织层级更高、范围更广、影响更深的投资促进活动，推动更多展品变商品、参展商变投资商。推动进博会成为全球新品的"试验田"，抓住进博会举办契机精准开展科创合作，创新内外贸融合发展模式，特别是通过加快线上线下融合促进产销衔接、供需匹配，支持国内企业直面国外优质产品的竞争，为保持竞争力主动提升研发创新能力、改进生产工艺、提升生产效率，进而提升出口国际竞争力，通过外向整合全球商品市场和要素市场，推动国内产业结构优化与升级，推动外贸转型升级，促进我国深度融入全球产业分工体系，加快构建新发展格局。

（二）以进博会助力增强内外贸一体化发展能力

一是利用进博会举办契机大力集聚和培育内外贸一体化经营企业。加快集聚和培育具有国际竞争力的大型流通企业，实现流通渠道从国内向国外的延伸，增强我国流通企业的国际竞争力，提升对全球资源要素的控制力、影响力。推动外贸企业转型，构建国内流通渠道体系，更好地对接国内国际市场。利用进博会培育平台企业，大力支持虹桥国际中央商务区建设"一带一路"商品展销平台和国别商品交易中心以及专业贸易平台和跨境电子商务平台，集聚、培育、壮大一批贸易集成商，架起内外贸之间的桥梁纽带，促进贸易方式创新，帮助企业内外贸业务顺滑切换。二是积极推动国产优质产品通过进博会多渠道开拓市场网络，促进出口产品转内销和进口产品内销的便利化。充分利用对外开放窗口，借助进博会构建内外贸融合发展的新桥梁，增进内外贸主体交流和国内外市场交流。以国内市场体系为基础，打造内外贸融合发展平台，搭建

出口转内销平台，支持国内商贸企业与外贸企业开展订单直采，引导外贸企业精准对接国内市场消费需求，多渠道拓展内销市场。建立进博会展示商品政府及重点国企央企采购"绿色通道"，将出口转内销产品列入政府采购重点目录。研究制定创新性政策措施，帮扶外贸企业解决进出口产品的标准及销售问题。

（三）以进博会助力打造内外贸融合发展平台

一是不断完善进博会"6天+365天"常年展示交易平台的功能。围绕延续进博会溢出效应的"6天+365天"常年展示交易平台和天猫国际、京东国际等进口跨境电子商务平台建设，集聚一批与进口贸易有关的国内外知名专业服务机构，提供口岸通关、国际货代、法律服务、会计审计、管理咨询、人力资源、文创设计、知识产权等综合服务，形成集商品进口、保税仓储、展示销售、售后服务等于一体的完整贸易服务链。积极支持虹桥进口商品展示交易中心、绿地全球商品贸易港等"6天+365天"常年展示交易平台走出上海，迈向长三角甚至全国，助力加快构建以国内大循环为主体、国内国际双循环相互促进的新发展格局。二是扎实推进跨境电子商务综合试验区建设，鼓励跨境电子商务平台完善功能，更好地对接国内国际市场。以进博会为契机，推动进博会、上海自贸试验区和跨境电子商务功能深度融合，搭建跨境电子商务展销平台体系，完善跨境电子商务供应链生态体系。积极推动进博会"保税展示交易+跨境电子商务"新业态新模式创新，鼓励开展保税展示、跨境电子商务产品区内线下自提、跨境产品国际采购、保税进口、直邮进口等综合业务创新，使"6天+365天"常年展示交易平台成为跨境电子商务平台的线下体验店，不断增强进博会的溢出效应，打造"永不落幕的进博会"。

（四）以进博会助力完善内外贸一体化制度体系

一是推动贸易便利化措施进一步扩展延伸。争取将进博会期间的"展转保""展转跨"等海关便利化创新措施依法上升为常态化制度创新，加速推动展品变商品，构建进博会促进跨境电子商务发展的良好环境。加快推动我国现行跨境电子商务零售进口商品清单内商品走通进博会"展转跨"通道，将符合正面清单的商品按照跨境电子商务网购保税零售进口商品模式进行展示和销售。同时，积极争取进一步优化现行的跨境电子商务零售进口商品清单，争取利用跨境电子商务渠道将更多进博会展品从展台搬到网上，持续打造展品变商品"快车道"，让更多国际品牌的最新款、限量版、联名款以及海外优质中小品牌商品等能在第一时间通过进博会联手跨境电子商务模式进入中国市场，让国内消费者与国际时尚前沿保持同步，享有更优质的购物体验，持续满足国内消费者多元化的消费需求。二是促进内外贸规则和标准统一。利用进博会推动内外贸产品"三同"，鼓励引导企业通过自我声明或第三方评价等方式，满足"三同"要求。依托长三角"一带一路"国际认证联盟平台，为企业拓展国内国际市场提供政策咨询、标准制修订、产品检验检测和认证等"一站式"综合服务，推动"三同"认证结果采信。组织开展"三同"产品的宣传推广活动，扩大其社会影响力。鼓励认证机构优化3C认证办理流程，为转内销产品的3C认证提供便利化举措。深化"一带一路"质量认证合作机制，拓展服务范围和对象，推动检验检测结果采信与认证机构互认。依托虹桥国家进口贸易促进创新示范区，打造内外贸一体化示范区，开展国内外标准比对，深入开展内外贸一体化方向国家级服务业标准化试点。积极支持国际性专业标准组织建设和国际标准化人才培育引进。聚焦优势产业和重点领域，推动有条件的企业、行业组织、专业机构积极参与国际标准化活动和国际标准制定，提升标准的国际化水平。选取电子商务等优势领域，以国内的市场优势争取国际规则制定的话语权。

B.15
中国国际进口博览会促进上海国际
数据港建设研究

盛雪锋　刘朝青　胡琼方*

摘　要： 进博会是我国推进新一轮高水平对外开放的重大平台。数据要素
是历届进博会重要的展示元素，也是上海打造国际数据港的关键
研究对象。本报告在理解上海国际数据港概念和现实意义的基础
上，梳理了第五届进博会上数据要素发展的基本情况及取得的成
效，并根据相关政策要求总结了上海国际数据港建设的重点任
务，提出了以进博会为契机更好地推动上海国际数据港建设的思
考与建议。

关键词： 进博会　国际数据港　数据要素

数字时代，谁掌握了数据，谁就掌握了激烈竞争中的主动权。2021 年 4
月，《中共中央 国务院关于支持浦东新区高水平改革开放打造社会主义现代
化建设引领区的意见》正式发布，明确提出上海要建设国际数据港。为加
快打造国际数据港，上海在此后发布的多个政策文件中陆续提出了具体的实
施路径和重点任务。中国国际进口博览会（以下简称"进博会"）是上海
当前规模最大、层级最高，并以进口为主题的国家级展会，"6 天+365 天"

---

* 盛雪锋，上海智慧城市发展研究院院长，主要研究方向为智慧城市、城市数字化转型、数据
　要素；刘朝青，上海智慧城市发展研究院高级研究顾问，主要研究方向为智慧城市、城市数
　字化转型、数据跨境流通；胡琼方，上海智慧城市发展研究院综合研究部主任，主要研究方
　向为智慧城市、城市数字化转型、数据跨境流通。

的不间断运行模式，吸引了大量国内外数据企业和服务机构在沪集聚，由此创造的庞大的数据处理、流通、交易、安全、跨境等需求将促进上海不断创新数据制度体系、落地国际数据空间建设、健全数据功能平台、丰富数据应用场景，从而加快上海国际数据港建设。

一　上海国际数据港的概念及现实意义

（一）上海国际数据港的概念分析

从字面上理解，上海国际数据港可以拆分为"上海""国际""数据""港"4个词。首先，上海国际数据港具有"港口"的一般属性。水陆空交通的集散地一般被称作"港口"，它是货物、旅客等要素流动的承载地。与之相似，国际数据港具有与国际数据流动相匹配的硬件设施，是全球网络连接的枢纽地，是跨境数据要素流动的集散地。其次，数据要素是上海国际数据港建设的核心。按照要素的生产使用过程，上海国际数据港的功能至少包括数据集聚功能、数据处理功能、数据市场化应用功能以及数据高效监管功能。再次，国际性是上海国际数据港建设的显著特征。区别于国内一般数据中心，上海国际数据港更侧重于国际网络的连接、国际数据的汇聚、国际数据规则的对接、国际数据产业的引领。最后，从空间范围来看，上海国际数据港建设地覆盖上海辖区，为了加大先行先试和示范建设力度，上海将自贸试验区临港新片区作为率先启动区域。

综上，本报告认为上海国际数据港拥有全球网络枢纽地位和强大计算能力，能够集聚国际性的数据企业和产业，充分发挥重点区域先行先试作用，探索跨境数据及相关要素的自由便利流动，最终为城市转型发展提供数据支撑，为国际开放型制度体系建设提供范本。

（二）上海国际数据港建设成效及意义

上海国际数据港建设取得了一系列成效。在数据基础设施方面，上海国际数据港已经初步建成"国家（上海）新型互联网交换中心""国际数

据港核心数据中心""创新试点专用数据机房""国际数据传输专用通道",并探索创建"国际数据合作功能性数据设施""开放中立的新型海光缆登陆站"等新型基础设施;在功能平台建设方面,上海国际数据港已经基本建成五大功能平台,功能覆盖数据传输、备份、登记等数据要素发展的十多个环节;在创新实践方面,临港新片区研究制定了《临港新片区国际数据港数据流动操作指引》以及一整套相关的措施机制。通过跨境数科等核心支撑企业,上海国际数据港还在境外积极推动创建标准统一、内外协同的友好可信数据空间,帮助更多中国企业走出国门,实现数字化转型与国际化发展①。

建设上海国际数据港是上海落实国家战略的现实需要。2022年8月,在"中国这十年"主题新闻发布会上,上海概括了10年来承担的国家战略任务,包括浦东社会主义现代化建设引领区、自贸试验区临港新片区、三大先导产业"上海方案"等②。2019年7月,国务院印发《中国(上海)自由贸易试验区临港新片区总体方案》,明确推进国际互联网数据跨境安全有序流动。2021年4月,《中共中央 国务院关于支持浦东新区高水平改革开放打造社会主义现代化建设引领区的意见》印发,进一步明确提出上海要建设国际数据港和数据交易所,推进数据权属界定、开放共享、交易流通、监督管理等方面的标准制定和系统建设。加快布局信息基础设施,促进跨境数据有序安全流通、发展与数据要素相关的产业生态,是上海积极落实国家战略的具体体现。

建设上海国际数据港是助力上海全面推进城市数字化转型的重要途径。2020年底,上海市委、市政府公布《关于全面推进上海城市数字化转型的意见》,要求到2025年,上海国际数字之都建设基本框架形成,数字化基础

---

① 《数据跨境流通不够便利?上海如何对标国际数据枢纽城市?》,https：//baijiahao. baidu. com/s？ id＝1765686270556670097&wfr＝spider&for＝pc,最后访问日期：2023年6月30日。

② 《上海:把服务服从国家战略作为头等大事》,https：//baijiahao. baidu. com/s？ id＝1740578774485320247&wfr＝spider&for＝pc,最后访问日期：2023年6月30日。

设施国际一流、数字经济全国领先、数字贸易国际枢纽港功能完善、数字生活服务生态充满活力、数字规则更加完备、数据要素高效流动。国际数据港建设是上海全面推进城市数字化转型的重要组成部分，其初衷是在以数据安全为条件的前提下，不断提高上海在全球的链接能力、配置能力和转化能力，从而以"数据流"配置全球"资金流""商品流""贸易流"，把"数据流"真正转化为"价值流"。由此，上海国际数据港的建设可以在经验复制推广、体制机制创新等方面为上海城市数字化转型提供新思路、新方法。

建设上海国际数据港是上海推进高水平对外开放的生动实践。党的二十大报告指出，要推进高水平对外开放，稳步扩大规则、规制、管理、标准等制度型开放。与传统商品和要素的国内外自由流动不同，制度型开放更聚焦规则与制度层面的改变，更强调要形成与国际贸易和投资通行规则相衔接、规范透明的基本制度体系和监管模式[1]。数据要素是当前全球经济社会发展的新型生产要素，也是我国深入推进制度型开放的重要抓手。上海打造国际数据港是我国推进高水平对外开放的生动实践，有助于我国在数据领域培育国际竞争新优势，形成高水平开放的制度环境和制度优势，提升我国国际经贸合作话语权，在全球数字经济治理体系建设中发出中国声音。

二 第五届进博会与数据要素发展关联情况及相关成效

（一）第五届进博会业务涉及"数据""数字"内容的参展商分析

第五届进博会沿用了以前的设置，分为食品及农产品、汽车、技术装备、消费品、医疗器械及医药保健、服务贸易六大展区。这些展区虽未专门设置国际数据展区，但是细分了智慧出行、数字工业、人工智能等带有数字

---

① 《制度型开放怎么理解？》，http：//www.chinareform.net/index.php? m = content&c = index&a = show&catid = 28&id = 30463，最后访问日期：2023 年 6 月 30 日。

化特点的专区。出于篇幅限制，本报告仅以"数据""数字"为关键词检索筛选了部分参展商情况。从筛选结果可以看出以下几点。一是业务涉及"数据""数字"的参展商主要集中在技术装备展区、消费品展区、医疗器械及医药保健展区、服务贸易展区4个展区，食品及农产品展区和汽车展区两个展区中的参展商业务虽然较少涉及"数据""数字"表述，但是"软件""信息""智能"等词却在业务介绍中多处出现。二是筛选的参展商不乏全球顶级的数据库服务提供商，如亚马逊云科技，它是亚马逊公司旗下的全球顶级云计算服务提供商。此外，还有不少行业领先企业积极参加进博会，如先进制造业领域的霍尼韦尔、通用电气等，智慧医疗领域的GE Healthcare、百特医疗等，这些企业在第五届进博会上展示新产品、新服务，为行业发展带来了新的数字化解决方案。三是筛选的参展商不少是进博会的"五届元老"，如霍尼韦尔、江森自控、通用电气、施耐德电气、戴尔科技集团、赛诺菲等，这些参展商在历届进博会上不断迭代升级其参展产品及技术、服务。随着进博会溢出效应的逐步增强，优质的国际参展商产出的基础数据以及在发展中产生的行业赋能数据，将推动装备、医疗等行业的国际数据空间建设，加快国际数据跨境安全、有序流动，进一步助力上海建成国际数字之都。

（二）虹桥国际经济论坛和配套现场活动均不同程度地涉及数据的创新发展

进博会网站显示，第五届虹桥国际经济论坛共有24个分论坛，有的分论坛议题与"数据的创新发展"直接相关，如由商务部、中国社会科学院和全球服务贸易联盟主办的"数字贸易的创新发展：机遇与挑战"论坛，由商务部、国际贸易中心和浙江省人民政府联合主办的"数字经济开放与治理"论坛；有的分论坛议题与"数字建设"关系密切，如由上海市人民政府、国家发展改革委以及商务部联合主办的"虹桥国际开放枢纽建设"论坛，由上海市人民政府、国家发展改革委和商务部联合主办的"浦东高水平制度型开放与全球经济治理"论坛；还有的分论坛议题虽然与数据的创新发展无直接联系，但是不少嘉宾在发言中都提到了数据发展的行业价值和对全球经济发展的作用，如在商务部、工业和信息化部以及安徽省人民政府联合主办的"工业互联网推动制造业高质量发展"论坛上，与会专家就提到了 5G、工业互联网、机器学习、人工智能等数字技术等对支撑我国制造业高质量发展的重要作用以及建设完善数据基础设施的迫切性。

第五届进博会举办期间，配套现场活动分为 7 类，即政策解读类、对接签约类、产品展示类、投资促进类、文化交流类、研究发布类以及其他类别（如行业年会、客户答谢会等），这些活动安排既满足了参展商和采购商之间的磋商洽谈需求，也促进了行业专家学者、政府部门领导和企业家的思想交流，还推动了相关行业政策的宣传落实。《第五届中国国际进口博览会会刊》显示，第五届进博会期间共举办 103 场配套现场活动。笔者根据"智慧""数字""智能""数智"等关键词粗略统计，有 1/15 的配套现场活动与"数据发展"直接相关。其中，由联合国国际贸易中心和中国电子商会联合主办的"2022 贸易数字化促进跨境电商发展论坛"聚焦贸易数字化发展，不仅在理论层面深度讨论了数字技术与贸易深度融合发展的问题，而且论坛现场签约的项目协议将直接助力上海国际数据港的打造。

（三）在与数字相关的场景应用方面陆续推出了新举措

首次搭建"数字进博"平台。出于促进供需匹配、持续增强溢出效应等综合考量，第五届进博会首次尝试搭建了"数字进博"平台，该平台可以为采购方和参展商在线提供云展示、云发布、云直播、云洽谈等服务。在云展示板块，平台聚焦数字工业自动化、集成电路、能源低碳及环保技术等七大类 34 小类展品[①]，通过数字化技术将线下展会的精彩盛况搬至线上，实现线上线下的同频共振；在云发布板块，平台可发布官方和行业动态信息；在云直播板块，除了设立"论坛会议活动"和"参展商直播间"两大频道外，首次亮相的"进博直播间"还邀请了重量级嘉宾共话进博会[②]；在

---

① 《第五届进博会"云系列"正式上线》，https：//mp. weixin. qq. com/s/5z7CndiXz6Up2hj pisCxsQ，最后访问日期：2023 年 6 月 30 日。

② 郭颖：《"专精特新"的数字进博昨起上线》，《青年报》2022 年 10 月 25 日，第 8 版。

云洽谈板块，供需双方可通过"公开洽谈间"或"私密洽谈间"实现线上面对面的商务洽谈。"数字进博"平台充分利用数字化手段最大限度地满足了供需双方的对接需求，提高了进博会办展实效，让跨国生意变得更简单。

进博"云系列"的顺利推进得益于新型基础设施的保驾护航。针对进博"云系列"活动的特殊要求，上海移动自主研制开发了进博会保障专用智慧平台①，"全专业、全方位、全覆盖"保障线上沟通的平稳畅通；为了确保进博会场馆的供电，在国家会展中心电力供应的"主动脉"——国网上海电力诸光110KV变电站，国网上海电力公司联合腾讯云打造了"全景智慧供电保障系统"②，借助该系统，现场工程师可以通过大屏幕实时监测进博会电力供应核心链路的运行情况。经过多次优化升级，"全景智慧供电保障系统"除了在进博会期间使用外，在智慧楼宇、智慧工厂、新能源运维等方面也有广泛的应用价值。新型基础设施的不断完善，为进博会开辟线上办展通道提供了可能性和可操作性。

在线上平台建设方面，除了看得见的"数字进博"平台外，还有看不见的进博会"智能通关"。为了兼顾监管到位和货物通关效能，早在2018年，上海海关就开发了"跨境贸易管理大数据平台（进博会专窗）"，该平台使海关监管数据与国际贸易"单一窗口"、国家会展中心数据及其他贸易数据全面对接，可以有效为参展商提供全流程服务③。在第五届进博会准备期间，海关总署在充分借鉴往届经验的基础上，创新"鉴证溯源"，强化AR眼镜智能巡馆等科技化应用手段，加强对进境展品的信息采集和管理，促进守法货物的顺畅流通。这些数字平台的开发应用创新了数字技术的实践场景，也促进了政府和行业不断升级技术、构建良好的数据生态。

① 《上海移动助力第五届进博会"越办越好"》，https：//mp. weixin. qq. com/s/MHpvG5 qpfoQcN4p6z-7i3w，最后访问日期：2023年6月30日。
② 《国网上海电力×腾讯云：连续5年！数字技术助力进博会"智慧保电"》，https：// mp. weixin. qq. com/s/VZ-F43XZ9bLCW LOzFBaGKA，最后访问日期：2023年6月30日。
③ 《上海海关以大数据监管等全新模式服务首届进博会》，https：//baijiahao. baidu. com/s？id= 1614665323457813283&wfr=spider&for=pc，最后访问日期：2023年6月30日。

三 上海国际数据港建设的重点任务

为深入了解上海国际数据港建设任务，在研究过程中，本报告系统梳理了 2021~2022 年上海及国家关于推动上海国际数据港建设的政策文件和相关会议要求，并将重点任务归纳如下。

一是完善国际信息基础设施。构建国际互联网数据专用通道、功能型数据中心、新型互联网交换中心等新型基础设施，打造全球数据汇聚流转枢纽平台，以支撑国内外数据在上海的便利流动和开发应用。

二是探索跨境数据的安全、有序流动。要在临港新片区探索制定低风险跨境流动数据目录，开展数据跨境流动安全评估，并率先推动智能网联汽车、电子商务、金融等领域的数据跨境流动。此外，临港新片区将按照国家统一部署要求，先行先试扩大增值电信、数据跨境流动等领域的外资开放①。

三是培育国际数据产业生态。一方面，上海将着重提升自身在数据技术领域的创新能力，包括打造标杆项目、标杆园区，以及汇聚一批优质的数字创新型企业，如"十四五"期间，临港新片区将集聚 100 家跨境数据配套服务企业和重点领域头部企业；吸引和培养一批优秀的数字化产业人才，并从引才政策、发展环境、评价激励、合作交流等方面全面发力，如"十四五"期间，临港新片区将建设具有全球影响力的国际创新协同区，打造创新活力迸发的人才高地。另一方面，上海提出要大力支持国际数据新业态发展，如数据经纪、数据运营、数据质量评估等，要大力支持数据赋能发展，创新数据在行业、民生、社会治理等方面的应用场景。

四是在对接国际高标准数字经贸规则的同时，主动参与数字技术、贸易、税收等国际规则制定。近年来，"深化构建与国际通行规则相衔接的制度体系"

---

① 《上海：探索在临港新片区若干重点领域率先实现突破的政策和制度支持》，https://www.jiemian.com/article/6474861.html，最后访问日期：2023 年 6 月 30 日。

"开展国际合作规则先行先试""探索推进数字贸易规则制度建设"等表述频繁出现在上海的政策文件和会议讲话中，从中不难看出，抱着开放的态度，主动对接并积极参与国际数字规则、规制与标准的制定，构建高水平的开放型数字制度体系，已经成为上海当前打造国际数据港的重点工作。

四　以进博会为契机推动上海国际数据港建设的思考与建议

（一）建立多元化的协同推进机制，有效增强国家战略任务的落实成效

建立进博会与上海国际数据港建设的常态化联动机制。进博会与临港新片区建设都是国家交给上海的重要战略任务，具有前瞻性、全局性、稳定性。上海在推进国家战略任务的过程中，理应关注国家战略任务之间的协调联动。建议上海在市级层面建立进博会和上海国际数据港建设联动专班或者打通部门间的横向沟通机制，形成"决策共谋、发展共商、资源共享、问题共帮、成效共评"的联动机制。该机制的建立既有利于增强每项国家战略任务在上海的落实成效，也有利于加强浦东和浦西的联动发展，实现"0.5+0.5>1"的协同效应。

以数据为着力点，促进实战经验上升为立法规范。2023年3月13日，中华人民共和国第十四届全国人民代表大会第一次会议通过了《全国人民代表大会关于修改〈中华人民共和国立法法〉的决定》[①]，其中新增"上海市人民代表大会及其常务委员会根据全国人民代表大会常务委员会的授权决定，制定浦东新区法规，在浦东新区实施"。这意味着浦东新区未来的制度创新成果可以通过浦东新区法规上升到法治层面。为支持进博会越办越好，国家和上海

---

① 《全国人民代表大会关于修改〈中华人民共和国立法法〉的决定》，https：//baijiahao. baidu. com/s？ id=1760278202611281962&wfr=spider& for=pc，最后访问日期：2023年6月30日。

每年都会针对进博会发展的新情况出台一些政策并进行试点。对此，围绕跨境数据流通、数据安全、数字经贸规则对接等方面内容，根据实际需求，进博会可以在特定时期做一些大胆探索，并与临港新片区共享探索成果，待时机成熟后，浦东新区可以启动关于促进上海国际数据港建设的立法工作。

（二）探索国际数据空间标准规则制度，更好地促进数据跨境便利流通

2022 年 12 月，中共中央、国务院发布《关于构建数据基础制度更好发挥数据要素作用的意见》，明确提出要完善和规范数据流通规则，建立资料来源可确认、使用范围可界定、流通过程可追溯、安全风险可防范的数据可信流通体系[①]。探索数据跨境流通便利是上海国际数据港的重要任务之一，而数据跨境流通的关键任务是建立一套可通行的国际数据空间标准规则制度。数据空间是一种基于标准通信结构的去中心化基础设施，在数据安全流通的虚拟空间架构下实现可信数据的共享和交换。一方面，从实际业务工作来看，上海要尽快集聚一批优质的数据流通相关方，包括数据流通服务商、数据流通关键参与方以及科研院所，抓紧研究制定国际数据空间场景应用与规划指南，为数据流通使用的场景识别与规划提供标准化的操作流程，消除数据流通痛点，优化数据流通业务流程，提升跨境数据流通水平；另一方面，上海要充分发挥进博会的开放合作作用，扎实推进本市与全球主要数据中心城市的务实合作，及时了解国际上关于数据空间标准规则制度制定的方向和重点以及各国对于国际数据空间标准规则制度制定的意见。此外，上海需要继续完善数据保护机制，积极推进国际数据保护制度的完善，为国际数据空间标准规则制度的落地实施提供坚实基础。

（三）打好政策"组合拳"，鼓励发展数字贸易等新贸易形态

制定数字贸易发展行动计划。2022 年 7 月，上海市人民政府办公厅发布

---

① 《中共中央 国务院关于构建数据基础制度更好发挥数据要素作用的意见》，https://www.gov.cn/zhengce/2022-12/19/content_5732695.htm，最后访问日期：2023 年 6 月 30 日。

的《上海市数字经济发展"十四五"规划》，提出"十四五"期间，上海要围绕数字相关的重点领域，加强关键要素协同联动，加快进行数字经济发展布局。以此为基础，上海可在数字经济发展规划框架下，结合《上海市数字贸易发展行动方案（2019—2021年）》实践成果，进一步明确"十四五"期间上海数字贸易发展的行动计划，并确定包括数字贸易增长、数字贸易新基建完善、数字贸易市场主体培育、数字贸易治理体系构建以及数字贸易人才发展等在内的多元目标体系，这有助于从宏观上指导上海数字贸易的发展以及在国际数字贸易中争取规则制定的主动权。

以重大项目为抓手增强数字贸易发展的内生动力。依托进博会上500强企业、行业龙头企业和跨国公司云集的优势，聚焦上海"2+3+6+4+5"现代化产业发展体系，率先签订一批具有标志性、引领性的重大项目，通过互利合作形式，吸引更多的跨国数字化市场主体参与上海数字贸易发展。一方面，鼓励重大项目多产出新的数字产品、数字技术和数字化的应用场景；另一方面，对重大项目的实施情况要及时进行评估，持续加大对发展效益好、能够引领全球数字贸易发展的重大项目的支持力度，对发展效益欠佳且尚不能发挥潜在价值的重大项目，要进行适当调整。

（四）深化国内外交流合作，提高数据类展客商在临港新片区的落地转化率

鼓励进博会上的国际数据企业以临港新片区为基地，开展全球数据业务布局。作为"买全球、卖全球"的国际贸易新平台，进博会吸引了全球很多知名的数据企业和机构前来参展，借助进博会平台，上海国际数据港建设大有可为。可以在临港新片区设立虹桥国际经济论坛分论坛，广泛邀请专家学者、参展商、采购商、行业协会以及相关机构代表，围绕上海国际数据港建设中的国际合作规则、新型基础设施建设、跨境数据流动等前沿核心问题进行深入研讨。与此同时，推动参展的国际数据企业、机构与临港新片区在大数据人才交流、政策协同、项目协作等方面达成合作意向，支持国际数据企业、机构以上海国际数据港为基地，布局在我国周边国家、共建"一带

一路"国家以及全球的数据业务。

以进博会为契机加强上海国际数据港与国内龙头数据企业的合作交流。进博会举办期间，除了国际参展商，还包括大量由中央企业交易团、各地方交易团等推荐的采购商。数据统计显示，第五届进博会邀请的影响力大、采购力强、受关注度高的重要采购商有 498 家[1]，其中不乏优质的数据企业或者积极布局数据业务的行业龙头企业。这些优质采购商或拥有先进的数字化技术，或掌握着数据赋能行业发展的密码，理应成为上海国际数据港打造标杆项目、标杆场景、标杆园区所要寻求合作的重点对象，以及推动上海发展数字贸易产业的潜在外援。

---

[1] 《第五届中国国际进口博览会公布重要采购商名单》，https://mp.weixin.qq.com/s/CLYtCBhBAYGim3VgWD6LLg，最后访问日期：2023 年 6 月 30 日。

Abstract

The Sixth China International Import Expo (CIIE) with the theme of "New Era, Shared Future" will be fully resumed offline, providing a new opportunity for CIIE to expand and spread its influence, and also providing new materials for telling the story of CIIE well.

Adhering to the concept of "not only to be held on an annual basis, but also to feature good performance, good results and continued success in the years to come", in order to cooperate with the holding of the Sixth CIIE and Export Fair, this book is based on the report of the 20th National Congress of the Communist Party of China, which proposes "accelerating the construction of a new development pattern and strive to promote high-quality development", focusing on promoting high-level opening-up to the outside world, and comprehensively and deeply analyzing the huge spillover effects generated by CIIE from multiple perspectives and dimensions, provides suggestions for promoting the high-quality development of the CIIE and strengthening its important platform role in international procurement, investment promotion, cultural exchanges, and openness and cooperation. As a part of the CIIE series of leather books, this book continues the previous practice and consists of general report, topical reports, and special topics.

This book believes that the CIIE, as the world's first national level exhibition with an import theme, is a proactive initiative for China to promote high-level opening-up to the outside world, demonstrating confidence and determination in steadily expanding institutional openness such as rules, regulations, management and standards. Not only does it provide an important international public good for countries around the world to share the new development opportunities of China in the new era, but it also injects new impetus and vitality into China's efforts to accelerate the construction of a new development pattern with domestic market as the main stay and domestic and international markets reinforcing each other, relying on its large-scale market advantage.

This book has a distinctive theme and rich content, covering China's accelerating construction of a new development pattern, promoting high-level opening-up, high-quality construction of "the Belt and Road", promoting the integrated development of domestic and foreign trade, leading the high-quality development of trade promotion platforms, promoting high-quality development of industrial economy, promoting the upgrading of manufacturing investment, accelerating the development of high-tech industries, promoting the construction of Shanghai International Data Port and expanding the influence of international media communication in multiple fields. This book is not only a systematic summary and research on the huge spillover effects since the CIIE was held, but also a vivid outlook on the development prospects of the CIIE. It undoubtedly has important theoretical value and practical significance in promoting high-quality development as the theme, using the CIIE as the starting point, assisting high-level opening-up to the outside world, continuously promoting the continuous improvement of economic operation, and striving to achieve effective upgrade in quality and with the appropriate expansion in quantity in economic development.

Keywords: CIIE; Four Major Functions; Overflow Effect; High-quality Development

Contents

I   General Report

Abstract：As an international cooperation and exchange platform for China's opening up to the outside world，the China International Import Expo（CIIE）has been successfully held for five consecutive sessions since 2018，fulfilling the promise of "continued success in the year to come" and having a wider international influence. The annual CIIE is a grand event for China's development to provide new opportunities for the world，as well as a global economic and trade exchange conference in which China actively connects with the world market，opportunities are interconnected，innovation is shared，industries are compatible，and rules are connected. On the basis of summarizing the previous five CIIE，this report analyzes the overall situation of the fifth CIIE from the perspective of "creating an open and beautiful future together"，and explores the positive role played by the CIIE in building an open and beautiful future from three aspects：the CIIE brings unprecedented "big market" opportunities，the CIIE promotes the sharing of institutional opening opportunities among all countries，the CIIE deepens the sharing of international cooperation opportunities among all countries in three aspects. Thus，this report provides reference for further hosting the CIIE and enhancing its international influence and attractiveness

Keywords: CIIE; Opening Up to the Outside World; World Economy; Large Market

II   Topical Reports

B.2   China International Import Expo and the High-quality Development of the Belt and Road Initiative

Li Xiaojing, Zou Lei / 019

Abstract: Under the background of the continuous amplification of the spillover effect of the China International Import Expo (CIIE) and the promotion of the high-quality development of the Belt and Road Initiative (BRI), this report analyzes the contribution effects of the CIIE to the high-quality joint construction of BRI. This contribution effects can be summarized into four aspects, namely optimizing resource allocation, promoting the development of global value chain, promoting industrial upgrading and optimizing the business environment. Then, based on the data, the report analyzes the scale and structural changes of China's import from countries along BRI, as well as the current problems faced by expanding imports. Finally, the report puts forward practical countermeasures and suggestions in terms of optimizing the way of holding the CIIE, improving the exhibitor system, optimizing the business environment and strengthening digital empowerment.

Keywords: CIIE; Belt and Road Initiative (BRI); High-quality Development

B.3   China International Import Expo and China's High-level Opening-up

Zhang Yu / 042

Abstract: The China International Import Expo (CIIE) is the world's first

national level exhibition with import as the theme, and also a beneficial attempt for China's high-level opening-up to the world. On the basis of analyzing the development process of the five previous editions of the CIIE, as well as the latest achievements and characteristics of the fifth CIIE. This report analyzes the role of CIIE in promoting high-level opening-up from six aspects: unblocking the "dual circulation" system, achieving institutional breakthroughs in opening-up, promoting regional coordinated development, accelerating technology introduction and industrial structure upgrading, promoting the localization of the industrial chain, and building a global community of interests. This report also puts forward the suggestions to support the development of the CIIE from aspects such as deepening institutional innovation, optimizing business environment, promoting the integration of domestic factors and international factors, expanding regional spillover effects, deeply integrating with the new technological revolution, and practicing the concept of mutual benefit and win-win results.

Keywords: CIIE; High-level Opening-up; System Innovation; Overflow Effect

B.4　The International Media Communication Impact of the China International Import Expo (2022)

—*Based on Big Data Information Modeling and Simulation Research*

Zhang Chen, Xie Shouguang and Zhang Junwen / 064

Abstract: The China International Import Expo (CIIE) has been held for the fifth time, Chinese modernization provides market opportunities and development entrances for other countries, allowing the world's multiple civilization forms to advance and expand through the sub-event. In international media coverage and social media platforms, the international influence of the CIIE has further expanded, actively going out while striving to master the discourse and actively communicating emotions in consensus building, openness and sharing, and spreading the concept of innovation and cooperation. This report collects data on the distribution of topics, issue structure, reporting trends, and sentiment attitudes from international media and social media (Twitter and Facebook) from the entire year of 2022 to March 31, 2023. It reveals that domestic sources hold a strong position in English media coverage, while the number of proactive reports from participating countries remains relatively low. The distribution of media organizations shows a power-law distribution pattern. Both international media and social media focus on topics related to international affairs, business cooperation, and the release of high-tech products. Additionally, there has been increased attention paid to cultural exchanges during the 2022 CIIE compared to previous years. Although negative sentiments have a small proportion, the influence of their formation on public opinion deserves special attention. The next phase of "telling the CIIE story and spreading the voice of China" can be reflected in four directions: reconstructing international communication strategies, actively and precisely communicating key themes, proactively responding to controversial topics, and establishing a multimedia platform with a focus on local media in Shanghai. Only in this way can we gain insights into Chinese modernization process behind the discourse of CIIE communication from a historical perspective.

Keywords: CIIE; International Media; Social Media; LDA Model; Emotion Perception

B.5 Research on the Promotion of China's Manufacturing Investment Upgrading by China International Import Expo

Wang Hongju, Li Yuan / 093

Abstract: Against the background of the slowdown of investment growth in the manufacturing industry, China International Import Expo (CIIE) has played a positive spillover effect through five major paths, including market competition, supply chain structure upgrading, technology improvement investment,

investment promoting by the super large market, and improvement of business environment. Through smoothing the function path of "expanding import and foreign investment→unblocking dual circulation economy→improving domestic supply-demand relations → stimulating manufacturing investment → deepening international industrial division → expanding import and foreign investment ", CIIE can effectively promote the upgrading of manufacturing investment. Practice has proven that the past five successful sessions of the CIIE have played a significant role in expanding the scale of manufacturing investment, optimizing the structure of foreign investment in manufacturing, and leading new manufacturing investment trends. It is recommended to make further efforts in optimizing the exhibition settings of the CIIE, enriching investment and exchange activities during the exhibition period, and improving the quality of foreign manufacturing investment, in order to play a better role of the CIIE in upgrading manufacturing investment.

Keywords: CIIE; Manufacturing Investment; High-quality Development

B. 6　China International Import Expo Promotes

High-quality Development of Industrial Economy

Zhang Hao / 111

Abstract: The China International Import Expo (CIIE) can promote high-quality development led by the new development philosophy in the fields of industrial economy, by promoting technological innovation, improving quality levels, deepening international cooperation, and assisting low-carbon environmental protection. From the view of previous five sessions, the CIIE can first enhance the innovation and development capabilities by enhancing industry competition and forming knowledge spillovers; domestic enterprises have gained more opportunities to access high-quality raw materials, machinery and equipment, as well as supporting services, which helps to improve the quality of products and services; Moreover, the CIIE has built a bridge for international exhibitors to engage in comprehensive communication and cooperation with domestic enterprises, pushing international industrial cooperation deeper. Expanding procurement contracts and technical cooperation in the green and low-carbon fields through the CIIE as a platform has achieved the effect of assisting the low-carbon and green development of the industry. In the future, the CIIE can rely on its expanding influence to play a more active role in promoting the innovative development, transformation and upgrading of SMEs, assisting the high-quality development of service industriy, promoting domestic regional industrial linkage and coordination, and forming industrial agglomeration carriers.

Keywords: China International Import Expo (CIIE); Technological Innovation; Green and Low-carbon; International Cooperation; High-quality Development

B . 7 China International Import Expo Leads the High-quality Development of Trade Promotion Platforms

Zhao Jingqiao / 131

Abstract: This report comprehensively reviews the development history of China's trade promotion platforms, analyzes the trade promotion situation of major trade promotion platforms including the China International Import Expo (CIIE), China Import and Export Fair and China International Fair for Trade in Services, summarizes the high-quality development practices of the past five sessions of the CIIE, and proposes suggestions for promoting the high-quality development of trade promotion platforms.

Keywords: China International Import Expo (CIIE); Trade Promotion Platform; High-quality Development

B.8 Service Ecosystem Construction and High-quality Development

of China International Import Expo *Sun Kaizhao* / 151

Abstract: The high-quality development of the China International Import Expo (CIIE) must provide a matching level of service. High quality services are a strong guarantee for the CIIE to achieve good performance, and the construction of the service ecosystem has become an important lever to effectively improve the quality of service supply. This report first explains the mechanism of interactive development between the service ecosystem and exhibition industry in theory, and on the basis of describing the development of China's exhibition service ecosystem in 2022, it sorts out the basic composition of the CIIE service ecosystem and introduces its evolution process. Then, this report believes that the CIIE should continue to cultivate a service ecosystem, achieve the coordinated development of innovation chain, industry chain and service chain, and promote the self circulation, iteration, and evolution of the service ecosystem through the ecosystem governance and the digital ecosystem construction, thereby assisting the high-quality development and core competitiveness enhancement of the CIIE.

Keywords: CIIE; Service Ecosystem; High-quality Development

B.9 The High-tech Industries in the Five editions of the China

International Import Expo: Characteristics, Trends,

and Prospects *Li Rui* / 168

Abstract: This report analyzes the characteristics of high-tech industries in the first to fifth China International Import Expo (CIIE), summarizes the future development trend of high-tech industries on China's economic development under the background of the CIIE, and looks forward to the path for high-tech industries to play a more significant role in promoting China's economic growth through participation in the CIIE in the future.

Keywords: CIIE; High-tech Industries; Advanced Technology

Ⅲ   Special Topics

B.10   Fully Leverage the Strategic Supportive Role of China

International Import Expo in Building Shanghai

International Consumption Center City

Liu Tao, Qiao Shi / 182

Abstract: Last year, the construction of Shanghai international consumption center overcame the unexpected impact of the COVID-19 and made many new progress. China International Import Expo (CIIE) has attracted globally well-known enterprises, gathered high-quality consumption resources, cultivated consumer flow, guided consumption trend, and promoted the relevant policy innovation, which is an important platform for China to promote high-level opening-up and improve the efficiency level of the circulation through international circulation in the new development stage. In order to enlarge the "CIIE spillover", it is necessary to strengthen the effective interaction between the CIIE and the consumer services, improve the debut product industry chain, promote the development of domestic consumer brands, accelerate the coordinated development of regional consumption and strengthen the policy innovation.

Keywords: CIIE; International Consumption Center City; Overflow Effect; Strategic Support

B.11   China International Import Expo and Shanghai Urban

Brand Construction   *Liu Yanping, Liu Ruiyi* / 202

Abstract: This report starts with the inspection of Shanghai urban brands and

explores the possible influencing factors of the China International Import Expo (CIIE) on Shanghai urban brands. It focuses on benchmarking and analyzing the brand influence of Shanghai and its urban agglomeration and metropolitan area based on the Urban Brand Development Index (CBII) evaluation system, and deduces the driving force of the CIIE on Shanghai urban brand construction. At the same time, the mechanism and path of the CIIE's impact on the systematic construction of Shanghai's urban brand analyzed, as well as the direction for further optimization in the future. Then, several strategic suggestions are proposed on how to use the CIIE to promote the focus and breakthrough points of Shanghai's urban brand construction, including urban brand planning first, national brand endorsement and feedback, innovation of urban brand cooperation platforms, creation of urban super IP and IP system, and construction of urban brand governance system.

Keywords: CIIE; City Brand; Urban Governance

B.12　A Study on the Role of the "Double Circulation" of the New Development Pattern

　　—*Based on the Internationalization Perspective of Local Enterprises*

Zhang Juan / 228

Abstract: As a "dual circulation" window of the new development pattern, the continuous hosting of the China International Import Expo (CIIE) has effectively promoted the internationalization of Chinese local enterprises. The CIIE provides public and professional service support for the internationalization of local enterprises, promoting them to achieve inward and outward internationalization through trade, investment, and technology. In terms of the choice of internationalization space for local enterprises, they tend to prefer Europe as a region for investment and technology internationalization, and tend to choose Hong Kong, China and Singapore as transit platforms for internationalization. The promotion effect of the CIIE on the internationalization of local enterprises has provided China's practical experience for the innovation of international investment theory.

Keywords：CIIE; Double Circulation; Local Enterprises; Internationalization

B.13   Language Service Status Report of China International
Import Expo 2018—2022   *Lu Qi* / 250

Abstract：Language services are essential infrastructure for any major exhibition. This report summarizes and analyzes the language services status of the China International Import Expo（CIIE）from 2018 to 2022 in three dimensions. The first dimension introduces the basic information of exhibitors and their language services, including the number of exhibitors, transaction amount, and languages involved in the services, emphasizing the role of language and translation services in facilitating communication between exhibitors and visitors and providing instant translation support. The second dimension presents the basic situation of the language services provided by Shanghai, including the relevant companies, the translation workforce, achievements, problems, and corresponding evaluation and support strategies. The third dimension gives a comprehensive summary of intelligent language services, including traditional translation and machine translation, and provides improvement suggestions for CIIE language services. Additionally, the report discusses the limitations and challenges of machine translation and proposes future expectations and suggestions for Shanghai's language and translation services for the CIIE.

Keywords：CIIE; Language Services; Human Translation; Intelligent Machine Translation

B . 14   Mechanism and Effect of Promoting the Integrated
Development of Domestic and Foreign Trade
through China Internaional Import Expo

Liao Xuan / 279

Abstract: The China International Import Expo (CIIE) has been successfully held for five times since 2018. As the world's first large-scale national exhibition with import as the theme, the CIIE is not only an important link connecting the international and domestic markets and resources, accelerating the construction of domestic industrial chain, but also an important platform to promote integrated development of domestic and foreign trade. Combined with the realistic characteristics, the effect of CIIE on integrated development of domestic and foreign trade is mainly reflected in promoting domestic consumption upgrading, promoting foreign trade transformation and upgrading, promoting domestic and foreign trade integration development, improving domestic and foreign trade integration environment. In the future, the CIIE can be used to further help improve the mutual promotion of domestic and foreign trade supply and demand, enhance the integrated development ability of domestic and foreign trade, create a platform for integrated development of domestic and foreign trade, improve the system of domestic and foreign trade integration, make full use of it as an exhibition platform with international influence, enhance exchanges between domestic and foreign markets. We will fully unleash the spillover and driving effects of the CIIE in promoting integrated development of domestic and foreign trade.

Keywords: CIIE; Integrated Development of Domestic and Foreign Trade; Collaboration between Domestic and Foreign Trade

Contents ↰⟩

B.15 Research on China International Import Expo to Promote
the Construction of Shanghai International Data Port
Sheng Xuefeng, Liu Chaoqing and Hu Qiongfang / 302

Abstract: The China International Import Expo (CIIE) is a major platform
for China to promote a new round of high-level opening-up. The data element is
an important display element of previous CIIE and also a key research object for
Shanghai to build an international data port. On the basis of understanding the
concept and practical significance of Shanghai International Data Port, this report
summarizes the basic situation and achievements of data element development at the
fifth CIIE. According to relevant policy requirements, it summarizes the key tasks
of Shanghai International Data Port construction and proposes ideas and suggestions
to better promote the construction of Shanghai International Data Port by taking
the opportunity of the CIIE.

Keywords: CIIE; International Data Port; Data Element

社会科学文献出版社

皮 书

智库成果出版与传播平台

❖ 皮书定义 ❖

皮书是对中国与世界发展状况和热点问题进行年度监测，以专业的角度、专家的视野和实证研究方法，针对某一领域或区域现状与发展态势展开分析和预测，具备前沿性、原创性、实证性、连续性、时效性等特点的公开出版物，由一系列权威研究报告组成。

❖ 皮书作者 ❖

皮书系列报告作者以国内外一流研究机构、知名高校等重点智库的研究人员为主，多为相关领域一流专家学者，他们的观点代表了当下学界对中国与世界的现实和未来最高水平的解读与分析。截至2022年底，皮书研创机构逾千家，报告作者累计超过10万人。

❖ 皮书荣誉 ❖

皮书作为中国社会科学院基础理论研究与应用对策研究融合发展的代表性成果，不仅是哲学社会科学工作者服务中国特色社会主义现代化建设的重要成果，更是助力中国特色新型智库建设、构建中国特色哲学社会科学"三大体系"的重要平台。皮书系列先后被列入"十二五""十三五""十四五"时期国家重点出版物出版专项规划项目；2013~2023年，重点皮书列入中国社会科学院国家哲学社会科学创新工程项目。

权威报告·连续出版·独家资源

皮书数据库
ANNUAL REPORT(YEARBOOK)
DATABASE

分析解读当下中国发展变迁的高端智库平台

所获荣誉

- 2020年，入选全国新闻出版深度融合发展创新案例
- 2019年，入选国家新闻出版署数字出版精品遴选推荐计划
- 2016年，入选"十三五"国家重点电子出版物出版规划骨干工程
- 2013年，荣获"中国出版政府奖·网络出版物奖"提名奖
- 连续多年荣获中国数字出版博览会"数字出版·优秀品牌"奖

皮书数据库　　　　"社科数托邦"
　　　　　　　　　微信公众号

成为用户

　　登录网址www.pishu.com.cn访问皮书数据库网站或下载皮书数据库APP，通过手机号码验证或邮箱验证即可成为皮书数据库用户。

用户福利

- 已注册用户购书后可免费获赠100元皮书数据库充值卡。刮开充值卡涂层获取充值密码，登录并进入"会员中心"—"在线充值"—"充值卡充值"，充值成功即可购买和查看数据库内容。
- 用户福利最终解释权归社会科学文献出版社所有。

数据库服务热线：400-008-6695
数据库服务QQ：2475522410
数据库服务邮箱：database@ssap.cn
图书销售热线：010-59367070/7028
图书服务QQ：1265056568
图书服务邮箱：duzhe@ssap.cn

社会科学文献出版社　皮书系列
SOCIAL SCIENCES ACADEMIC PRESS (CHINA)
卡号：562312275488
密码：

S 基本子库
SUB DATABASE

中国社会发展数据库（下设 12 个专题子库）

紧扣人口、政治、外交、法律、教育、医疗卫生、资源环境等 12 个社会发展领域的前沿和热点，全面整合专业著作、智库报告、学术资讯、调研数据等类型资源，帮助用户追踪中国社会发展动态、研究社会发展战略与政策、了解社会热点问题、分析社会发展趋势。

中国经济发展数据库（下设 12 专题子库）

内容涵盖宏观经济、产业经济、工业经济、农业经济、财政金融、房地产经济、城市经济、商业贸易等 12 个重点经济领域，为把握经济运行态势、洞察经济发展规律、研判经济发展趋势、进行经济调控决策提供参考和依据。

中国行业发展数据库（下设 17 个专题子库）

以中国国民经济行业分类为依据，覆盖金融业、旅游业、交通运输业、能源矿产业、制造业等 100 多个行业，跟踪分析国民经济相关行业市场运行状况和政策导向，汇集行业发展前沿资讯，为投资、从业及各种经济决策提供理论支撑和实践指导。

中国区域发展数据库（下设 4 个专题子库）

对中国特定区域内的经济、社会、文化等领域现状与发展情况进行深度分析和预测，涉及省级行政区、城市群、城市、农村等不同维度，研究层级至县及县以下行政区，为学者研究地方经济社会宏观态势、经验模式、发展案例提供支撑，为地方政府决策提供参考。

中国文化传媒数据库（下设 18 个专题子库）

内容覆盖文化产业、新闻传播、电影娱乐、文学艺术、群众文化、图书情报等 18 个重点研究领域，聚焦文化传媒领域发展前沿、热点话题、行业实践，服务用户的教学科研、文化投资、企业规划等需要。

世界经济与国际关系数据库（下设 6 个专题子库）

整合世界经济、国际政治、世界文化与科技、全球性问题、国际组织与国际法、区域研究 6 大领域研究成果，对世界经济形势、国际形势进行连续性深度分析，对年度热点问题进行专题解读，为研判全球发展趋势提供事实和数据支持。

法律声明

"皮书系列"（含蓝皮书、绿皮书、黄皮书）之品牌由社会科学文献出版社最早使用并持续至今，现已被中国图书行业所熟知。"皮书系列"的相关商标已在国家商标管理部门商标局注册，包括但不限于 LOGO（ ）、皮书、Pishu、经济蓝皮书、社会蓝皮书等。"皮书系列"图书的注册商标专用权及封面设计、版式设计的著作权均为社会科学文献出版社所有。未经社会科学文献出版社书面授权许可，任何使用与"皮书系列"图书注册商标、封面设计、版式设计相同或者近似的文字、图形或其组合的行为均系侵权行为。

经作者授权，本书的专有出版权及信息网络传播权等为社会科学文献出版社享有。未经社会科学文献出版社书面授权许可，任何就本书内容的复制、发行或以数字形式进行网络传播的行为均系侵权行为。

社会科学文献出版社将通过法律途径追究上述侵权行为的法律责任，维护自身合法权益。

欢迎社会各界人士对侵犯社会科学文献出版社上述权利的侵权行为进行举报。电话：010-59367121，电子邮箱：fawubu@ssap.cn。

社会科学文献出版社